笨侦探

一招狼人杀救侦探

亮亮 /著

文匯出版社

图书在版编目（CIP）数据

笨侦探：一招狼人杀救侦探/亮亮著.--上海：文汇出版社，2020.1

ISBN 978-7-5496-3039-4

Ⅰ.①笨… Ⅱ.①亮… Ⅲ.①长篇小说－中国－当代 Ⅳ.① I247.5

中国版本图书馆 CIP 数据核字 (2019) 第 242336 号

笨侦探：一招狼人杀救侦探

著　　者 / 亮　亮
责 任 编 辑 / 徐曙蕾
封 面 装 帧 / 人马艺术设计·储平
策 划 监 制 / 牧神文化
特 约 编 辑 / 王辉城　林盛威

出版发行 / 文匯出版社
　　　　　上海市威海路 755 号
　　　　　（邮政编码 200041）
印刷装订 / 上海盛通时代印刷有限公司
版　　次 / 2020 年 1 月第 1 版
印　　次 / 2020 年 1 月第 1 次印刷
开　　本 / 890×1240　1/32
字　　数 / 200 千字
印　　张 / 9

ISBN 978-7-5496-3039-4
定　　价 / 45.00 元

目 录

引子：尸体，请留好死亡遗言 1

第1章：学生，不要随便搭讪 5

第2章：侦探，切忌暴露身份 19

第3章：小偷，哪能随心所欲 49

第4章：领导，就爱不懂装懂 87

第5章：创业者，不可冲动莽撞 111

第6章：警察，总是孤军奋战 128

第7章：通缉犯，离开就别回来 151

第8章：助手，要会察言观色 170

第9章：杀手，肯定身不由己 193

第10章：地下医生，一样尽心尽责....224

第11章：打手，下手要知轻重............273

后记 277

主要登场人物

"笨侦探"系列主要人物：

田丰大（31岁）总把自己"推理"成凶手的名侦探
薛　飞（30岁）青市市南分局刑警队长
罗小梅（15岁）侦探助手，礼贤高中一年级新生
姜　鑫（16岁）礼贤高中一年级新生
邵　斌（17岁）礼贤高中一年级新生
小　欧（4岁）罗小梅家的拉布拉多犬，侦探助手的助手

"不三之旅"旅行团成员：

杨师傅（33岁）大巴司机
郝　美（27岁）地陪导游
王三喜（21岁）小偷
韩国栋（45岁）某企业中层领导
刘力勇（28岁）吉他手
李小佳（29岁）画家
丁　凝（31岁）医生

其他人物：

唐　天（50岁）来乐客山庄老板
于大虎（36岁）来自"季警官"系列的人物

引子：尸体，请留好死亡遗言

身为尸体，最害怕什么？

毫无疑问，答案肯定是：害怕自己死得不明不白。

虽然傅义聪现在还没有死，但是他知道自己很快就会变成一具尸体。因为他的胸口，被人捅了一刀。

在此之前，傅义聪刚弯腰拿出抽屉里的香烟，那是一盒"南京九五之尊"。

像这种成功人士标配的香烟，傅义聪从来没有奢望自己在二十八九岁的年纪就能抽上。所以，当傅义聪从抽屉里拿香烟时，格外兴奋的他根本没有注意到有人走进屋来。直到他起身时，才发现对方已经站在了自己面前。

傅义聪愣了一下，正要张嘴问话，那人的刀已扎进了他的胸口。紧接着，鲜血顺着伤口汨汨涌出。

傅义聪曾在医学院本硕连读六年，丰富的医学常识让他明白自己的生命已经为时不多了。所以，当他看到自己的鲜血从胸口流出时，就已经放弃了求救的念头。

即便如此，傅义聪还是用手捂住伤口，并尽可能平躺在地，这样多少可以减缓鲜血从体内流失的速度，让自己的生命多延长几秒钟。

既然明知必死,既然都已经放弃了求救,再多挣扎那几秒钟有何意义?

当然有意义!作为将死之人,不能死得不明不白,要给后人留下寻找杀人者的信息和线索。这样就算自己最后变成一具冰冷的尸体,警察也能顺着尸体留下的线索将凶手绳之以法。

揣着这种念头,傅义聪忍着伤口带来的剧痛,缓缓张嘴。

"你,你,你是谁?为什么要杀我?"

在傅义聪问这句话的时候,杀人者就站在他身前,用手帕轻轻擦拭着刀刃上的鲜血。那人用口罩遮脸,显然是为了隐藏自己的身份,所以面对傅义聪的提问,只是眼含轻蔑,并不答话。

傅义聪意识到自己想要得到答案,就必须使用一些问话技巧。

"戴,戴着手套,够,够谨慎的呀。咳咳,刚,刚才这一刀,直、直插胸口,你,你,应该练,练习了很,很长时间吧?"

杀人者忽然停下擦拭的动作,冷冷地看着傅义聪。

"哼,这,这么看着我,说中你心事了,感到后怕了?"傅义聪忍着痛,在赴死的路上继续装大尾巴狼,"你是不是以为,杀人很简单?咳咳,如果不是职业杀手,普通人,是,是很容易,露出马,马脚的!"

傅义聪正说着,杀人者突然从口袋里掏出一张照片,和他的脸对照了起来。

"你,你,你是职业杀手?"傅义聪突然有一种被啪啪打脸的感觉,他做梦也没想到电视剧里雇凶杀人的桥段有一天也会发生在自己身上。傅义聪转念又一想,他一个穷屌丝,在公司里也只是个小研究员,何德何能,竟让别人花钱雇凶啊?

想到这里,傅义聪内心的好奇让他忍不住质问道:"是,是谁,这么破费,居,居然雇佣杀,杀手杀我?"也许是因为情绪太过激动导致伤口扩大,更多的鲜血又从他的指缝间流出。

而此时此刻,杀人者似乎也有些动容,那人走上前来,直接蹲下,端详傅义聪的面容。

傅义聪感觉自己的神智已经开始模糊,他知道自己马上就要变成尸体了。他终于按耐不住，伸手去抓杀人者的手，用眼睛瞪视着对方，一字一句地逼问："是谁，雇你杀我？"

杀人者也迎着傅义聪的目光回瞪，却忽然惊愕地甩开傅义聪的手，猛地站起身来。

"唉呀妈呀，杀错人了！"

"你说什么？"

杀人者焦躁地在傅义聪面前来回踱步。

"你看这事儿整的，居然杀错人了！"

听到这句话，死到临头的傅义聪心都碎了。他气急败坏地质问："好，好歹我，我也是一，一条鲜活的生，生命。事到如今，你，你，一句杀错了，就行了？"

杀人者驻足，似有不舍，又问道："这旮旯不是你办公室吗？"

傅义聪断断续续道："这，这，是我们主任的办公室！"说到这儿，他突然明白了什么，忍不住脱口道："你要杀的人是，是，我们主任，对不对？"

杀人者害怕自己言多必失，于是赶紧闭嘴，接着慌慌张张地从口袋里掏出手机开始拨号。

傅义聪当下猜想，杀人者肯定是要给雇主打电话报告杀错人的消息。他很想竖起耳朵偷听电话内容，妄图从对话里找出有关雇主身份的蛛丝马迹。可不幸的是，不论怎么努力，他已只能听到嗡嗡的耳鸣声，眼前的视线也渐渐模糊起来。

傅义聪知道自己马上就要变成尸体了，也知道杀人者真正的目标是他们主任，在错杀了他之后，肯定还会对主任痛下杀手。在成为尸体前，最后一丝做人的良知让他必须设法阻止杀手的行动。

可是，该怎么阻止呢？关于雇主的身份和动机，他都毫无头绪。而对杀手的样貌特征，他也一无所知。

难道就没有一点儿线索，能给将来发现自己尸体的人留下吗？哪怕是蛛丝马迹也好啊！

傅义聪不甘心，他努力睁大眼睛，试图从眼前杀人者的身上找到一些有用的信息。

终于，他注意到了杀人者手中的手机！

如今这个时代，已经没什么人还会用这种按键式的直板手机了，而眼下，杀手手里拿着的正是古董级的诺基亚手机。

这就是杀手最明显的信息特征啊！只要把这个线索暗示给警察，让警察明白杀死自己的人用的是诺基亚直板手机，那么杀手的身份就被暴露无遗了。

可是，如何能清楚地表达"诺基亚直板手机"这个信息呢？

一瞬间，回光返照的傅义聪联想到了诺基亚的经典开机画面。想到这里，他也立刻明白自己临死前应该摆什么姿势了。

终于，傅义聪在咽气的那一刻，用自己的左手拉住了自己的右手。

将来，发现自己尸体的人能看明白自己的握手姿势所代表的含义吗？是不是太隐晦了，很难让人联想到诺基亚的开机画面啊？还有，那个开机画面是左手在上还是右手在上来着？记得好像还是一只大手去牵一只小手？

唉，算了，这死亡遗言太难留了，都已经变成尸体了，也管不了那么多了！

第1章：学生，不要随便搭讪

身为学生，最害怕什么？

毋庸置疑，答案肯定是：害怕考试。

如同坠入无间地狱一般，一学期一循环的期末考试固然让莘莘学子心惊胆战，然而真正令人谈虎色变的还属中考和高考。尤其从考试结束到成绩公布的这段时间，是最让当事人精神煎熬的，即便是学习优异的学霸也难免忧心忡忡。

但是，对于罗小梅和姜鑫这两名女生来说，则完全没有这方面的顾虑。因为就在上周，中考成绩公布，初中毕业即将迈入高中学堂进修的罗小梅和姜鑫都如愿收到了母校礼贤中学院高中部的录取通知书。

这所身兼省重点高中和百年历史名校双重美名的中等教育学校是全市所有孩子梦寐以求的知识殿堂，传说踏进礼贤的校门，就等于一只脚已经迈进了清华和北大。所以能考进礼贤高中，不仅仅是每个学子学海生涯最引以为荣的骄傲，更是满足学子他妈们无上虚荣心的炫耀资本。

也许正是由于姜鑫顺利考入礼贤高中的缘故，一直把孩子上学视为教育投资的姜妈妈第一次拿出钱来给姜鑫，满足她出国旅游的恳求。即便如此，就在孩子离家出门的那一刻，身为榜样家长的伟大母亲仍怀着一颗居安思危的心对姜鑫一再告诫：不要掉以轻心，高中的学习竞争更加激烈，要想进入清华北大，必须比别人多付出十倍百倍的努力！这些谆谆教诲就如同警钟一般，时不时回荡在姜鑫耳边。

此时此刻，拖着行李箱的姜鑫正站在国际长途汽车站的候车大厅里，透过落地窗可以清楚地看到外面乌云密布，大雨将至。这样的鬼天气，大巴能按时发车吗？不只是姜鑫，所有手持车票等待上车的旅客似乎都在为此担忧，空气里弥漫着让人焦躁的气息。也就在这一刻，姜鑫的脑海里不自觉地又浮现出临出门时姜妈妈对她学习的叮嘱。

"副班长，你在想什么呢？"说话的是一个叫邵斌的男生。他和姜鑫、罗小梅曾经是一个班的初中同学。

姜鑫瞥了邵斌一眼："都已经初中毕业了，可别再一口一个'副班长'地叫着了。"

邵斌摸了摸头，很诚恳地说："虽然已经毕业了，但你在我心中永远是副班长啊！"

姜鑫连连摆手，展现出了"非我族类"的优越感："别别别，你在大庭广众之下喊我副班，别人会误以为咱俩还是同学呢，哼哼，要知道我已经考上礼贤高中了！"

身为学渣的邵斌罔顾自身条件，以毫不羞愧的态度，显示出了极强的包容性："副班长，其实我也被礼贤高中录取了！"

此言如同晴天霹雳，姜鑫当即大声呵斥道："少在这儿胡说八道，以你的学习成绩，能混个职高或中专就不错了，怎么也敢在这儿大言不惭地自称是礼贤高中的学生?!"

邵斌急得直跳脚："副班长，是真的，我没骗你，我真的收到了礼贤高中的录取通知书！"

姜鑫接着喝止："闭嘴！我不准你再亵渎我们高中！你的中考成绩，我又不是不知道，那么低的分数怎么可能进入礼贤高中?!"

邵斌叹了口气："唉，我承认我的中考分数没达标，我是以赞助生的身份进入咱们高中的！"

"你说什么？赞助生？你以赞助生的身份进入我们高中就读？"

"是的呢！一学期要交好几万的赞助费呢！"

"就你？以赞助生的身份？一学期交好几万的赞助费？"姜鑫不由地上下打量起邵斌，起疑道，"邵斌同学，咱俩做了三年的同班同学，据我所知，你不是什么富二代吧，你哪来那么多钱交赞助费？"

邵斌低着头，略带扭捏道："就在中考前一个月，我妈改嫁了。"

"什么？"

"我妈改嫁了，我后爸是一家国际企业的首席会计师，那些赞助费都是他交的。"

"还有这种操作？"

邵斌羞涩地点点头："所以，副班长，咱俩在一个学校读高中，搞不好还可以继续做同班同学呢！"

姜鑫显然还没回过神来，喃喃自语道："你妈带着你改嫁了？我拼死拼活刻苦学习三年，在狭小的独木桥上挤掉了无数竞争对手才考进礼贤高中，你后爸一个赞助费就把你送进来了？你妈长得很漂亮吗，居然能改变你的学习命运？！唉，没想到现在女人拼姿色都已经福禄后辈了！"

但副班长毕竟是副班长，深知与其抱怨命运不如请教经验。于是姜鑫话锋一转，逼问道："对了，你妈是怎么勾搭上你现在这个富后爸的？快跟我说说！"

"就是小广告啊！电线杆上贴的那种富商无力生育的小广告！"

"那不都是骗人的小广告吗，这样你妈也信？而且这种广告不都是富商妻子找男的借种吗？"

"是啊，本来我也觉得是骗人的，但是我妈说这个广告没什么富商妻子，直接就是富商留的联系电话，和那些诈骗广告不一样，可以打电话试试。"

"然后，一试，是真的，就成了？"

"有时候，爱情就是这么水到渠成。"邵斌显然对他妈和别的男人的爱情故事不想多谈，赶紧转移话题，切入到这次出国游玩上，"副班长，听班长说，咱们这次出国旅游的游玩攻略都是你一手拟定的？"

"嗯，本来是打算自己出国放松一下的，后来想想，还是叫着罗小梅一起吧！没想到我叫她的同时，她居然也会叫上你。这样也好，到时候有些行李包裹啥的，你还能帮着搬搬。"

邵斌挠挠脑袋，脸上露出失智一般的憨厚的笑："副班长，记得初中那会儿，因为学习上的竞争，你和班长几乎是水火不容。没想到中考一结束，就立刻好得跟闺蜜似的，还一同结伴出国旅游。这就是武侠小说里高手之间的一笑泯恩仇吗？"

"泯你妹，我是怕她趁我假期出去旅游之际在家偷着学习，才叫上她一起出去旅游的好吧！"

身为学渣的邵斌永远不能理解学霸之间的残酷竞争："高中学业还没开始呢，有什么好学的啊？"

"屁！她可以借来高中课本，利用假期提前预习啊。这种在起跑线上偷跑的学习方式，向来是尖子生惯用的伎俩，我怎么可能让她得逞！"

"不是啊，副班长，升入高中，你和班长又不一定还在同一个班，你何必这么针对她呢？"

"呵呵，你以为我在意的只是班级名次吗？你可能还不知道吧，咱们礼贤高中每年会有十个直升清华北大的保送名额，所以从罗小梅和我都收到录取通知书的那一刻起，不论我俩分不分到一个班，她都是我直升清华北大道路上的绊脚石！"说到这儿，姜鑫脸上露出诡异的笑容，她一边笑，一边拍着邵斌的肩膀语重心长地说道，"邵斌啊，这次咱们三个一起结伴去岘港玩耍，你可要帮我盯紧罗小梅，带着她吃各种好吃的，玩各种好玩的，最好能让她沉醉于美景美食之间，流连忘返，玩物丧志哦！"

听到这里，生性憨厚的邵斌不由得瑟瑟发抖。也就在这个时候，姜鑫脸上诡异的笑容忽然一扫而光，进而换上一副天真可爱的表情，朝着邵斌身后的方向拼命地挥手。

姜鑫一边蹦跳着挥手，一边呼唤道："小梅，小梅，这边！"

邵斌侧身朝姜鑫挥手的方向看去，罗小梅正朝他们这边快步走来。而罗小梅的身旁，还有一个背着画板的女青年同行。

随着罗小梅越走越近，姜鑫忍不住问道："怎么样？旅游大巴发不发车？"

罗小梅近前，摇摇头："车站的工作人员说了，怕下暴雨，山路不好走。看来今天是够呛了！"

姜鑫焦急道："这可怎么办啊？攻略做得满满的，住宿的酒店都已经订好了，如果今天出发不了，后面的行程全要耽误！"

姜鑫唉声叹息了好一会儿，突然发现罗小梅身旁的女画家，于是问罗小梅："这个小姐姐是？"

"她叫李小佳，也是去岘港玩的，搞不好大家会在那里相遇呢。"

罗小梅话刚说了一半，就被那个叫李小佳的女画家打断："其实我是去占婆岛写生的……"

"哎呀，有什么关系嘛，你去占婆岛也是要经过岘港的，对不对？"罗小梅热情洋溢地打断女画家的话，接着问姜鑫道，"对了，姜鑫，我记得你在攻略上做的岘港住宿叫岘港海滩公寓酒店，是吧？"不待姜鑫回应，罗小梅又对李小佳眉飞色舞道："画家姐姐，我跟你说，那酒店就在美溪海滩边上，景色特棒，房价也不贵，反正你路过岘港也要住一晚，如果你还没订住宿的话，不如咱们住同一家好不好？"

李小佳脸上露出刻意保持距离的微笑："今天能不能发车还不知道呢，至于岘港那边的住宿，到时再说吧！"

罗小梅丝毫没有觉察出对方委婉的拒绝，还在一本正经地说道："说的也是，唉，这天气把我们的行程都打乱了！"

李小佳一边敷衍着说"是啊"，一边目光四下寻望。她似乎已经受不了眼前这个叫罗小梅的女生的热情聒噪，正打算找借口脱身。

"画家姐姐，你还有什么事吗？"

"那个啥，我先去那边看一看。"看来李小佳实在找不出更合适的脱身借口了。

"行，画家姐姐，你去忙吧，大巴车有我在这儿盯着呢。"说到这儿，罗小梅突然想起了什么，赶紧又道，"对了，你留个手机号码给我。"

"留号码干啥？"

"如果国际大巴发车了，我可以打电话告诉你呀！"

李小佳干涩地笑了笑:"我又走不远,一会儿就回来,误不了。"

罗小梅执着不已:"那也留个号码,将来到了岘港,也可以互相有个照应,对不对啊,画家姐姐。"

李小佳无奈地笑了笑:"好吧。"

说着,李小佳低头去翻斜背在肩上的挎包,翻着翻着,她突然"咦"了一声。

早早拿出手机等待把对方号码输入通讯录的罗小梅忍不住问道:"怎么了,画家姐姐?"

"没事儿,没事儿!"李小佳一边说着,一边拿出一本通讯录,递给罗小梅,"小妹妹,你把你的手机号码写在这上面吧!"

"哦?"罗小梅愣了一下,接过笔在通讯录上写下自己的手机号码,接着又问,"画家姐姐,你的号码……"

在一旁的姜鑫终于忍不住了,用力扯罗小梅的衣角。

"怎么了,姜鑫?"

"罗小梅,小姐姐有事要忙,别在这儿纠缠人家,好吗?"姜鑫一脸不快地对罗小梅道。

趁这个时机,李小佳赶紧从罗小梅手里接过通讯录,看也不看上面的号码,直接塞进挎包里,然后道了句:"我先走一步,咱们回头联系哈。"说着,头也不回急匆匆地朝来的方向走去。

罗小梅踮脚翘首地高呼:"不是,画家姐姐,你电话号码还没留呢,我要有事怎么找你呀?"

旁边的姜鑫终于忍不住了,喝止道:"够了,罗小梅,你难道没看出来吗?人家根本就不愿意给你留手机号!"

罗小梅不解地问道:"为什么啊?"

"大家萍水相逢,哪有陌生人上来就要手机号的?人家没有直接拒绝你,已经很有礼貌了!"姜鑫接着抱怨道,"还有,罗小梅,你怎么能把咱们的住宿酒店随随便便地告诉外人呢?你出来旅游,能不能多少有点儿戒备心理?!"

罗小梅若有所思道:"她就一个单身女青年,应该不需要戒备吧?"

"她一个单身女青年,确实不太会构成威胁。可是,你有没有想过，当你把咱们的住宿酒店告诉她时，会不会被旁边的人听到呢？拜托，罗小梅，你不是一个人在旅游，你的言行举止能不能为大家的安全考虑一下？！"

在这种两个女生拌嘴的时候，身为唯一男生夹在中间总是很尴尬，在沉默中已化成空气的邵斌觉得再不出面制止的话，很可能会引起围观。况且，这大厅里时不时有警察来回巡逻，她俩的争执如果把警察给招来，可就不好了。想到这里，邵斌咳嗽了一声，踏前一步，赶紧摆出拉架的姿势，开口道："好了，班长副班长你俩别说了……啊！"

那声"啊"，是邵斌被人冷不丁地从身后撞了一下，猝不及防时发出的惊呼。伴随着这声惊呼，邵斌身体朝前倒去。他原本就在试图拉架，此刻又被人从后面撞了一下，整个人顿时失去平衡，硕壮的身躯正好朝姜鑫与罗小梅倒去。

姜鑫自我戒备意识极强，眼见邵斌倒来，她口中埋怨罗小梅的同时，一手护住胸前的背包，另一只手拉起自己的行李箱朝一侧闪躲。而罗小梅显然没有那么警觉，她全神贯注聆听姜鑫的埋怨，正好被邵斌撞了一下，接着又被自己放在脚边的行李箱绊倒，直接摔在地上。随后又听"哗啦"一声，原来是罗小梅与姜鑫拌嘴前曾打开行李箱拿攻略笔记，行李箱盖尚未盖好，里面装的东西被撞了出来，撒落一地。

因为有罗小梅的缓冲，所以身为冲撞的介质，邵斌只是踉跄了两步，并没有摔倒。他虽没有摔倒，却听到了姜鑫见缝插针的挑拨离间："好啊，邵斌，你闯祸了，你把班长撞倒了！"

闻听此言，邵斌惊慌不已，赶紧解释："我不是故意的，是别人撞的我！"说罢，正要回头去找撞人者算账，耳边却又传来了姜鑫尖锐的声调。

只见姜鑫远远站着，双手叉腰道："纠结谁撞谁重要吗？小梅还倒在地上，赶紧把她扶起来啊！"

邵斌恍然大悟，赶紧上前，俯下身子去扶罗小梅。

姜鑫趁机假情假意地嘘寒问暖："怎么样，小梅，摔痛了吗？赶紧看看有没有磕伤哪儿！"她语气虽然饱含着深切的关心，人却不往前踏近一步。

邵斌终于看不下去了,以普通学生的身份壮着胆子以下犯上:"副班长,你别在那儿傻站着啦,赶紧过来搭把手啊!"

姜鑫感到自己副班的权威受到挑衅,立即予以猛烈的反击:"说我傻站着?你傻啊,你没看你把小梅的行李都撞散了吗?我不在这儿盯着,万一被人顺走可怎么办?"

"你,你……"邵斌吃了嘴笨的亏,打嘴仗上一败涂地。

罗小梅一边自己撑地爬起身,一边对邵斌说:"我没事儿,不用扶我,帮我把行李归进箱子,别落下什么。"

罗小梅话音刚落,突然有个满头黄毛的小青年靠过来,蹲下身子去拾地上散落的行李。

邵斌一愣,立马从黄毛过来的方向断定对方就是撞人事件的始作俑者,当即上前抓着他的手,道:"好啊,就是你撞的我,我才撞上她!"

黄毛小青年也不逃避,连连道歉:"对不起啦!对不起啦!"一边说着,一边把散落在地上的物品拾进行李箱。

"一句'对不起'就算完了?"看热闹不嫌事儿大的姜鑫以火力全开的气势继续在旁边煽风点火。

此时此刻,罗小梅已在他们几个的吵闹声中颤颤巍巍地站起身来,她弯着腰一边揉着自己的膝盖,一边大人大量地道:"算了,算了,他又不是故意的!"

当事人算了,旁观者却不肯罢休,姜鑫跺着脚对罗小梅道:"你傻啊,哪能撞完就这么算了的!"

旁边的邵斌恍然大悟道:"哦,你是要碰瓷?"

姜鑫狠狠瞪了邵斌一眼,呵斥道:"闭嘴!胡说八道什么!"继而转头对那黄毛青年道:"你,把身份证拿出来让我们看一下!"

黄毛青年闻听此言,他刚合上行李箱盖的手忽然停在了半空中,接着脸上闪过一丝惊慌。

"要我身份证干什么?"

姜鑫气势逼人道:"你把我最好的闺蜜撞伤了,看一下你的身份证,知道撞人者是谁,不过分吧?"

罗小梅见状，显示出菩萨般的仁慈："我只是摔了一下，没受伤！"

姜鑫反驳道："像这种被撞一下当时没事，事后却头疼恶心需要住院治疗的新闻，报纸上不是没有报道过。万一到时候你也这样怎么办？到哪儿找他去？总不能让邵斌来背这黑锅吧？"

一听这话，邵斌顿时急了，上前对黄毛青年道："对，对，快点儿，拿出身份证来！"

罗小梅还要劝阻，却被邵斌打断："班长，我觉得副班长说得有道理，你被撞这一下，万一事后有个三长两短，就要找这个人负责！"

罗小梅无奈，对黄毛青年道："唉，大哥哥，要不你留个联系方式吧！"

眼见这两个学生纠缠不休，黄毛青年自知这次推脱不过去了，只得照办，狠狠瞪了姜鑫一眼，对她道："来，你拿手机记一下我的号码，139……"

姜鑫手持手机，却不记号码，反道："不用，你把你手机拿出来！"

黄毛青年一愣："什么意思？怕我报假号码？"

姜鑫哼道："看你染这一头黄毛就不像好人，难保你没别的什么坏心眼。"

在一旁的罗小梅忍不住道："姜鑫，你过分啦，人家这黄头发是天生的，也说不准。"

姜鑫无意在发色上争执，对黄毛青年道："把手机拿出来啊！难道还怕我们三个学生在大庭广众之下抢你手机不成？"

黄毛青年脸上闪过一丝不快，手下意识地摸向衣服口袋。在旁边的邵斌等不及了，立刻伸手探进黄毛青年的口袋。等再伸出时，邵斌手中已经多了一款诺基亚直板手机。

邵斌看着手中的手机，愣了半响，对着姜鑫道："副班长，你快来看，现在还有人用这种古董手机！"

姜鑫冷笑道："呵，十年前的机型现在还在用，想不到你虽然顶着一头黄毛走在时尚前沿，人却挺穷的！"

邵斌摆弄着手机按键："这手机还能打电话吗？"

姜鑫凑过脸来，道："应该能吧！"

"怎么解屏呢？"

"我记得我小时候看我爸用过，摁这个按键。"

伴随着悦耳的开机铃声，手机屏幕上出现的两只手缓缓地拉在一起，这就是诺基亚经典的开机画面。

也就在开机铃声响起的那一刻，黄毛青年脸上现出一抹诡异的表情，他一把从邵斌手中夺过手机。

"说号码！"

姜鑫一边说出自己的手机号，一边监视着黄毛青年摁键拨号，在确认对方没有耍任何花招之后，姜鑫的华为手机收到了从诺基亚手机拨出的来电。

姜鑫将黄毛青年的来电储存到手机通讯录里："喂，撞人的，你叫什么，总要留个名吧！"

"王三喜。"黄毛青年一边说着，一边将手机收起来。他接着又道，"这下，我可以走了吧？"

罗小梅将行李箱拉好拉链，一边竖起箱子，一边对王三喜道："不好意思啊，我同学太较真了，耽误了你这么长时间。"

王三喜"哼"了一声，头也不回，转身就走。

姜鑫在一旁埋怨罗小梅道："是他撞的你，留他联系方式是应该的，你有什么不好意思的?！"

罗小梅直直盯着王三喜远去的身影，她似乎没有听到姜鑫的话，只是喃喃自语："刚才拿他手机的那一刻，有没有觉得他有点怪怪的？"

正说着，邵斌突然遥指落地窗外，道："先别管什么怪不怪的，你们看，那是不是咱们旅行社包的旅游大巴，感觉要发车了？"

罗小梅和姜鑫顺势看去，果然看到一辆国际大巴驶出停车位，暂停在路边，前车门开着，有一个人正提着行李上车。

"快走！是要发车了！"姜鑫二话不说，拖着行李就朝国际大巴的方向跑去。罗小梅和邵斌也不敢怠慢，生怕错过车次，当即也拖着行李跟在后面跑。

"司机师傅，这是'不三之旅'的大巴车吗？"姜鑫一马当先，第一时间赶上车,她扒在车门口气喘吁吁地问道。

开车的司机三十多岁,只见他一边喝着蓝罐装的红牛,一边回答道:"对啊,开往越南岘港的!"

在得到肯定答案后,姜鑫大步走进车厢。

这时,她发现车厢里已经有乘客了,是一个杀马特造型、年龄大约三十岁的青年男子。其实把他这种三十上下的男人称之为青年,多少有些违心。但如果把他划分到中年人的行列,感觉又与他这一身精心打扮的杀马特造型不符。在这种复杂的视觉冲击下,姜鑫一开始以为对方是从事美容美发行业的造型师,直到从他身边经过,发现杀马特头顶上的行李架上横着一把吉他时,才知道这人是玩音乐的。

杀马特和他银白色行李箱一起占了第二排的两个座位,姜鑫出于安全考虑从来不坐第一排座位,于是她直接坐到了第三排靠窗的座位上。紧随其后的罗小梅则顺理成章地坐在了姜鑫旁边的座位,而邵斌选择了第四排靠窗的座位。他们三人的行李箱都放在了车厢内的行李架上。

姜鑫、罗小梅和邵斌三人刚坐下,一个穿着打扮像是导游的姑娘突然登上车来,倚靠在车门边上,对司机打趣道:"这种天气还敢发车,我说杨师傅,你可真是为了挣钱不要命啊!"

司机杨师傅"嘿嘿"一笑,道:"郝美,别说我,你敢跟车,胆子也大得很呢!"

地陪导游郝美叹了口气:"唉,没办法,老家还等着我寄钱呢!我说,这马上就要下雨了,你跑那段山路没问题吧?"

"秋名山车神的车技,这种山路算什么,甭说下雨,就是下雹子,你也不用担心。"

"切,你就可劲儿吹吧!"

听着司机和导游的对话,姜鑫不由地把目光投向窗外,只见天空乌云密布,黑压压的一片。她立刻担起心来。

当然,这种担心也就只维持了一秒钟便云消雨散了。因为姜鑫发现,坐在旁边的罗小梅突然从包里拿出一本英文书,孜孜不倦地阅读了起来。

"我晕，这个罗小梅居然利用坐车的时间阅读英文原著，从书名 And Then There Were None 上看，肯定不是什么教科书，但是这样原汁原味的阅读训练肯定会不可估量地提升她的英文水平。不行，决不能允许这样的事情在我眼皮子底下发生！"

想到这里，姜鑫当即故作惊讶地高呼："小梅，你怎么能在车上看书呢？这样对眼睛伤害很大的！听话，快把书合上！"姜鑫一边说着，一边伸手去合罗小梅的书。

罗小梅抬手挡了一下，不以为然地说："没事儿，车又没开。"

"那也不行啊，这里光线不好！"

姜鑫伸手再夺，又被罗小梅挡住。

"现在也没事儿干，不看书多无聊啊，总不能干坐着发愣吧？"

"说的也是。"

姜鑫实在无言以对，她只恨自己没有带书出来，不能和罗小梅在求知的道路上你追我赶。正万分焦急之际，她头顶上的车载电视突然"啪"的一声开启了，接着屏幕上出现了画面。

姜鑫见电视画面如抓救命稻草，赶紧借题发挥，摇晃着罗小梅道："小梅，小梅，别看书了，陪我一起看电视吧！"

罗小梅合上书，感兴趣地仰头去看车载电视："还有电视节目看啊？真不错！"

"就是，就是，应该会播一些电影大片吧！"

姜鑫怀着这样的期盼，结果等来的却是城市新闻。

连着几条国际新闻之后，屏幕上播放了最近轰动全国的 X 制药集团违规操作的跟踪报道。

"都是新闻啊，没劲！"罗小梅抱怨了一下，又低下头开始翻书阅读。

这一刻，姜鑫的心都碎了，她现在唯一期盼的就是司机赶紧开车，而且车开得越晃越好。想到这里，姜鑫环视四周，不知不觉间，大巴车里已经上来不少乘客，那个叫王三喜的黄毛青年居然也在车上，而且就坐在第一排。

这时，姜鑫听到身后的座位上传来沉重的呼吸声，她循声回头看去，发现邵斌边上坐了个大腹便便的中年胖子。那胖子正用眼罩遮住自己的眼睛，然后整个肥胖的身躯倚靠在座位上，似乎是睡着了。而邵斌则被这个中年胖子挤在车窗边上，在有限的空间里费力地用手机打王者荣耀。

姜鑫看到这一幕时，忽然想起了什么，赶紧掏出手机不停地摇晃罗小梅："小梅，我手机里有狼人杀 APP，特别适合你这种推理发烧友玩，咱俩一起玩吧，有预女猎守的板子……"

"别晃！别晃！"

"怎么了？"姜鑫愣了一下，这时她才发现：罗小梅的注意力早已经不在英文原著上了，此时此刻她正仰着脑袋目不转睛地盯着车载电视上的新闻报道。

"新闻有啥好看的？"姜鑫心里泛起了嘀咕，她顺着罗小梅的视线看去，只见电视屏幕上刚好在播报一起杀人案的报道，而新闻画面里一名厨师打扮的男子正眉飞色舞地接受记者采访，在厨师的身后则是一家拉面馆。

"遇害者为一傅姓男子，某医科大研究生毕业，今年 29 岁，据警方初步断定……"

"咦？这不是我家楼下那家拉面馆的老板马叔叔吗？哦，原来尸体是在我们家附近发现的。"随着新闻报道的继续，罗小梅突然毫无征兆地发出了一声叹息，"犯罪真是无处不在啊！唉，要是侦探大叔还在就好了，这些坏人早已被绳之以法了。"

侦探大叔？就是那个号称"侦探"的半吊子中年大叔吗？姜鑫突然想起之前上初中时，总是有那么一个中年人和罗小梅在校外勾搭成伴、不务正业，这中考结束过了一场暑假，怎么把这一茬给忘了。

姜鑫正寻思时，罗小梅一句话不吭突然猛地站起身来，快步朝车后走去。

姜鑫一愣，赶紧叫道："喂，小梅，你这是要去哪儿？"

罗小梅驻足，回首莞尔一笑："上厕所！"

我晕！

这种长途大巴，在车厢中间部位都设置有狭小的厕所。眼见罗小梅走进车内厕所,姜鑫这才重新倚靠在座位上,她的思绪又回到刚才的问题上。

是啊,那个自称"名侦探"的半吊子大叔,似乎已经好久没见到他人了,他到底去哪了呢?

第 2 章：侦探，切忌暴露身份

身为侦探，最害怕什么？

意想不到，答案竟然会是：最害怕警察。

通常在影视剧里，侦探和警察不都是协力破案、共同打击犯罪的吗？

拜托，你也知道那是在影视剧里。在现实中，作为不合法的职业的私家侦探，既窥探人隐私，又调查人行踪，不但与犯罪分子为敌，还与警察争功，简直为黑白两道所不容。

田丰大从事的正是这样的苦逼职业，并自诩行业排名第一的"名侦探"。他这一自诩，算是连同行也得罪了。即便在这样艰难的环境中开展工作，夹缝中求生存，田丰大还是一连破了四五件大案。然而让他不爽的是，当地的警察，尤其是那个叫薛飞的胖警官明显对自己有很深的敌意。以至于田丰大每次展开分析推理的时候，他总被薛警官当成凶手抓捕起来。

想想，是不是很可笑？身为正义化身的侦探，运用自己的聪明才智，通过逻辑分析推理出凶手，却总被同样是正义化身的警察以反逻辑的推理错当成犯罪分子绳之以法！这对"名侦探"田丰大来说，简直就是他职业生涯的耻辱。

而造成这种耻辱的,除了那个抓他的薛警官外,还有个叫罗小梅的女中学生。罗小梅,一个自称"推理发烧友"的大脸女孩,就读于礼贤中学院,自从遇到田丰大的那一刻起,就以"侦探助手"自居,整日缠着田丰大带她一起破案。然后呢,在案发现场通过各种怪异行为置田丰大于尴尬境地,使得可怜的名侦探不是被当成凶手绳之以法,就是以"妨碍警方办案"的罪名被拘留起来。

所以,对于田丰大来说,薛警官和罗小梅都是他一生不想再见到的人!

于是,为了使自己的侦探事业健康发展,为了重塑名侦探的威名,在青市结束了最后一案的田丰大悄悄关闭了事务所,只身前往北都。

武侠小说里有这样一句名言:有人的地方就有江湖。如果把这句话移到推理小说里,那便是:有人的地方便有犯罪。北都是全国人口最多的城市,想来也是犯罪频发的地方。田丰大本以为把事务所开在这里会生意兴隆,然而他没想到当地有一个民间组织,唤作"晚霞群众"。该组织以退休在家、无所事事的大爷大妈为骨干成员,通过全民皆兵的方式,全时段、纯义务、无回报地联合当地民警进行治安群防工作。他们在无情打击犯罪的同时,也捎带着粉碎了田丰大壮大事业的美梦。

若非到了穷困潦倒的地步,身为名侦探的田丰大怎么也不可能去接受调查婚外情的委托。委托人是一个名叫曹宇,年龄在三十岁左右的东北女人。在田丰大的想象里,像这种嫁做人妇、丈夫又出轨的女人,通常都是一副标准的黄脸婆形象;曹宇却不然,她打扮得非常精致干练,举手投足间透足职业女性的气质。而被调查的对象,曹宇的丈夫韩国栋,则是一个大腹便便的中年人。用曹宇的话说,她丈夫长年在外地办公,最近跟自己的关系越来越疏远,由此便怀疑他在外有了别的女人。因此,曹宇委托田丰大跟踪监视韩国栋的一切行动,并要求拍下韩国栋和女人私会的照片。

本来这个案子再简单不过,可当曹宇说出目标人物驻外办公的地点是"青市"时,田丰大立刻打起了退堂鼓。很明显,那个城市无疑是他侦探生涯里不愿触碰的噩梦。

但碍于略带妩媚的委托人曹宇的苦苦哀求,以及承诺的丰厚委托金,生活已经穷困潦倒的田丰大再三犹豫之后,还是勉强答应了下来。

拿着曹宇预付的定金以及目标人物韩国栋的信息资料,田丰大收拾好简单的行李,关闭了在北都刚刚开业不到两个月的事务所,踏上了重返青市之旅。

很快,田丰大就按照曹宇提供的她丈夫的公司地址找寻到了目标人物的踪迹。接下来的日子里,手持韩国栋照片的名侦探每天跟踪这个大腹便便的中年男人上班下班,调查却没有丝毫进展。

当田丰大开始怀疑韩国栋可能是一个对爱情忠贞、对家庭负责的居家好男人时,现实立刻"啪啪啪"猛扇田丰大嘴巴子。因为就在田丰大跟踪对方的第五天,韩国栋突然在上班时间提前离开了公司。他提前离开公司却没有回家,而是直接去了一家名叫"不三之旅"的旅行社。

觉察出异状的田丰大当即伪装成旅客跟踪进去,发现:韩国栋在咨询出国旅游的事宜,而值得注意的是韩国栋并非跟团,只是让旅行社帮他订车和酒店,完全是私密的自由行,又出行得这么突然。何况在咨询期间,韩国栋还打了一通电话,而接电话的似乎是一个女人。这一切的一切,让田丰大不禁怀疑,韩国栋是要和他的小情人出国私会。

在确定韩国栋即将出行的地方是越南岘港后,田丰大第一时间将这一消息报告给委托人曹宇。果然如他所料,身为妻子的曹宇并不知道自己丈夫韩国栋打算出国游玩,但女人的直觉却让她立刻嗅到了狐狸精的气味。于是,作为雇主,曹宇立刻拨款让田丰大即刻启程并悄悄跟踪韩国栋一同前往岘港去揪狐狸精的小尾巴。

接到指令的田丰大不敢有丝毫怠慢,马上从青市一路跟踪下来,几次乔装打扮、变换身份,几乎寸步不离,直跟到边境的国际大巴车站。

此时此刻,在田丰大的默默注视下,韩国栋已经登上了大巴车并且在车厢第四排靠过道的座位坐下。可能是因连续赶路身体疲惫,韩

一招狼人杀救侦探

国栋一上车便倚靠在座位上呼呼大睡起来。也许不想让自己的睡眠遭受到一丝一毫的打扰,他还特意戴上了眼罩。

身为侦探,尤其是在跟踪监视目标人物的时候,切忌暴露自己的身份。自诩名侦探的田丰大当然知道这个禁忌,所以在韩国栋登上国际大巴之后,他并没有紧跟着尾随上车,而是在车下逗留了一会儿,等其他乘客上车上得差不多了,他才故作镇定地缓缓上车。

拾阶而上,走进车厢,田丰大瞥了一眼韩国栋。这个大腹便便的中年男人仍在呼呼大睡。目标人物早已放松警惕、毫无戒备,对于侦探来说,这无异于降低了调查的难度系数。

看来这次调查婚外情的委托,很快就会顺利完成,委托人丰厚的酬金似乎已经唾手可得。一想到这儿,田丰大就忍不住咧嘴笑了起来。

可是就在田丰大一边暗自发笑,一边瞥视韩国栋的时候,他的余光无意中扫到了韩国栋邻座,一个正在玩手游的男生身上。

"咦?这个男生好面熟,感觉好像在哪儿见过!"

田丰大心里犯着嘀咕,不由多看了那个男生一眼,只见对方低头玩着手游,根本看不清全脸,但是却可以看到男生胸前别着的校徽。

"礼贤中学院?"田丰大无意识地喃喃自语,收回目光的下一刻,他忽然又觉得男生前座的女生似乎也很面熟!

"男生?女生?礼贤中学院?"一瞬间一刹那,一个可怕的念头如闪电般闪进他的脑海,又如晴天霹雳般炸开。

"那个罗小梅不也是礼贤中学院的学生吗?等等,这两个学生,好像,好像都是罗小梅的同班同学!"

一念至此,身为名侦探的田丰大不由地瑟瑟发抖起来,他赶紧环视车内,却没有看到罗小梅的身影。

暗自长吁了一口气的田丰大不敢掉以轻心,侦探的直觉告诉他:那个如噩梦一般阴魂不散的罗小梅就在周围。几乎在同一时刻,田丰大发现女生旁边的座位是空的,赶紧抬头去看座位上的行李架:两个贴满卡通图案的行李箱明显就是女生的。这证明田丰大的侦探直觉是很精准的!

"不能这么倒霉吧?!好不容易接个案子,就碰到那个叫罗小梅的大脸女生了？难不成这次又要被她搅黄了？"

一时之间，内心凌乱的田丰大不知所措地站在原地一动不动。也就在这时，坐在前排的女生突然转身冲坐在后排打手游的男生问起话来。

"邵斌，问你个事儿，以前那个跟罗小梅混在一起的半吊子侦探，你知道他去哪了吗？"

"副班，我不知道啊，自从中考结束后，就再也没见过那个大叔，好像班长也一直在找他呢！"

"邵斌？副班？对对对，他们确实是罗小梅的同学。他们口中那个'半吊子侦探'莫非说的是我？可恶，居然敢如此不分青红皂白地在背后中伤名侦探！等等，他们刚才好像提到，罗小梅一直在找我？"想到这里，田丰大突然打了个激灵，他意识到：自己现在的首要任务是在这个车厢里隐藏好自己，不要被罗小梅和她的同学们发现，等熬到大巴车到站，彼此再各奔东西，这个案子就不会被搅黄了。

田丰大想到这里，赶紧低着头走到车厢的最后一排坐下。时值暑假，正是夏天最炎热的时候，田丰大化装成游客跟踪监视韩国栋，身上穿着夏威夷风情的花衬衫和大裤衩，脖子后挂着大草帽，一坐下来就赶紧摘下草帽，扣在脸上假寐。

就在田丰大摘下草帽扣在脸上之际，他隐约看到车厢中部的车载卫生间的门被打开了，然后那个罗小梅从里面走了出来。

"幸亏手快，没被她看到。"田丰大暗自庆幸。

这时，车厢前方传来了罗小梅热忱的声音："画家姐姐，原来你报的也是这家旅行团的自由行，真是太巧了啊。"

"可不是嘛，太巧了。"听声音，对方的回应似乎很冷淡。

田丰大把脸躲在草帽里，心想："这个罗小梅一点都没变，情商还是那么低，人家明显不愿意搭理她，她还非要热情地凑上去。"

就在田丰大点评罗小梅之时，只听到有脚步声慢慢逼近，然后在他身前消失，想来是那个画家姐姐坐在自己前面的座位上了。

不一会儿，地陪导游郝美拿着一张信息表格挨个给在座的乘客填写。等轮到田丰大时，他才悄悄从草帽里探出头来，紧接着又拿表格遮挡自己的脸。

拿在田丰大手里的表格是一张出境信息表，上面需要填写姓名、职业、身份证号、联系方式以及出国事由等诸多信息。田丰大迅速填写完表格，递还给郝美，然后赶紧用草帽盖脸继续假寐。

郝美接过表格，满意地回到车厢前部。伴随着一句"人都齐了，发车了啊"，这辆国际大巴终于缓缓行驶起来。

大巴车在盘山公路上颠簸着，连续几天忙于跟踪监视的田丰大终于抵抗不住疲劳，渐渐昏睡过去。

也不知道过了多久，前方声嘶力竭的高呼声猛然将田丰大从睡梦中惊醒。

"我的手包呢？我手包不见了！"是目标人物韩国栋的声音。

田丰大瞬间清醒了，但内心深处残留的一丝谨慎并没有让他忘乎所以地摘掉盖在脸上的草帽。毕竟，那个叫罗小梅的推理发烧友和他同车。想到这里，田丰大忍不住倒吸了口冷气，他保持睡姿不变，眯着眼睛，透过草帽的缝隙朝韩国栋望去。

只见那个中年胖子愤怒地侧过身子，伸手揪起邻座叫"邵斌"的男生。

"小兔崽子，我刚才睡着的时候，你就不停地用胳膊蹭我，我的手包肯定是被你偷的！"

"大叔，我一直在打手游，哪有偷你手包？"

听到这里，田丰大心中已然明了，原来韩国栋的手包不见了，怀疑是身旁的邵斌偷的。

唉，当侦探就这点不好。像导游，带团的过程中可以做代购；像作家，写小说的过程中可以改情节。各行各业都有接私活的可能，唯独侦探没有。比如眼前调查婚外情时碰上了偷窃案，失主和目标人物又是同一个人，为了防止自己侦探身份暴露，田丰大只能按捺住那颗躁动不安的破案的心，坐在远处静静观看。

"还不老实，就你坐我旁边，手包被偷，不是你，还能是谁？"就在这一刻，韩国栋似乎爆发起来了，站起身来，揪着邵斌的衣领，大声质问,"这是谁家的熊孩子?家长在哪里?"

邵斌被韩国栋这么一吓,顿时不知所措,对着前排的罗小梅求救道:"班长,你不是最擅长推理破案吗?赶紧救救我啊!"

邵斌话音刚落,田丰大就不由透过草帽的缝隙向罗小梅坐的位置看去,那里可是他一直不愿正视的方向。

果然,就看那个脸虽大却不失秀美的罗小梅回头趴在椅背上,圆润的脸庞露出冷峻的神色:"邵斌,话可不能这么说,我虽然爱好推理,但是所有案子都是侦探大叔破的,我只是他的助手而已。"

"班长,你就别推辞了,赶紧洗脱我身上的罪名吧!"

坐在旁边的姜鑫也跟着道:"小梅,你可一定要洗清邵斌的嫌疑,他现在也是咱们礼贤高中的学生,如果他被认定为小偷,对咱们学校的名誉可是极大的亵渎。况且这种事情发生在咱们三个结伴出去旅游之际,还会牵连到咱俩。我可不想一入校就背负着'小偷的朋友'的恶名!"

邵斌急红了眼:"副班,我又不是小偷,你怎么能这样说话呢?!"

韩国栋看着他们三人,忍不住道:"好啊!你们三个是一起的!年龄不大,没有父母陪伴就私自出来旅游,太有问题了,八成是不良少年,我的手包肯定是被你们三个偷的。"

韩国栋和邵斌等人的吵闹声早已引起了全车乘客的注意,原本在副驾歇息的地陪导游郝美见状,忙起身过来。

"韩先生是吧,你好好找找,你的手包可能落在什么地方了。"

这种敷衍的建议,她一张嘴就被韩国栋无情地怼了回去。

"座位四周我都看了,没有。睡着前,我特意把手包抱在怀里的,现在不见了,肯定是被这小子偷了!"

"我没偷啊!班长,你要救我啊!"

"救什么救,你们说不准都是一伙的!"韩国栋一棒子打死了所有人。

身为品学兼优的班长,又是推理发烧友,罗小梅终于要施展出她鬼畜一般的推理能力了:"你确定睡着前手包是在你的怀里吗?"

"那当然!"

罗小梅冷笑道："如果真是这样的话,那么有偷窃嫌疑的可不止你旁边的邵斌。在这车上,另外还有两个人也有可能偷走你的手包!"

　　此言一出,全车哗然。也就在这一刻,身为侦探的田丰大不由自主地打了个冷战,多年的经验让他有一种不祥的预感。他预感到:自己随时可能会被罗小梅的推理误伤,被错当成偷包罪犯。这种预感使田丰大下意识地压低了帽檐,并且尽可能地向后缩身子,让自己处于罗小梅的推理范围之外。

　　"快说,另外两个人是谁?"

　　罗小梅微微一笑,侧了一下身子,似乎是在给即将登台的两名犯罪嫌疑人留出上场的道路。随后她的手指向前排,回复道:"坐在第一排的王三喜和坐在第二排的吉他手哥哥,他们都有可能是偷走你手包的人!"

　　此言一出,全车乘客的目光都投向他俩。在众目睽睽之下,那个一头黄毛的王三喜最先发难。

　　"喂!小姑娘,你胡说八道什么?不就是上车前我撞了你一下吗,至于在这儿血口喷人,说我是小偷吗?"

　　有别于王三喜的咒骂,坐在第二排那个杀马特造型的吉他手则显得一脸茫然:"妹妹,你这样不负责任地乱说话,是会出事的!"

　　罗小梅振振有词:"我没有不负责任地乱说话,我这么推断是有原因的。"

　　"什么原因?"全车人的目光都停在了罗小梅的身上,唯有田丰大继续用草帽盖脸,妄图把自己置身于三界之外。

　　"这两个人在行车过程中都起身上过厕所,而他们从座位到车载厕所都会经过胖大叔的身边,所以说他俩也很有机会偷窃胖大叔的手包!"

　　闻听此言,车上其他乘客都恍然大悟地"哦"了一声,而藏身于最后一排拿草帽遮脸的田丰大更是仿佛躲过一劫似的,长吁了口气。

　　与此同时,韩国栋不假思索,立刻从座位上起身,大步踏前,对王三喜和杀马特吉他手喝道:"你俩谁偷了我的手包?赶紧拿出来!否则一会儿到站,别怪我把你俩交给警察!"

王三喜反驳道:"脑子有病是吧?上个厕所就要被当成小偷吗?开什么玩笑!"

至于那个吉他手,只是淡淡道:"我没有偷你手包,找别人去。"

此言一出,同为嫌疑人的王三喜就不爱听了,坐在第一排的他腾地站出身来,对着第二排的吉他手道:"喂,哥们,什么叫找别人去?你说不是你偷的,难道就是我偷的吗?"

"我没这么说。"吉他手依旧坐在自己的座位上,表情很冷静。

"你没这么说?我看就是你偷的!哼,提着行李箱上厕所,我还是第一次见。怎么了,不会是你偷了这位爷的手包,然后利用上厕所的机会把手包藏进自己行李箱里了吧?!"

王三喜说这句话的时候,吉他手的手不由摁在了他放在邻座的行李箱上。他这动作,车上所有乘客都瞧得一清二楚,大家都把目光集中在了那个行李箱上。

那是一个带密码锁的银白色的日默瓦牌金属行李箱。

吉他手脸上闪过一丝不快:"你胡说!"

"胡没胡说,你打开箱子让我检查一下,不就行了!"韩国栋说着,不由分说地伸手去拿吉他手的箱子。

吉他手霍地起身,将韩国栋的手打掉,转而质问地陪导游郝美:"郝小姐,跟你们旅行团的车出来旅游,难道连最起码的人身安全都保证不了吗?"接着瞪视韩国栋:"你是什么东西,有什么资格来翻我的行李箱?"

出了这种事,作为跟车地陪导游的郝美只能两边打哈哈,互不得罪道:"韩先生,这位刘力勇先生是玩音乐搞艺术的,按理说,他不会去偷你的手包。"

一听这话,同为嫌疑人的王三喜就不高兴了:"他弹个吉他、玩玩音乐,就不是小偷了,那我不会弹吉他不会玩音乐,就应该是小偷吗?"

"没有,没有,我不是这个意思,王先生,你一头金发,走在潮流的最前沿,怎么可能是小偷呢!"郝美赶紧解释。

身为失主的韩国栋实在看不下去了:"行了,我是看出来了,你这个地陪压根就没诚心帮我找手包,就会和稀泥。行,你们一个个都不承认偷我手包,是吧?好,等一会儿大巴到站,你们全都跟我进局子!我没资格搜你们行李,警察总有资格搜吧!"

此言一出,全车都沸腾了。

"凭什么啊!你丢个手包要大家都被搜查?"

"是啊!我这出国还有事呢,一刻都不能耽误!"

"谁出行不是有事啊,他这么做太自私了吧!"

对于田丰大来说,这完全是无所谓的,身为侦探的他本来就是跟踪监视韩国栋,而不是出来旅游玩耍。只要能盯紧韩国栋的一举一动,无论何时何地并不重要。正是因为抱着这样的想法,当全车人都为此抱怨不已时,所以只有田丰大依旧倚靠在最后一排的座位上,以一种事不关己的姿态安然自得。

也就在这一刻,车厢里突然又响起了罗小梅的声音。

"咦,好奇怪啊!"

车厢里的乘客停下抱怨,齐刷刷地看向罗小梅。

姜鑫在一旁忍不住问:"怎么了,小梅?"

"我又有新的发现!"

郝美惊骇道:"小妹妹,你不会又要开始推理了吧?拜托,在你没推理之前,只有你们三个有嫌疑;你推理了一番之后,全车乘客都要跟着接受警察的搜查,这样对我们旅行社的声誉会造成很大的负面影响啊!"

郝美发出这样悲叹的时候,身为名侦探的田丰大突然生出同病相怜的感觉。

"可是,这个乘客的行为举止确实很可疑啊!"说话间,不等田丰大反应过来,罗小梅的脚步声已由远及近,她似乎正朝自己走来。

田丰大心惊胆战之际,赶紧眯着眼睛透过草帽的缝隙往外看去,果然,此时此刻,那个脸虽大却不失秀美的罗小梅正叉腰站在他面前。

"喂,自从偷窃案发生后,车里所有乘客都在关注着这件事,只有你躲在最后一排默不作声,即便是听到所有乘客都要接受警方搜查这种危及自身利益的消息,你依旧能岿然不动。难不成对这起偷窃案的真相，你心中早已有了答案？"

面对罗小梅突如其来的咄咄逼人之势，田丰大略显得有些慌张，他刻意变换声调道："小妹妹，我刚才睡着了，什么都不知道，好不好？"

"呵呵，刚才那么吵闹，你能一直沉睡，我刚过来，你立马就醒，你是在假寐，对吧？"罗小梅直直盯着田丰大盖在脸上的草帽，"你刚才的声调明显是刻意压低，还有你跟我说话却始终不摘草帽，你是刻意在我面前隐藏身份吗？"

说话间，罗小梅突然伸手去摘田丰大盖在脸上的草帽。田丰大猝不及防，用来遮挡容颜的最后一层屏障就这么被掀开了！

"啊！啊！侦探大叔，居然是你！"

田丰大深知自己身负重任，赶紧朝罗小梅做出嘘声的手势，暗示她不要暴露自己名侦探的身份。而罗小梅显然被兴奋冲昏了头脑，她无视田丰大嘘声的手势，蹦跳着转身对失主韩国栋招手，呼唤道："胖大叔，这位大叔可是名侦探，有他在，你被偷的手包很快就能找到了！"

听到这里，田丰大的心都碎了，他赶紧伸手试图去捂住罗小梅的嘴。可惜，终究晚了一步，闻听此言的韩国栋将信将疑地朝车厢尾部走来。

"真的假的？你说的这个侦探靠不靠谱啊？"正说着，韩国栋已然走到田丰大的面前，当他抬头看到田丰大面容的时候，整个人不由愣住了，"咦，你，你，好面熟，好像在哪儿见过？"

身为侦探，最担心的就是：在跟踪监视目标人物的时候，身份暴露。现在田丰大显然正处在这种担忧当中，他下意识地捂脸试图蒙混过关。只是没想到，他这个捂脸的动作反倒更加勾起了韩国栋的回忆。

"我想起来了，我在旅行社咨询旅游的时候，有个男人尾随我也去咨询，他当时捂脸的动作就是这样！"回忆这东西，一旦被唤醒便如滚滚长江水滔滔不绝，韩国栋连忙拿开田丰大捂脸的手，乘胜追击，"你的这张脸不仅出现在旅行社，而且还出现在我上下班的途中！"

田丰大垂死挣扎："你认错人了！"

29

韩国栋一锤定音："不可能，就是你，这么多天来，你一直在跟踪监视我！从青市跟踪到边境！对了！我的手包，我的手包一定是被你偷的！"

隐隐感觉自己闯祸的罗小梅突然觉得自己该替田丰大辩白一下："胖大叔，他是侦探，专门抓捕犯罪分子的侦探，所以他根本不可能偷你的手包！"

听到这句话时，田丰大的内心是崩溃的，试图遮掩自己侦探身份的他没想到就这么被罗小梅出卖得干干净净！

"小妹妹，你能闭嘴不？"田丰大狠狠地瞪了罗小梅一眼。

而此刻韩国栋忽然粗暴地揪起田丰大的衣领："差点忘了你是侦探，好啊！老实交代，是谁雇佣你偷我手包的？如果不说，别怪我把你交给警察！"

一听到要被交给警察，身为侦探的田丰大顿时腿就软了。

"调查过程中反被目标人物发现身份，已经是侦探生涯的一大败笔，如果再把雇主的身份交代出来，恐怕自己将来再也没脸在侦探行业混了！可是，如果不交代，就要被对方交给警察，这可怎么办啊？"田丰大的脑海里展开了极为复杂的思想斗争。只是可惜，无论哪一方思想斗争赢了，对于思想者来说，结果似乎都是死路。

就在田丰大踌躇不定之时，车上的其他乘客像是找到了替罪羊一般纷纷落井下石。

"我说，搞不好，手包就是这个自称侦探的人偷的！"

"切，什么侦探？在中国哪有私家侦探这个职业，这些号称侦探的人，无非是偷窥他人隐私，抓人把柄从而进行敲诈勒索的社会渣滓！"

"这么说，偷拍婚外恋的就是这帮人了？"

"谁说不是呢，不光是婚外恋，还有上下级之间的礼尚往来，也是他们要挟勒索的素材！"

有在这方面吃过亏的乘客，闻言不由咬牙切齿："这种社会渣滓，赶紧送进警察局吧！"

一时之间，群情激愤。韩国栋受了这种氛围的感染，不等大巴车到达站点，就揪着田丰大的衣领往车厢前门走去。

田丰大见状，出于本能反应，开始拼命挣扎。他用力地推搡韩国栋，韩国栋猝不及防，一个趔趄跌倒在地。

"哎呀，孙子，跟我玩阴的是吧！"韩国栋当即从地上爬起来骂道。他仗着自己身宽体胖而田丰大身形瘦小，二话不说，直接朝田丰大扑过去。

身为地陪导游的郝美象征性地喝止道："车内不准打架啊！"

周围的乘客也故作姿态地劝道："有话好好说，别动手啊！"他们虽然话说得漂亮，身子却都往座位里挤，非但没有拉架的意思，似乎还在给他俩打斗留出足够伸展拳脚的空间。

就连那个开车的杨师傅，嘴上说着"不要打架"，眼睛却时不时地通过反光镜看热闹。

在众目睽睽之下，韩国栋扑将过去，田丰大仗着体瘦侧身躲过，还趁机绊了对方一脚进行反击。

所有乘客都为韩国栋这一扑落空而感到惋惜，甚至连开车的杨师傅也不停地摇头："怎么能这么扑人呢？"

结果没想到的是，由于山路颠簸，那韩国栋被田丰大绊了一脚，又一个趔趄没站稳，直向后退去。他连连倒退的正是司机的驾驶座方向，原本寻常人退两步就会停下，但韩国栋不同，他身体肥胖，惯性远大于一般人。便见他倒退四五步，最后竟然直接倒向驾驶座。

正在开车的杨师傅刚评判完双方招式的优劣，忽然感到后颈生风，他下意识回头，便看见一个庞大的身躯如泰山压顶一般直砸下来。伴随着一车乘客的惊呼，杨师傅立刻感觉到危险将至，身为司机的他下意识地双手紧紧把住方向盘。也就在这一刻，坐在副驾的郝美突然指着前方，惊呼起来。

杨师傅隐隐有种祸不单行的恐惧，他顺着郝美指的方向看去，就见山弯处一辆警车以极快的车速迎面驶来。杨师傅赶紧打方向盘，试图躲开驶来的警车，就在同一刻韩国栋肥胖的身躯压倒在杨师傅的座位后背。

大巴车急速地改变方向，巨大的惯性连同着猛烈的冲击使得整个车子倾斜翻倒。

车内的乘客，不论罗小梅、姜鑫、王三喜，还是韩国栋、田丰大，他们都像是被卷入漩涡里一般，在一场翻天覆地的旋转之后，整个世界死一般的寂静。

迷糊中，田丰大隐约感到自己被人拽着两只胳膊在地上拖行。后背因为摩擦而产生的疼痛感让他缓缓睁开眼睛：首先映入眼帘的是乌云密布的天空，不远处一辆侧翻在地的大巴车正冒着滚滚浓烟。

这是怎么回事？正当田丰大晕头转向之际，一个女生的声音传入耳中。

"哇，侦探大叔，你终于醒了！"

田丰大心头一颤，他循声望去，果然看到罗小梅那张满是欣喜的脸，这时他才发现，自己的右胳膊正被罗小梅双手拽着，左胳膊被邵斌拽着，再远点的位置，那个叫姜鑫的副班长则无精打采地坐在地上发愣。

看清罗小梅容貌的那一刻，身为名侦探的田丰大恨不得重新闭上眼睛再也不要醒来。这时，耳边传来了韩国栋的声音："你偷我手包，还我！"那声音由远及近，还未到跟前，却被另一个声音喝断："手包！手包！就因为你那个破手包，害得大巴翻车，你做人能不能别这么自私？！"

田丰大挣脱罗小梅和邵斌的拉扯，坐起身来，偏头看去，只见怒喝的人正是那个叫刘力勇的吉他手。他就坐在离自己两三米远的位置，一手捂着脑袋。

韩国栋被刘力勇这一呵斥，反骂道："关你屁事，敢情丢包的不是你……"他话说了一半，见周围人都在怒视他，这才收敛起来，指着田丰大道："待会儿再找你算账，你给我等着！"

而那个刘力勇似乎一直挂念着遗落在车厢里的东西，几次想冲进去。

"喂！回来！没看大巴车冒烟呢，小心爆炸！"不知乘客里谁喊了一句，刘力勇迟疑了一下这才驻足。

这时，邵斌突然对刘力勇道："哥哥，我知道你放心不下车厢里的东西,你等我!"说罢,不顾旁人的喊叫阻拦,"噔噔噔"地冲进车厢里。

等邵斌再出来时,背上已然多了一把吉他,他一边朝刘力勇跑来,一边大声道:"哥哥,我知道对于你们这些玩音乐的,吉他就是生命。我给你抢救出来了,请记住我的名字——礼贤高中一年级新生邵斌!"

然而对方接过吉他,显然没有邵斌期待中的那样兴奋,脸上反倒透出一股失望。

与此同时,坐在地上的田丰大头脑已经清醒了很多,他回看四周,只见大家零零散散地,或蹲或坐在盘山公路上,每个人都是一副劫后余生的样子。地陪导游郝美则拿着登记信息表核对人数。

这辆大巴车一共七排乘客座。如前面所说,坐在第一排的是叫王三喜的黄毛青年,坐在第二排的杀马特吉他手名叫刘力勇,而姜鑫和罗小梅则一起坐在第三排,邵斌和丢手包的胖子韩国栋坐在第四排。第五排是一个戴眼镜的女青年,登记表上登记的姓名是丁凝,职业是医生。那个叫李小佳的女画家坐在丁凝身后的第六排。田丰大坐在李小佳的身后,也就是最后一排——第七排。再加上司机杨师傅和地陪导游郝美,整辆大巴车上一共有十一个人。

郝美拿着信息表挨个清点人数,全车十一个人都从侧翻的大巴车上逃离出来了。

眼见如此,司机杨师傅突然显现出与当下环境非常违和的兴奋感。

"郝美,你自己说说,你杨哥我的车技怎么样?车都撞翻了,车上十一个人,一个都没少,敢问这世上还有谁,还有谁?!秋名山车神对不对!"

杨师傅正洋洋自得之际,导游郝美"噔噔噔"跑到跟前,拿着手里的文件夹冲着杨师傅的后脑勺,"啪啪啪"就是一阵猛拍。

"出了车祸你在这儿显摆什么?这趟车出的,没挣着钱算好的了,别再倒赔了!"

"出车祸又不是我的问题,是那俩夯货在车上打架造成的,所有责任他俩扛着,和咱们又没关系,怎么可能赔钱?你就说,你杨哥我这车开得怎么样?一个都没有死!"

郝美叹了口气,把目光移向前方,幽幽道:"咱这车上的是一个都没有死,就不知道被撞的那辆是什么情况了?"

杨师傅这才想起撞车还有甲方乙方,忙顺着郝美的目光望去,就看见不远处一辆警车歪斜在山壁上,整个车头都凹了进去。

"完了,完了,撞了警车可麻烦了,千万别出人命啊!"杨师傅悲叹道。

似乎是在回应杨师傅的悲叹,他话音刚落,警车左后车门突然被人从里面推开,一个身穿警服的中年男子从车里翻滚出来,摇晃着朝这边走来。

众人赶紧围过去接应,杨师傅一马当先,扶着那警察道:"警察同志,你怎么样?没事吧?"

警察推开杨师傅的搀扶,自己站定,右手轻揉自己的脑袋,左手摆了摆,表示无碍。

杨师傅暗自放下心来,故意大声道:"没事就好!没事就好!"言罢,又不忘补上两句自夸:"郝美,怎么样,我这车速是不是拿捏得恰到好处……"

他这话刚说了一半,从警车方向突然传来一声惊呼。

"警车里还有个人,感觉快不行了!"

此言一出,杨师傅刚放下的心又悬了起来,他暂停下吹嘘,赶紧和其他几个乘客一起跑过去,隔着车窗一看:果然,在驾驶座里,一个身穿便衣的人俯身在方向盘上,一动不动,不知死活。

杨师傅、刘力勇、邵斌,外加王三喜,四个男人齐心协力打开了驾驶座的车门,把那个人往外拖拽。至于田丰大,则一脸茫然地站在一边发愣,身为侦探的他隐隐觉察出还会有更为不祥的事情降临到自己头上。

果然,就在田丰大有这种预感的时候,他耳边传来了罗小梅惊喜的声音。

"侦探大叔,你快来看看被救出来的是谁!"

"什么意思?难道是?"一个可怕的念头在田丰大的脑海里一闪而过,在某种意念的驱使下,瑟瑟发抖的名侦探不由自主地朝前挪步。

原本在车里昏迷不醒的警察现在已被众人抬了出来，平躺在路边。乘客中身为医生的丁凝正大步朝这边赶来。田丰大跟在丁凝身后，也加快了步伐，很快，他看到了那个人的脸，此刻他有一种被闪电击中的恍惚感。

"侦探大叔，怎么样，惊不惊喜？意不意外？居然是薛警官！身为侦探的你，身为侦探助手的我，还有身为警察的他，没想到咱们破案三人组竟会在这边境线上重聚！这是不是预示着即将有大案发生？对，一定是这样，那可就太刺激了，你说对不对啊？侦探大叔！"罗小梅一边说着，一边使劲摇晃着田丰大的胳膊。

田丰大则厌烦地甩开罗小梅的手。平心而论，接受曹宇的委托，调查婚外情，原本一切都很顺利，自从碰到这个扫把星罗小梅后，他的侦探身份非但在目标人物面前暴露无遗，甚至还被误会成小偷，还争执导致车祸。更没想到的是，接踵噩运而来的是更大的噩运。那个叫薛飞的警察，竟然神不知鬼不觉地以车祸受害人的角色从天而降，出现在自己面前。他的出现，总感觉将会坐实自己的小偷身份。难道，这次真的又要被误当成犯罪分子给逮捕归案吗？

正这样想着，身旁的杨师傅已经移步到先前那个穿警服的警察面前。

"警察同志，怎么称呼？"杨师傅一边搭腔，一边从上衣口袋掏出烟来点燃递上。

警察摆手拒绝，揉着脑袋道："于大虎。"

"哦哦，是于警官啊，我跟你说，这车祸不关我的事啊，都是因为他俩在车上打架。"

眼见司机偷着告状，早就留着心眼的韩国栋也不甘示弱，赶紧凑过来接龙道："警察同志，是这人偷我手包才惹出的麻烦，他是罪魁祸首，快把他抓起来！"

田丰大本来见到薛警官时，身为侦探的他就早已做好了被当成罪犯逮捕归案的准备。何况这次又确实是因为他和人争执才酿成的车祸，被撞的还是警车，所以面对杨师傅和韩国栋的指控，田丰大直接就放弃挣扎，准备束手就擒了。

然而没想到的是，于警官刚死里逃生，完全没有立刻投身工作的积极性，只见他对着韩国栋斥责道："抓什么抓？这种小偷小摸的事，等派出所的同事到了，自然会处理。"

田丰大闻听此言，不由一愣，从事侦探行业多年的他早已经习惯了被薛警官当成罪犯绳之以法，突然面对个高抬贵手的警察，反而还有些不适应。

韩国栋也是一愣，补充发言："不是啊，警察同志，这家伙一直自称'侦探'，进行违法调查，他多次跟踪监视我，目无法纪地侵犯我的隐私，现在又偷了我的手包，你不管管吗？"

于警官不耐烦道："管也不是我们刑警管！"说着径直走到丁凝面前，指着薛警官，问道："他怎么样了？"

身为医生的丁凝站起身来，摇头道："情况不太好，昏迷不醒。"说着，她把架在自己鼻梁上的眼镜摘掉。可能是车祸让镜腿有些偏折，所以刚才检查薛警官时，整副眼镜一直往下滑落。

闻听此言的田丰大内心深处不由泛起了嘀咕。

"等等，刚才那个女医生说什么，说薛警官昏迷不醒？哼哼，也许情况并没有我想的那么糟糕！只要我能在薛警官醒来之前，摆脱小偷的身份，证明自己是被诬陷的，那么车祸的责任必然由韩国栋来承担！同样，我要是能赶在薛警官醒来之前再找出韩国栋婚外情的证据，就没有必要再隐瞒自己接受他妻子曹宇委托的实情，那么所谓的跟踪监视侵犯隐私都变得不重要了，我也就不会被当成犯罪嫌疑人任由薛警官逮捕归案！"

一念至此，本已绝望的田丰大突然生出了绝地求生的意念！确实，这是他唯一的生机。

田丰大低头看了一眼尚在昏迷中的薛警官，他心里明白，接下来一定要争分夺秒地抢时间！洗清自己小偷的罪名，并且找出韩国栋婚外情的证据，这一切的一切都必须赶在薛警官醒来之前完成。否则，客户委托的事项会以失败告终，而且他本人还会被当成小偷抓捕归案，后果简直不堪设想！

想到这里，田丰大不由重重地叹了口气！

罗小梅听到田丰大的叹息，误解了他的心思，仰着脑袋问道："侦探大叔，你是因为薛警官昏迷不醒，不能起来跟你并肩作战而惋惜吗？"

田丰大"哼"了一声，他实在不愿意和这个总给自己带来牢狱之灾的侦探助手多说一句话。

也就在这个时候，由于冒烟的大巴车迟迟没有爆炸，怀着侥幸心理的乘客们开始三三两两地往大巴车走去，妄图寻找自己的行李。生怕乘客有一丝伤害的导游郝美赶紧制止大家的行动。与此同时，一直阴沉的天空突然亮起了闪电，接着零星的雨点打落下来。举头望去，不需要任何气象知识也能看出来，酝酿了一天的暴风雨马上就要来临了。

由于大雨将至，外加上薛警官昏迷不醒，急需要有个地方安顿，于是，杨师傅建议大家先去山顶的宾馆避雨暂住，等暴风雨结束后再做打算。

于大虎询问宾馆的远近，面对警方的询问，杨师傅不敢有丝毫怠慢，忙回答说："沿着盘山公路上行，也就不到两公里的路，本来按照行程，今晚也是要到那里住宿的。"

于警官站在山路上眺望，又仰头发现天空电闪雷鸣，只得遵照杨师傅的建议，往那山顶宾馆而去。

于是，这一行十三人，除了薛警官被刘力勇和王三喜轮换背着外，大家都相互搀扶着一瘸一拐地朝山顶宾馆蹒跚而去。

大约走了不到一个小时，一座名叫"来乐客山庄"的三层楼建筑出现在大家眼前，毋庸置疑，这应该就是杨师傅所说的山顶宾馆。

在驾驶旅游大巴的职业生涯里，杨师傅显然和这家宾馆早就建立起了紧密的合作关系。所以他几乎连招呼都不用打，就跟回自己家一样，直接推门走了进去，其余人等尾随其后鱼贯而入。

一进门就是宾馆的大堂，大堂左右两侧各有一处楼梯通往楼上，不难看出：宾馆的客房都布置在二楼和三楼。一楼仅作大堂和餐厅之用，另外前台后面似乎还有一个小单间。

当杨师傅带着大家伙儿走进宾馆的时候，身兼老板和服务员的唐天正立在前台后面笑脸相迎。

"呀，杨师傅，你们怎么才到啊？等得我可着急了，还以为你们出什么事了。"这个看上去五十多岁的男人，一举一动间总透着一股虚情假意的味道。

"老唐，别提了，真出事了，车翻了！"

唐天愣了一下，见杨师傅说话的神态不像开玩笑，又看后面进来的人，一个个都灰头土脸，还有被抬进来的，这才知道是真的出了车祸。于是赶紧收起脸上的笑容，连连拍自己的嘴，抱歉道："瞧我这张乌鸦嘴，该打！该打！"忙又关切地问："人都没事吧？"

一听这话，原本精神有些萎靡的杨师傅马上跟打了鸡血似的，神采飞扬道："老唐，我就问你服不服，车都翻成那样了，就我这技术硬是……"

不等杨师傅自夸完，唐天已然知道结果，打断道："人没事就是万幸，真是菩萨庇护，烧高香了啊！"说罢，还回身对着关二爷的塑像装模作样地拜了几下。

杨师傅因吹牛未等出口就被打断，心中颇为不爽，道："是我这秋名山车神的功劳，关菩萨什么事啊？再说了，你拜的是关二爷，也不是菩萨啊！"

唐天不以为然："都是神明，代为转达，代为转达！"说罢，瞅了一眼杨师傅，把他拉到一边，低声道："让你捎的东西呢？"

"留在车祸现场了，马上暴风雨了，实在不方便拿。"

"怎么能扔在山路上啊？"

"哎呀，老唐，看你慌的，这前不着村后不着店，丢不了，等这暴雨一过，再去拿也没事儿。"

两人正嘀咕时，郝美走了过来。

"就惦记着你俩代购的那点儿货。"说着，郝美拍了下桌子，"赶紧把大家安顿一下，别耽误我挣钱！"

唐天立刻脸上堆笑，连连道："是是是，郝导游，出团没挣到的钱，可以从宾馆里挣回来，你挣钱也就是我挣钱！"

"行了，知道就行，小点儿声。"

唐天"嘿嘿"一笑，大声招呼道："大家来我这儿登记一下，给你们安排住宿。呤，呤，还有敬爱的警察同志呢，来来，先给您安排，这可是咱山庄上最好的客房。"

随后，唐天似乎想起了什么，又忙道："对了，咱们这宾馆在山顶上，条件比较艰苦，在吃的喝的方面，大家就凑合一下吧。"

正在长身体的邵斌忍不住问道："凑合？怎么个凑合法呀？"

唐天看了邵斌一眼，笑道："只有面包、泡面、火腿肠，还有速溶咖啡和泡豆浆的豆粉，就这些。"

邵斌想再说什么，就遭到姜鑫无情的斥责。

"喂！邵斌，刚刚发生完车祸，大家能安全在这里过夜已经是不幸中的万幸了，你怎么光惦记着吃啊?!"

不一会儿的工夫，大家都登记完毕，领了钥匙往各自房间走去。

大家簇拥着拾阶上到二楼，才发现：宾馆的每层楼各有六间客房，而且全都并排于一侧。不仅每间客房都自带卫生间，而且每层走廊的尽头又单独另设了公用厕所，女厕在左边，男厕在右边。

客房号自左向右排序：二楼是以 201 为始，到 206 为止；三楼则是从 301 到 306。也就是说，整个来乐客山庄一共就只有这十二间客房。

昏迷不醒的薛警官住在 201 房，身为医生的丁凝为了方便照顾薛警官则住在 202 房。于大虎警官自己挑了 203 房，隔壁 204 房住的是女画家李小佳。至于杨师傅则住在 205 房，吉他手刘力勇住在最右端的 206 房。

至于三楼的房间安排，王三喜住在 301 房。导游郝美紧挨着王三喜，住在 302 房。303 和 304 分别住的是韩国栋和田丰大。丢了手包的韩国栋一直怀疑田丰大就是偷包的窃贼，所以在选房间时故意选在田丰大隔壁，就是为了盯住他，以防他趁机溜走。

正巧韩国栋本人也恰是田丰大监视的对象。为了能抓住韩国栋婚外情的证据，住在目标人物的隔壁无疑是最好的监视选择。但唯一让田丰大不安的是，那个总给自己捣乱还号称"侦探助手"的罗小梅，就住在和自己相邻的305房。当然，305房不只住了罗小梅一人，还有一直和她攀比学习成绩的姜鑫。最后剩下的那间306房，住的自然是邵斌。

众人刚回到各自的房间，就见外面"咔嚓"一道闪电，本来漆黑的天空猛然大亮了一下，紧接着暴雨倾盆而下。

田丰大不停地在屋里徘徊，他知道自己剩下的时间不多了，因为刚才上楼的时候，他亲眼看到丁医生拎着一个医药箱走进薛警官的房间。田丰大突然发现，他不仅在和薛警官努力恢复清醒的意志力赛跑，也要和丁凝的医术拼快慢。按理说，在这种处境下不能坐以待毙了，可是侦探毕竟不像罪犯那样可以主动出击，尤其是调查婚外情这种案子，如果韩国栋和那个情妇不见面，田丰大纵然有天大的本事也无可奈何。

正因如此，田丰大越发焦躁不安起来，与此同时，突然听到有人敲响了自己的房门。

想都不用想，用脚趾头都能猜出：敲门的人是那个阴魂不散、总是缠着自己破案，且号称"侦探助手"的罗小梅。所以，一听到敲门声响，本来踱步的田丰大就突然驻足不动，甚至还屏住了呼吸。这种假装屋里没人的伎俩只需坚持个十几分钟乃至一个小时，田丰大相信敲门者就会中计离开。

果不其然，只敲了十来秒，敲门者就已经被名侦探的诡计所蒙蔽，试探着在门外问道："田先生，不在吗？"

咦，这声音妩媚悦耳、动人魂魄，不像是罗小梅啊！既然不是罗小梅，那会是谁呢？

田丰大正寻思时，忽然听到一阵沙沙声，低头看去，只见一张小卡片从门缝里塞了进来。

"呀！误会了！"田丰大赶紧奔到门口去开门。

门一开，一股艳香立刻扑鼻而来，接着便看到导游郝美穿着一袭黑色的蕾丝睡袍身若无骨地倚靠在门口。

"呀，侦探哥哥，这么久没开门，还以为你人溜出去探案了呢！"

"没，没有，你有什么事儿吗？"

以为田丰大在明知故问，郝美柔声道："白天发生了那么多不愉快的事儿，这不，小妹寻思着问问，看有没有什么我可以服务的，能让你开心啊，欢快啊，放松一下啊！"

"啊，哦，呃呃，不，不知道你说的服务，指的是什么服务啊？"

郝美轻拍了一下田丰大的胸膛，撒娇道："你这个小坏蛋，真讨厌，当然是特殊服务啦！"

"特叔服务？谁是特叔啊？"

本来田丰大看到有人往他门缝里塞小卡片，身为侦探的他，下意识联想到了悬疑电影，案件发生后知情者都是通过这种方式传递情报的。误以为如此的他这才慌慌张张去开门。此刻眼前所见，感觉郝美并不像是来传递情报的，他又低头去看那小卡片上的内容："清纯学妹，诱人少妇，四百一次，八百包宿"。田丰大顿时恍然大悟，连连摆手道："走，走，走，我没钱！"说着准备关门。

郝美误以为客户嫌贵，忙阻住田丰大关门，眨眨眼睛："价格好说，可以优惠！"

一心只想赶在薛警官醒来之前，抓住韩国栋偷情证据的田丰大哪有心思想这鱼水之欢，他"哼"了一声："我一分钱也没有，你去找别人吧，别在我这儿瞎耽误时间！"说罢，正要关门，突然，一个念头闪入他的脑海。

侦探虽然不能像罪犯那样主动出击，但是却可以设套引诱他人犯罪。与其在这儿等待韩国栋与情妇见面，为何不引导郝美去勾引韩国栋呢？然后再拍照取证，对委托人曹宇谎称：郝美就是韩国栋的情妇。就算最后，曹宇发现韩国栋的情妇另有其人，也没关系，因为对于委托人来说，她已经掌握了丈夫婚外情的证据，至于跟谁婚外情就变得不那么重要了。

想到这里，田丰大忍不住傻笑了起来。

郝美被他笑得莫名其妙："你，你笑什么？"

田丰大回过神来，赶紧收住笑，探出脑袋，指着隔壁韩国栋的房门,神秘兮兮地对郝美道:"郝导,给你指条财路,你去敲他的门,绝对没问题!"

"神经病!还用你说!"郝美"哼"了一声,她可能也觉得没必要在田丰大身上浪费时间,于是转身去敲隔壁韩国栋的房门。

"咚咚咚……"

"谁?"

"韩哥,是我,小美。"

"有事吗?"

郝美隔着门哼唱起来:"来啊,快活啊,反正有大把时光……"

"滚!"

连着吃了两次闭门羹的郝美气得跺了跺脚,恨恨道:"这一层的男人都有毛病吧!"

她话音刚落,最左边的301房的门突然开了,只见一头黄毛的王三喜探出身来,对郝美招招手:"小姐姐,快来我这儿快活呀!"

郝美一愣,随即换上一脸的媚笑,瞪了一眼还在伸着脖子的田丰大,吐了句:"眼馋你都捞不着。"说完,扭着腰妖娆地踱进王三喜的客房。

"砰"的一声,房门关上了。

田丰大仍站在门口看着韩国栋的房门,百思不得其解:"不能吧,世上还会有不偷腥的有钱男人?"

"侦探大叔,你不一样也不偷腥吗?"

"我不一样,我是个穷……哇,小妹妹,你什么时候站到我边上的?"田丰大突然发现罗小梅就站在自己身旁,惊愕不已。

"侦探大叔,你是不是在查什么案子?"

"不告诉你。"

"为什么啊?我可以帮你一起查啊!"

"呵呵,少儿不宜的案子,你就不要妄想参与了。"说完,田丰大啪地一下合上房门,把罗小梅无情地关在外面。

"奇怪了,查案子还有年龄限制吗,怎么还会有少儿不宜的案子?"罗小梅隔着门问田丰大,却并没有等来回音。

这时，走廊上响起了邵斌的声音。

"班长，你站在走廊上念叨什么呢？"

"对了，邵斌，问你个事儿，哪些事情少儿不宜啊？"

"啊！班长，你怎么问我这个问题？哎呀，弄得我好害羞啊！"说罢，邵斌捂着脸羞涩地跑回自己的房间，独留下罗小梅在走廊上莫名其妙。

暴风夹杂着大雨几乎下了一夜，直到凌晨才渐渐停息。

一大清早，司机杨师傅就通过客房的内线电话通知所有人：一会儿大家可以结伴前往大巴车那里找回自己的行李。

于是，需要前去找行李的人一放下电话就都到一楼大堂集合，等待出发，有司机杨师傅、黄毛青年王三喜，还有邵斌、姜鑫和罗小梅。余下的人有画家李小佳、警察于大虎、医生丁凝、导游郝美、胖子韩国栋和昏迷不醒的薛警官，他们都留在了宾馆里。田丰大此行的目的就是盯紧韩国栋，见韩国栋不离开宾馆，身为侦探的他自然也不能轻举妄动。

因为发生车祸，又有警员受伤昏迷，所以昨天众人一入住宾馆，来乐客山庄的老板唐天就给山下的警局打电话通报了此事，当时得到回复说：等雨停了便组织警员和医护人员前来救援。结果今天一早，唐天就接到了噩耗：暴雨倾盆使山体滑坡，导致道路阻塞，救援车辆无法上山。

"喂！我们这边可有伤员昏迷不醒，等待救治啊！"身为医生的丁凝忍不住从唐天手中抢过前台话机，对着话筒大声喊道。

然而从听筒里传来的只是接话员由衷的道歉："不好意思，我们已经联系清障车辆赶来清理道路了。"

"告诉我，大约多久能通车？"

"由于山腰滑坡比较厉害，公路损坏特别严重，清障工作估计要一整天吧！"

"什么？你的意思是救援人员要明天才能赶到这里？"

"是的，目前只能这样了。"

等到丁凝挂断电话，唐天这才意识到问题的严重性，他对搓双手，忐忑不安地问道："丁医生，那警察不会死在我店里吧？"

丁凝叹了口气："目前来看，暂时不会，但现在最大的问题是伤者一直昏迷不醒，如果再拖下去，这就很麻烦了。"

唐天上前攥住丁凝的双手："那，怎么能让他尽快醒过来呢？丁医生。"

"冰块，宾馆有冰块吗？"

"冰块？有！有！我这就带你去拿。"唐天小跑着离开。

眼见如此，躲在不远处偷偷探听薛警官伤势的田丰大也不由地小跑起来。

他一边沿着楼梯往上跑，一边在心里默默盘算。

"冰块真能让昏迷中的薛警官苏醒吗？如果他苏醒了我怎么办？我现在的调查毫无进展，那个薛飞一旦醒来必然会把我当成小偷和跟踪狂逮捕起来。对了，他是脑袋受了撞击而陷入昏迷的，他醒来会不会失去记忆呢？电视剧里不都是这么演的吗？不行，不能把自己的命运寄托在未知的可能上，要知道，电视剧桥段是世上最不靠谱的！所以，我必须要在薛警官醒来之前证明自己没有偷窃，不仅如此，还要找到韩国栋婚外情的证据……"

跑着跑着，田丰大突然意识到一个问题："我跑什么？"

"对啊！我跑什么？山体滑坡，大家都被困在这座三层楼建筑里，那韩国栋又丢不了，我只要紧紧地跟住他，盯死他，不就行了，没必要跑啊！"

想到这里，田丰大不由放慢了脚步，缓缓拾阶而上。

就在这时，他忽然又意识到一个问题："我在宾馆里把韩国栋盯死，一旦见他和情妇私会，便立刻能抓到证据，这个调查逻辑是没有错。可是，如果那个情妇不在这家宾馆里，该怎么办？"

一念至此，田丰大不由停下了脚步。

"对啊！我怎么忽略了这一点，如果那个情妇不在宾馆里，怎么办？韩国栋见不到她，而我也抓不到任何婚外情的证据。如此一来，我非但完成不了客户的委托，还一定会被警方以非法跟踪偷窥的罪名抓进警局。还有那个偷窃手包的黑锅更会扣到我身上。"

想到这里，田丰大蹩脚的逻辑世界顿时崩塌了。是啊，如果真是这样，那么他一切的努力似乎都成了无用功，到头来还是摆脱不了被当成罪犯抓进警局的下场。

伴随着内心深处涌起的一腔悲凉，田丰大整个人像被抽去了灵魂，瘫软在二楼通往三楼的楼梯台阶上。

田丰大瘫坐在台阶上，一下下捶打自己的胸口，不停地责备自己："我怎么就忽略了这一点呢，那个情妇可能不在这里啊。"

也就在这一刻，三楼的走廊里突然传来窸窸窣窣的脚步声。田丰大一愣，屏住呼吸竖起耳朵，光听脚步声就知道见不得人，仿佛是虚幻的情妇在对着田丰大的自责进行回应："在这里！在这里！"

既然如此，田丰大二话不说，当即站起身来，贴着墙蹑手蹑脚地来到三楼楼梯口，悄悄探出脑袋窥视。

果然，就在田丰大探头窥视的瞬间，一只脚收进了韩国栋的房间，紧接着303的房门被人从里面轻轻合上，没有发出一丝关门的声响。

田丰大确定刚才关门的房间就是韩国栋的客房，不仅如此，他还确信收进房间的那只脚明显不是韩国栋的脚，那脚上的鞋子是女式的。

莫非，刚才鬼鬼祟祟遛进韩国栋房间的女人，就是他一直在苦苦寻觅的情妇？

想到这里，田丰大赶紧压低脚步声，快速来到韩国栋的客房门口。他一边从口袋里拿出手机调出摄像功能，一边把耳朵贴在303的门板上偷听里面的动静。

虽没吃过猪肉但见过猪跑的田丰大当然知道，男女偷情的时候会自然而然地发出"啪啪啪"和"啊啊啊"的声音。而他手持手机贴门而立，就是在等这两种声音发出时，好破门而入进行摄像。

田丰大心中这样盘算着，也在这样准备着，然而让他始料不及的是，他在门外偷听了好几分钟，里面竟然一点儿声响都没有。

"怎么回事儿？不对劲啊！"田丰大这样想着，妄图透过门缝往里窥视，结果他瞅了半天什么都没看到。也许是急于想知道屋里到底是什么情况，名侦探鼓足了勇气，居然伸手去扭那门把手。这一扭，便

45

听"咔嚓"一声，房门竟然没有上锁，田丰大顺势朝里一推，整个门竟然缓缓敞开了。

田丰大先是一愣，随即则是惊愕，因为随着房门的敞开，他看到客房里居然空无一人。

"不可能?！这怎么可能?！我明明看到有个女人走进这屋的！"伴随着内心的好奇，田丰大不由自主地走进了韩国栋的客房。

他站在客房中央环视四周，确实没人啊，他又特意看了眼卫生间，也没见那女人的身影。

难道，这就是推理小说中盛传已久的活人凭空消失的诡计？

想到这里，身为名侦探的田丰大不由倒吸了一口冷气，也就在这一刻，他身后传来了韩国栋的怒吼。

"活得不耐烦了吧？竟敢摸进我屋里行窃，这下让我抓了个正着，看你还有什么好辩解的？"说罢，韩国栋大步上前揪起田丰大的衣领，"走，跟我去见于警官，我就不信了，小偷就在他眼皮底下撬门入室行窃，他身为警察还能袖手旁观？"

田丰大猝不及防，被韩国栋揪着衣领从房间里拖了出来，即便如此，他仍不忘申冤："门，不是我撬的，是个女人。"

"女人？哪来的女人？"

"真是个女人，穿着白鞋，我看得一清二楚。我就是跟踪她进入你房间的，这不刚进来就被你误会了。"

"别胡说八道了，屋里就只见你一个，没看见什么女人，少在这儿跟我瞎编！"

"我没瞎编，真有女人遛进你房间，一眨眼就不见了。"

两个人在三楼走廊拉扯争吵的声音越来越大，很快，最先闻声赶来的是郝美。身为导游又兼做特殊服务的她，一听田丰大说有女的遛进韩国栋的房间，职业敏感让她误以为是同行来自己地盘抢饭碗，当即冲进韩国栋的房间搜看，可找了半天，却一无所获。

韩国栋光忙着和田丰大纠缠，没空理睬郝美擅闯自己客房的无理行为。他反扣住田丰大的双臂，对郝美喊道："哪来的女人？他一小偷，胡说八道，你也信？走，跟我去见于警官！"

说罢，韩国栋强押着田丰大顺着三楼楼梯往二楼走去。刚走了几步，便看见刘力勇拎着银白色的行李箱从一楼爬将上来。

韩国栋为自己手擒小偷而沾沾自喜，恨不得见人就夸耀，此刻见刘力勇拎箱而上，当即故作姿态地道歉："玩音乐的，不好意思啊，昨天在车上误会你偷我手包。呐，就是这小子干的，再次作案被我逮个正着。对了，你看到于警官了吗？"

刘力勇显然没有兴趣听韩国栋啰嗦，说了句："可能在屋里吧"，就径直拐进二楼，回到自己的客房。

韩国栋依言去敲 203 的房门，敲了半天，喊了几声，却没人开门，料想于大虎不在屋里。他并不放弃，生出将罪犯游街示众的兴致，反扣田丰大的双臂又来到一楼大堂。

这时，在唐天的陪同下，医生丁凝拎着一桶冰块从外面赶回来。

"唐老板，丁医生，喏，小偷，被我抓着了。对了，你们谁看到于警官了？"

丁凝回复道："于警官啊，他应该在薛警官屋里。"

韩国栋押着田丰大道："薛警官的屋不就和于警官客房隔了一间吗？奇了怪了，我刚才敲于警官房门喊他时，于警官如果在薛警官房间，不可能听不到啊！"

丁凝愣了一下，喃喃道："我刚才出来找唐老板拿冰块时，确实碰到于警官走进薛警官房里了啊！我俩还打招呼来着。"说到这儿，女医生似乎觉察出一些不对劲的地方，她脸上立刻闪过一丝惊慌，然后大喊一声："难不成……不好！"说罢，就看她拎着一桶的冰块"噔噔噔"地往楼上跑去。

与此同时，在距离来乐客山庄两公里的车祸现场，正忙着从倾翻的大巴车里寻找行李箱的罗小梅突然被邵斌的一声惊呼所吸引。

不只是罗小梅，在场所有人都循声望去，只见邵斌就站在警车旁边，他手里颤颤巍巍地捏着一张纸。

"怎么了，邵斌？"

"班长，副班长，你们快过来看看，这是我从副驾驶座底下发现的。"

"什么事啊，一惊一乍的，有没有点男子汉的样子？"姜鑫抱怨了两句。刚找回行李箱的她正打算无视邵斌的叫喊，就在原地休息，却看到罗小梅已然走了过去，自己只得也拖着疲惫的脚步尾随其后。

罗小梅先走到邵斌跟前，从对方手中接过那张纸，她只扫了一眼，便惊慌起来。

"难不成……坏了！"罗小梅大叫了一声，突然想起了什么，丢下手中的纸，转身朝来乐客山庄的方向跑去。

她怪异的行为立刻引起了其他人的注意，大家纷纷聚拢到邵斌身边来。

姜鑫最先过来，她一边远望罗小梅奔跑的身影，一边自言自语道："什么'难不成'，什么'坏了'，一惊一乍的，一点没有班干部的样子。"正说着的时候，她忽然看到地上的那张纸。

心生好奇的姜鑫弯腰拾起那张纸，当她看清纸上内容的时候，整个人也惊呼起来。

因为她看到的是一张通缉令，上面清晰地印着于大虎的照片！

难不成那个穿着警服从警车里爬出来的于大虎不是警察，而是通缉犯？坏了，这样一来，薛警官不就有危险了吗？

姜鑫正惊骇不已的时候，一个人也靠近过来，伸手从她手里接过那张通缉令。

"哦，原来那个男人不是警察，是通缉犯啊！"

姜鑫闻言不由抬头看去，她先看到那一头的黄毛，接着看到了王三喜的脸。

就在姜鑫看到王三喜脸的一刹那，内心深处忽然生出一些疑惑："在于大虎不是警察而是通缉犯这件事上，这个王三喜好像一点都不惊慌，甚至似乎还有一些窃喜，这是为什么呢？"

第3章：小偷，哪能随心所欲

身为小偷，最害怕什么？

显而易见，答案当然是：最害怕被抓现行。

所以小偷总喜欢在人流密集的开放型场所行窃，这样既容易下手，又方便逃脱。

王三喜躲在国际大巴站公共厕所的单间里清点赃物。这是他半个小时前在公交车上的收获。利用公交车狭小拥挤的特点，假装着急下车，一边喊着"让一下"，一边往车后门挤去。这时候，善良的乘客都会竭尽全力地给下车者挪出空间，并因此疏于保管随身财物。身为小偷的王三喜正是用这种伎俩，频频得手，并趁机下车溜之大吉的。

火车站、公交汽车站和国际大巴车站这三个地方，是王三喜扒窃模式中的"三点一线"，而国际大巴车站往往是他最后收工的地方。

为什么选择国际大巴车站作为行窃场所呢？不仅是因为国际大巴车站和火车站一样，人员繁杂，极易下手；更重要的是，大巴站安检远没有机场安检严格，所以坐大巴车出境的人中有很大一部分都揣着不可告人的秘密，比如走私或者偷渡。这种人如果被偷的话，通常都不敢声张，更不敢报警。所以，王三喜在火车站和公交车上偷完后，每次都要来这里溜上一圈，才算正式结束一天的工作，可以安心下班回家了。

今天天色一直不好，乌云密布，似乎大雨马上就要倾盆。王三喜本来打算提前收工回家的，可当他躲在厕所单间拿出偷窃的赃物进行清点时，业绩的压力突然让他萌生了加班的念头。

一块手表，三部手机。

手表，是从一个中年男子的手腕上撸下来的。撸之前，王三喜是看清了表盘上"江诗丹顿"的商标的，可在清点赃物时才发现，这竟然是一块假表。

想想也是，戴着江诗丹顿的手表，谁还会来挤公交车呢？

唉，任何行业都有陷阱，而小偷这一行最大的陷阱莫过于山寨货和假货，谁让自己碰上了呢，只能自认倒霉。

王三喜苦笑了两声，开始清点偷窃的手机。

偷手机和偷手表不同，手表戴在外面，可以认准了偷。而手机则是要摸兜或者摸包，行窃者眼看不见，单靠一只手来摸，摸着贵的还是便宜的，全靠老天赏赐。

显然，今儿老天忙着酿雨，没顾上赏赐。

三部手机，第一部是联想手机，感觉是失主充话费送的，连价格都没法预估。

王三喜狠狠地骂了一句，便把希望放在后面两部手机上。

第二部手机拿出来时，是背面朝上。哇！iPhone 6，品牌不错，能卖不少钱吧！

王三喜迫不及待地把手机翻到正面，这不翻不要紧，一翻心都寒了。品相几成新已经没法估计了，手机屏裂碎得跟经历了大地震似的，被人用三四条透明胶布七拼八凑地黏贴起来。不仅如此，手机home键居然还没了，变成了一个洞！估计是自己偷的时候，不小心抠掉了吧！

王三喜重重地叹了口气，心想："如果把手机屏换新，再把home键修好，所需花费估计还不抵这破手机的卖价呢。"

如今，就剩最后一部手机了，今天一天的收获全靠它了，应该会天无绝人之路吧！

王三喜先闭上眼睛，双手合十对着天拜了拜，然后深吸了一口气，这才去掏那第三部手机。

啥？直板手机？诺基亚？现在还有这个牌子的手机吗？

王三喜拿在手里，愣了半晌，还以为自己在做梦。

用手掂了掂，还挺沉。不过，这手机，网店会收吗？

王三喜心中疑惑，忍不住给他经常合作的手机网店打电话咨询，结果得到的答案是："你神经病吧！现在谁还用诺基亚手机？扔地上都没人捡！"

也许是职业生涯第一次遭受如此重创，挂断电话后，王三喜感到非常郁闷。

说实话，相对于其他犯罪行业，小偷已属自由职业范畴——工作时间不固定，工作地点不固定，甚至就连劳动的回报收益都不固定。

有时候运气好，随便摸两个包，就有千儿八百的收入，那样自然可以早早收工。可像今天这种情况，偷了一天，居然没有一样东西能销赃卖钱，这事儿搁谁身上谁都会心有不甘。

所以，当王三喜从公共厕所走出来时，他已经放弃了收工回家的念头。他透过车站大厅的落地窗朝外看去，阴沉的天空依然乌云密布，暴雨仿佛呼之欲来。

必须要在下雨前再干一票，不然今天就徒劳无功了。

王三喜心里这样想着，一双贼眼环视四周，很快，一个目标进入他的视线。

那是一个年迈的老太太，她独自站在大厅中央，在她面前有两个行李箱。很显然，老太太是和自己的老伴或儿女出行旅游的，而她的旅伴很可能去咨询发车事宜了，所以留她独自在原地看守行李。

王三喜特别注意到，老太太的穿着打扮都是名牌，尤其是脖子上戴的翡翠挂坠，看上去更是价值不菲。

再挑挑吗？

不挑了！

可是，老人的防盗意识都很强。

老人的防盗意识固然很强，但他们的记忆力和表述能力却很差。

只要一击得手,迅速离开,那些失窃的老人往往会因为惊慌失措而记忆混乱,甚至表述不清被偷的过程。

老太太的旅伴还没回来,现在无疑就是行窃的最佳时机。

一念至此,不及多想。王三喜从自己的背包里拿出太阳帽戴上,并刻意压低帽檐。不仅如此,他还戴上了墨镜,用来遮挡自己的容貌。他一边压着帽檐一边快步朝那个老太太走去。他从身后接近老太太,并刻意碰倒了她身前的箱子。

老太太的注意力完全被倒地的箱子吸引过去,并且下意识地弯腰扶箱。也就在这一刻,王三喜轻撞了下老太太。

"哎呀,年轻人,看着点路!"

"对不起!对不起!"王三喜头也不回,只顾埋头前行,而原本戴在老太太脖子上的翡翠挂坠此时已落入他手中。

王三喜心里明白,那种戴了几十年的首饰突然被人摘掉,佩戴者很快就会察觉,所以他在第一时间就钻进了公共厕所的单间。他将墨镜和帽子都摘掉,塞进背包里,还将身上的T恤衫脱下来反穿。是的,像这种双面T恤衫,是犯罪分子逃脱时的必备之物。

果然,王三喜变身完毕,重新从公共厕所出来,看见那个失窃的老太太如他所料,正一脸焦急地在跟车站警察描述失窃过程。在老太太旁边的是一个中年妇女,看样子应该是她的女儿,正在安慰着她。

王三喜面带冷笑,他闭着眼都能猜到,那个失窃的老太太会如何跟警察描述小偷的"形象"。戴着蓝色太阳帽,穿着黄色T恤衫等。哈哈哈,失主怎么也不会想到,这些显著的特征信息都是小偷故意留下的。

王三喜这样想着,略有些沾沾自喜,便不由自主地朝老太太那边瞄了两眼。偷完后,不着急离开,站在远处偷看失主和警方被自己留下的错误信息所误导,这无疑是一件非常有成就感的事情。

可就在王三喜成就感即将得到巨大满足时,他忽然看到老太太的女儿从口袋里掏出了手机,在上面摁了几下。

几乎是同一时间,王三喜口袋里的那个翡翠挂坠发出了急促的鸣叫声。

什么情况？王三喜大惊失色，赶紧转身，一边快速朝外走，一边从口袋里掏出那个翡翠挂坠查看情况。

是真翡翠没错啊，这玩意儿为什么还会响？

这时，王三喜才注意到，在翡翠外围镶嵌的金属托盘上，有一个红灯一闪一闪的，声音正是从这里发出的。

当王三喜看到这一幕时，脑海里忽然闪过一样与老年人息息相关的生活物品，接着他心里大喊了一声："坏了，难道是……"

王三喜想到这里，赶紧把翡翠翻转过来。果然，在金属托盘上刻着一行小字："老人小孩的福音，防走失GPS微型定位器。"

真是够了！偷来偷去，怎么偷了个防走失定位器？妈的，有钱人真会玩儿，把定位器安在老人每天戴的翡翠挂坠上！

王三喜心里骂着，赶紧关掉那个定位器的开关。即便如此，之前的鸣叫声已经引起了车站警察和遭窃老太太的注意，他们正循声朝这边赶过来，而老太太的女儿则似乎在通过手机寻找定位器的位置，并把手机交到了警察手中。

关掉了鸣叫声，他们还是可以通过手机定位寻找过来，这可怎么办啊？顺手将翡翠挂坠扔掉？警察朝这边过来，自己的一举一动很容易引起警方的注意，如果现在这个时候扔掉，很容易暴露身份。

但是，不扔的话，警察很快就会通过定位找到自己，到那时，人赃并获，更是无处可逃。

怎么办？怎么办？就在这一瞬间，即将走投无路的王三喜突然看到前方不远处，有两个女生好像正在拌嘴，还有一个男生在旁边不知所措。他忽然想到了扔掉翡翠挂坠、摆脱警察跟踪的办法，就立即快步上前，故意撞了那个男生一下。

果然如他所料，突如其来的冲撞使男生一个趔趄身体前倾，直接把面前的女生撞倒在地。那女生非但自己摔倒在地，就连脚下的行李箱一并带倒。接着，便听"呼啦"一声，行李箱盖弹开，里面的物品一下子散落出来。

王三喜注意到警察往这边瞄了一眼，随即又看向别处。而被冲撞的男生则一脸惊慌地伸手去拉那个倒地的女生。

不错！时机就是当下！趁大家都没注意的时候，王三喜突然弯腰，借着把散落的物品重新拾回行李箱之际，将那个翡翠挂坠偷偷塞进了女生的行李箱里。他怕被发现，还特意用衣物遮盖起来，并且赶紧合上行李箱盖。

这样一来，GPS 的信号应该会被削弱到很小了吧？哼哼，就算最后警察追踪到了信号，他们找到的也只是那三个学生，而不是我！

王三喜一边寻思着，一边偏头偷瞄那个跟踪信号的警察。果然他的脸上现出一丝惊愕，本来朝这边逼近的步伐突然停住，站在原地，高举那个手机，似乎是在找信号。

王三喜见状，知道自己的计谋得逞，不由洋洋自得起来，然而，让他没想到的是，被撞女生的同学却纠缠不休。

先是要查看身份证，然后又索要手机号码。

"难道说，现在碰瓷已经低龄化了吗？"王三喜怀揣着这样的疑问，一边敷衍着那三个学生，一边偷瞄不远处的警察。

那警察丢失了 GPS 信号，但却并没就此罢休，只见他仰头看向四周的天花板。

王三喜一愣，顿时明白："难道他是在寻找监控？"

果不其然，便见那警察掏出对讲机，似乎是在联系监控室调取监控视频。

不好，如果再继续跟这三个学生纠缠下去，可就真走不了了。王三喜正暗自忖度时，那个男生已经将手伸进了自己的口袋。

"啊！里面装的是我偷来的手机！"

在王三喜惊慌不已之际，那款诺基亚手机已被男生拿在手中。

显然，对方已把诺基亚手机当成了自己的手机。这样也好，即使记下了手机号码，也找不到我！

留完手机号和姓名的王三喜，头也不回地朝车站大厅的出站口走去。就在距离出站口还有十几米的时候，他无意中发现外面一直停靠在街边的特警巡逻车上忽然下来几名特警，他们一个个面色严峻，匆匆地朝这边走来。

王三喜愣了一下，刻意放缓脚步，静观其变。

只见那几名特警来到出站口,一个似乎是队长的警官走上前去,与门口的警员低头耳语了几句。与此同时,剩下的那几名特警则封锁了出站口,每一名从车站离开的乘客都要接受他们的开包检查。

王三喜见此情景,立刻明白出事了。他下意识地回头,看到那被偷的老太太和她女儿在警察的引导下,也正往出站口赶来。

王三喜赶紧蹲下,假装系鞋带。失主和警察与他擦肩而过,也并未察觉。再抬头时,王三喜见那三个人已经走到了出站口,就在那里守着。

王三喜不由心急如焚,心中暗暗道:"这可怎么办?虽然自己行窃之后乔装打扮了一番,但是换下的太阳帽和墨镜都放在背包里,出站口的特警一旦开包检查,那我之前所有的伪装不就被揭穿了吗?自己的小偷身份也立刻会被守在出站口的老太太发现。"

王三喜想到这里,立刻放弃了从出站口离开车站的念头,可是车站大厅又不能久留,原因很简单,刚才警察已经用对讲机通知监控室调查监控视频了,用不了多久,他们就会发现小偷曾前往厕所换装的秘密,而自己这一头黄发实在太引人瞩目了!

可恶!王三喜狠狠瞪了一眼在出站口开箱检查的特警,心道:"他们分明是在搜捕某个穷凶极恶的罪犯,而我只是一个小偷,难道就要因此受到牵连落入法网吗?"

已是穷途末路的王三喜越想越不甘心,他目光忽然扫到发车口外面:一辆国际大巴车就停在路边,而之前那三名学生正拖着行李依次上车。

常在国际大巴站行窃的王三喜自然知道,那辆大巴车是属于旅行社的。近年来,出国自由行的旅客越来越多,于是旅行社特意开设了自由行方案,即包辆观光旅游大巴车,只负责旅客往返行程和住宿,至于到了当地的旅游线路,全由旅客自行安排。

所以,当王三喜看到那辆大巴车时,仿佛抓到了一根救命稻草。先混进大巴车驶出这里,然后中途再找借口离开,无疑是他目前唯一可行的办法。找什么借口呢?比如忘带护照了,身份证掉了等,随便哪个都可以。

王三喜来不及多想，当即背着包三步并作两步地走向那辆大巴车。

　　登上车的时候，司机和导游正在闲聊，王三喜低着头走进车厢，他看到那三名学生分别坐在第三排和第四排的座位上。王三喜不想跟他们再有任何接触，于是就直接坐在了第一排。

　　谁知，王三喜屁股刚一落座，原本在前面和司机闲聊的导游姑娘忽然凑过身来，警觉地问道："小哥哥，你确定没上错车？"

　　王三喜咳嗽了一声，随机应变道："唉，别提了，我也是要去岘港的，但我买票的那辆大巴车不开，就上你们这辆了。"

　　导游姑娘呵呵笑道："我就说呢，感觉小哥哥不是我们这车的。但是，我们这是旅行社的车，不是大巴站的车，你不能随便上。"

　　"啊！那怎么办，我这儿有急事，必须按时赶到岘港，其他车又不开，只有你们这辆发车。"

　　导游姑娘道："唉，你不想下车也行，那要把车钱补上。"

　　"唉，真悲催，我他娘的偷了一天，啥都没偷着，差点被抓不说，现在还要倒贴钱买车票！"王三喜在心里恨恨骂了一句，他透过车窗朝外张望：那警察和失窃老太太还守在出站口，特警也依旧在开箱检查。

　　"今天算我点儿背，认命了！"王三喜苦笑了一声，佯装拿包掏钱，"小姐姐，你说吧，补多少？"

　　导游姑娘笑了笑，昧着良心道："瞧这破天气，我也不赚你的，就个成本钱，一千！"

　　"什么？一千？"

　　王三喜吐了吐舌头，正不知如何应付时，就听大巴司机开口说道："郝美，别在这儿收钱，让大巴站的人看到，该给举报了，等今晚到了来乐客山庄再收！"

　　那个叫郝美的导游应声道："哎呀，我知道啦，杨师傅。"说罢，冲王三喜眨眨眼睛，"小哥哥，今晚去你房间收车钱哦！"

　　王三喜同样也以眨眼回应，心里却想："哼，收你个大头鬼，老子找到机会下车就溜了！"

　　好不容易总算蒙混过了车钱这一关，王三喜靠在椅背上长吁了一口气。后来又陆陆续续上来几名乘客，似乎是人都到齐了。车门一关，司机杨师傅随即发动了车子。

头顶着天空黑压压的一片乌云，国际大巴车缓缓驶出车站。一直处于紧张状态的王三喜总算放松下来，就等趁大巴车停车之际溜走，就行啦。

王三喜一边在心里盘算着，一边环视四周打量同车的乘客。身为小偷，就这点不好，职业决定了你每时每刻都要处于工作状态。比如现在，偷了一天了，是不是该下班休息了？可是呢，你身边突然出现一个人，拎着价值几万元的行李箱，你怎能不心动，怎能不出手？

此时此刻，王三喜的内心十分躁动，因为他做梦也没有料到，在他身后的第二排，那个一副杀马特造型的吉他手旁边，居然放着一个"日默瓦"牌的行李箱。

要知道，"日默瓦"可是行李箱品牌里的奢侈品，随随便便一款，都要上万元人民币，何况吉他手旁边的这款还是带密码锁的。

行李箱已然价值不菲，那它里面装的东西岂非更加贵重？

王三喜想到这里，多年养成的职业习惯让他蠢蠢欲动。也就在这一刻，孟子的谆谆教诲在他耳边响起："故天将降大任于斯人也，必先苦其心志，劳其筋骨……"

没错，今天一切悲惨的遭遇，可能都是在为这一时刻进行铺垫。

于是，王三喜站起身来，假装前往车载卫生间上厕所，转身往后走去。就在王三喜经过第二排座位时，他刻意停了一下，多看了一眼那个行李箱。谁知道吉他手的警觉性极高，他立刻把手扶在行李箱上，并且用眼睛回瞪王三喜。

王三喜讪笑了两声，加快步伐，赶紧钻进车载卫生间。

他奶奶的，真够警觉，里面肯定装着贵重的东西。不过话又说回来，那么大一个行李箱，又被看得那么紧，确实不好下手。

身为小偷的王三喜，深知"知难而退"是决定自己职业生涯长短的关键因素，但是"贼不走空"的职业理念又让他心有不甘。

他在厕所里洗了把脸，让自己清醒了一下。偷，似乎很容易被抓；不偷，又觉得今天的遭遇太窝火了，实在咽不下这口气。那到底，是偷，还是不偷呢？

踌躇着从卫生间里走出来时，王三喜突然看到了一个人，这时突然想到了一个两全其美的办法。

王三喜看到一个中年胖子就坐在卫生间门口的第四排座位上。只见对方用眼罩遮眼，正在呼呼大睡。然而真正让王三喜心动的是，胖子手里拿着的手包。

就连睡觉都要将手包拿在手中，看来里面肯定装了不少钱财。既然日默瓦的行李箱不好下手，那么偷这个手包也不错，起码能弥补他今天一天的损失。

王三喜施展出他三只手的绝技，以迅雷不及掩耳之势将胖子手里的手包纳入怀中。

失主就算头脑清醒，被偷时都毫无察觉，更何况是在呼呼大睡。王三喜一偷得手，当即坐回自己的座位。他在座位上刚坐稳，身后第二排的杀马特吉他手就立即起身往车厢后面走去，似乎也要去上厕所。

王三喜赶紧转头回看，就看那吉他手上厕所时居然都拎着日默瓦的行李箱。

眼见如此，王三喜这才算是死了心：“那人连上厕所都箱不离身，我还是不要妄想偷它了。”

想到这里，王三喜悄悄打开刚才得手的手包，只见里面一沓百元钞票，少说也有几千元，不由一阵惊喜。

想不到中年胖子这么有钱，乖乖不得了，今天受了一天窝囊气，这一票也算值了。

王三喜赶紧将偷来的手包塞进自己的背包里，窃喜之余，莫名地又生出一丝不安。

刚才被钞票冲昏了头脑，光顾着解气，竟然忘了小偷守则里最重要的一点。

哪一点？

身为小偷，最害怕被抓现行，所以一定要在人流密集的开放型场所行窃，这样既容易得手，又容易逃脱。

可眼下，王三喜是在行驶的封闭大巴车上实施偷盗，一旦失主醒来发现自己被偷，那么身为小偷的他将无处可逃。

王三喜突然惊恐起来，他现在唯一可做的，就是祈祷失主在大巴停车之前不要醒来。

这时，吉他手也上完了厕所。大巴车的通道本来就很狭窄，他又提着个行李箱，所以在他走回自己座位的过程中，很自然地碰到了那个在呼呼大睡的中年胖子。这一碰，让胖子从睡梦中悠悠醒来，接着就发现自己的手包不见了。

如王三喜料想的一样，失主发现手包被偷，最先怀疑的就是坐在他旁边的男生。紧接着，男生前面的女生，也就是他在车站大厅撞倒的那个女生，又将疑点引到了自己和吉他手身上。

理由很简单，在失主手包被偷期间，只有他俩从失主座位边经过去上厕所。

"唉，看不出来，这个女生在逻辑推理方面还挺厉害的！"

王三喜这样想着，但还是在尽量假装无辜，进行各种辩解。其实这种辩解完全是无用功，只要失主要求对车上的乘客挨个搜查，那么真相立刻就会大白，而他必然会原形毕露，然后被大家以偷窃的罪名扭送到公安局。

果然，那个中年胖子提出了开所有人的包检查的要求。虽然车上每个乘客都极力反对，但王三喜心里明白，这种反对只是一时的，等到司机把大巴车开进公安局，当警察介入调查时，大家都只能乖乖接受。何况，听那个女学生介绍说，车上还有一个号称"名侦探"的家伙。

"反正早晚都跑不掉，与其等侦探出手或警察来抓，还不如现在主动坦白罪行，交出所偷的赃物。好在手包里的现金分文未动，只要我诚恳认错，大不了挨顿揍，然后再给点儿钱，或许失主就肯私了。只要不把我交给警察，怎么都好说！唉，怪就怪我今天点儿背吧！"

王三喜想到这里，原本就外强中干的他立刻就生出了认罪的念头。他重重叹了口气，正准备打开背包、交出所偷赃物之际，事情发生了逆天的神转折。

不知道怎么回事，失主突然大步走到车厢最后一排，非常坚决地认定那个侦探就是小偷，并且不由分说地和他争执起来。

争执推搡的过程中，导游郝美突然失声尖叫。就在大家意识到不妙，还没反应过来是怎么回事时，整个车厢猛地翻滚起来。紧紧抓着一背包赃物的王三喜，就像被卷进巨大的漩涡中，瞬间失去了意识。

不知过了多久，王三喜渐渐清醒过来，他缓缓睁开眼睛。最先映入眼帘的是身前不远处压在座位底下的那个日默瓦行李箱。那箱子似乎就近在咫尺，出于职业的本能，王三喜咬着牙朝那里爬去，并且伸手去拉。

就在他手指快接近箱子的时候，一只手突然抓住了他的手腕，并且拉着他的身体朝外拖去。

眼见箱子离自己越来越远，心急如焚的王三喜一边费力挣扎，一边仰头去看拽他胳膊的人。

于是，他看到了一个男生充满正义的脸，接着又听到了一个男生洪亮的声音："车说不准什么时候就爆炸了，别贪恋财物了。对了，请你记住我，我就是来自礼贤高中的一年级新生，舍身救人的邵斌，事后你可一定要给我们学校写表扬信啊！"

正说话间，王三喜已经被邵斌强行拉出了大巴车。这时，似乎有个女生在对邵斌说话："邵斌，快！侦探大叔还在车里，帮我把他拉出来。"

接着，王三喜感觉自己的胳膊被放开，很明显，那个舍己救人的邵斌在女生的召唤下，又钻进车里去救别人了。

王三喜躺在地上，努力让自己清醒一些。

"刚才发生了什么？车祸？对，就是车祸！那我有没有受伤？"

王三喜这时才关心起自己的安危，他赶紧检查了一番，除了胳膊上的一点儿擦伤外，全无大碍。

就在王三喜为此庆幸的时候，他忽然发现那个杀马特吉他手也没受什么大伤，他和自己一样，都是被那个叫邵斌的男生强行拖出来的。吉他手一直惦记着他的那个日默瓦行李箱，三番四次地想回到大巴车里寻找，最后被导游郝美喝止，才暂时作罢。

眼见此状，王三喜更加认定行李箱里装着非常贵重的东西，劫后余生的他又开始打起了行李箱的主意。

这场车祸似乎是个好机会，可是到底该如何下手，才能将那个行李箱神不知鬼不觉地偷到手呢？

偷窃的欲念刚从王三喜的内心深处滋生出来，立刻又被他自己掐灭。因为他发现，与大巴车相撞的是辆警车，里面有两名警察，虽然驾驶室的那个昏迷不醒，但坐后座的那位却还活蹦乱跳。在警察面前实施偷盗，可是非常不明智的行为。

正是因为这样的考量，所以不论是在前往宾馆避难的途中，还是到达宾馆被安排客房入住后，王三喜始终都老老实实的，不敢轻举妄动。

一回到自己的客房，王三喜立刻锁上房门，从背包里拿出偷来的手包，将里面的东西一股脑倒在床上清点。

一张身份证，上面写着"韩国栋"三个字，旁边则是那个中年胖子的照片。

一盒香烟，是"南京九五之尊"。

"好烟啊！"王三喜赶紧打开烟盒，发现里面也就被抽了四五根。

"不错，不错，捡了大便宜了。"

王三喜一边念叨着，一边去清点手包里的百元钞票。

居然有五十张！五十张就是五千元啊！

王三喜做梦也没想到，那个叫韩国栋的中年胖子手包里竟然会装这么多现金！他还不放心，特意从里面拿出一张对着灯光识别了半天。作为小偷，被假钞坑过的经历又不是没有，但是这次，每一张钞票都货真价实！

一时之间，王三喜像是被幸福包围着，欢快地仰躺在床上。入行这么多年，这是他第一次偷到这么多钱。

冷静！冷静！冷静！现在还不是高兴的时候，因为现在失主就跟自己住同层，而警察也住在楼下。所谓"强敌环伺，斯人岂能高枕安卧"！

想到这里，王三喜强压住内心的欢喜，他已经打定主意，明天一定要找机会偷偷溜走。

可是，如果溜不走，怎么办？

那到时候只好把这个空手包偷偷藏进那个名侦探的房间里了！

王三喜这样想着，脸上不由露出了邪恶的狞笑。也就在这一刻，门外的走廊上响起了郝美诱人的歌声："来啊，快活啊，反正有大把时光……"

"这唱的不正是我的心声吗？"王三喜将赃物塞回背包里，他再也压抑不住内心的渴望，当即敞开房门，对着走廊上的郝美招手唤道，"小姐姐，快来我这儿快活呀！"

"啪啪啪"，"啊啊啊"，在一阵颠鸾倒凤、翻云覆雨的床上运动之后，王三喜气喘吁吁地倚靠在床头抽着事后烟。

"吆，小哥哥，挺阔气呀，抽的还是南京九五之尊呢！"

"小姐姐要是喜欢，这一盒都给你。"说着，王三喜将床头的那盒烟丢给了郝美。

"哎呀，那多不好意思。"郝美嘴上虽然这么说，手却麻利地将烟盒塞进包里。

待郝美穿好衣服，王三喜忙将钞票点好递了过去。

郝美接过钞票，欢快地凑过去对着王三喜的脸颊亲了一下，然后妖媚地说："小哥哥，明天见！"

王三喜被吻得神魂颠倒，学大宝的广告语回道："小哥哥呀，天天见！"

将郝美送出门时，王三喜无意中看到不远处的303号房间，那是韩国栋的客房，才仿佛从美梦中惊醒了一样。他知道他为了讨好郝美所送的香烟，以及他和郝美上床所花费的钞票，都是韩国栋的，而自己呢，等挥霍完这些钱之后，又会变回原来那个一无所有、只能靠小偷小摸混日子的穷光蛋。

想到这里，王三喜原本欢快的心情立刻又阴沉下来，他关上房门，狠狠吐了口唾沫："呸，有钱人！"

唉，这就是命啊！算了，嫉妒也没用，还是等明天天一亮，找机会偷偷溜走吧！但愿这屋外的大雨，明天会停！

王三喜祈祷着，不由看了眼窗外。

第二天，如王三喜期盼的那样，雨停了。

于是，司机杨师傅通过客房的内线电话通知了所有人，在车祸现场遗留行李的，一会儿在大堂集合，一起前去找回自己的行李。

王三喜就一个背包，没有什么行李遗留在车祸现场，可他还是下楼到大厅溜了一圈。其实他本来打算趁大家都出发去车祸现场找行李的时候，偷偷离开宾馆。但他到达一楼大厅后，却立刻改了主意。因为他发现那个叫刘力勇的吉他手并没有在集合的人群中，而在他的印象中，昨天离开车祸现场时，日默瓦的行李箱分明还留在大巴车里。

"这是怎么回事儿？难道那个吉他手睡着了，没接到杨师傅的电话？管他呢，干脆我和这些找行李的人一起去车祸现场得了。如果那个日默瓦行李箱还在，我就顺手牵羊偷了箱子再溜走，也不迟。"

揣着这个念头，王三喜背着包跟随杨师傅和那三个学生前往车祸地点。

两公里的泥泞山路足足走了一个小时才抵达，车祸现场一如昨天离开时那样，几乎没什么变化。

细心的王三喜突然注意到地面上有一串往返的脚印，突然有一种不好的预感，于是他三步并作两步冲进大巴车里。

果然，原本压在座位下面的那个日默瓦行李箱，此刻已然不见踪影。

"看来那个叫刘力勇的吉他手，已经抢先一步来到车祸现场拿走了他的箱子。可恶！早知道，我昨晚就不该睡觉，等雨停了立刻动身就好了！"

经过短暂的检讨之后，王三喜准备趁着大家在大巴车上翻找行李的时候偷偷溜下车，然后悄悄离开。

结果就在他刚挪到门口准备下车之际，耳边就传来了那个叫罗小梅的女生的声音。

"三喜哥，你找到行李了吗？"

"这个，呃……"

"对了，三喜哥，我记得你上车的时候就背着一个背包，没啥行李啊！背包一直就在你身上，你过来找什么啊？"

"那个，哦……"

就在王三喜哑口无言之际，在旁边同样找箱子的男生邵斌突然插口道："这个黄毛哥不是有个银白色的行李箱吗？昨天车祸发生后，我救他的时候，他还在伸手够那箱子呢！"

"对对，嗯……"

"对什么对啊！那个银白色行李箱是吉他手哥哥的，才不是三喜哥的。对了，三喜哥，你压根就没遗落行李，跑过来干什么啊？"罗小梅瞪大眼睛好奇地问道。

面对罗小梅的质问，王三喜的后背不由冒出了冷汗，按照惯例，身为小偷的他是不是可以拔腿跑了？

就在这时，司机杨师傅从驾驶座后面拖出了一个白色的行李箱，正巧被邵斌看到。

"班长，你看，这不就在这儿吗？"邵斌一边说着，一边跑过去指。

邵斌这一打岔，转移了罗小梅的注意力，让王三喜稍微松了口气。

杨师傅不耐烦地推开邵斌："赶紧找自己的行李去，瞎闹什么！"

杨师傅这句不耐烦的抱怨，立刻引起了同样在找行李的姜鑫的共鸣。

"喂，小梅，邵斌，要是你俩没事儿干的话，就赶紧过来帮我找行李好不好？不要站在那里聊些有的没的，很烦人啊！"

"邵斌，我来帮姜鑫找行李，你去警车那儿瞧瞧。"已经找到自己行李箱的罗小梅对邵斌安排任务道。

"班长，警车有啥好瞧的啊？"邵斌不解地问道。

"哎呀，看一看薛警官有没有什么东西落在车上啊！"说话间，罗小梅已经把邵斌推下了大巴车。

"很好，所有人的注意力都不在我身上，现在正是溜走的最好时机！"王三喜背着包当即溜出大巴车，悄悄朝山下走去。

可是,就在他走了七八步的时候,身后突然传来了男生的惊呼。王三喜一愣,循声回看,只见罗小梅率先跑到警车旁,从邵斌手中接过一张纸。当她看到纸上的内容时,也不禁惊慌起来,转身朝山顶宾馆跑去。

"她看到了什么,变得这么慌张?"王三喜正寻思时,姜鑫和杨师傅也随即赶向警车。

好奇心驱使王三喜不再偷溜,转身走向警车。来到警车前,他从姜鑫手中接过一张纸。当他看到纸上的内容时,内心深处一阵窃喜。

"哦,原来那个男人不是警察,而是通缉犯啊!"

既然于大虎不是警察,那么宾馆里就只有一个警察,而且还处在昏迷不醒的状态。当大家把所有的注意力都集中在通缉犯于大虎的身上时,对于小偷来说,这不正是偷窃的最好时机吗?所以,王三喜当下立刻决定先不离开,而是返回宾馆。

两公里泥泞的山路,在王三喜不停地催促下,大家只用了半个小时就走完了。

几人回到宾馆,没有在一楼大堂看到笑脸相迎的唐老板,反而听到楼上隐隐传来争执声。

"坏了,肯定出什么事了!大家快跟我来!"身为小偷的王三喜第一次扮演这种充满正义感的角色,他就像是美国大片里的英雄男主角,带着三个学生以及杨师傅"噔噔噔"地冲上楼梯。

"争执声是从三楼传来的。"在爬上二楼,发现一片平静之后,王三喜发出了这种毫无意义的断言。

接着大家又爬上三楼,只见304客房的门敞开着,导游郝美、画家李小佳、吉他手刘力勇,还有宾馆老板唐天都站在门口往里观望。

"呀!那是侦探大叔的房间!难道是侦探大叔出事了?"一直跟在王三喜后面的罗小梅突然像打了鸡血一样,以百米冲刺的速度推开王三喜,直往304房跑去。

王三喜身后又传来了姜鑫的声音:"小梅,你急什么,那个大叔是侦探,怎么可能出事?"

罗小梅一边跑，一边回复："薛警官都出事了，下一个出事的难保不会是侦探大叔啊！"正说着，她整个人已然跑到了304门口。

王三喜紧随其后也来到304门口，他朝屋里瞅了一眼，立刻惊愕不已。只见偌大的客房就像被鬼子扫荡后的战场，被翻得天翻地覆。印着大嘴猴图案的内裤被扔在地上，有流氓兔图案的袜子挂在了穿衣镜上，倒扣的背包里的东西散落一地。

王三喜对此有一种进到入室盗窃现场的亲切感，他好奇地碰了一下旁边的唐天，轻声问道："怎么了？"

唐天只是摇头苦笑，并不说话。

就在这时，屋里传出了韩国栋的质问声："快点儿老实交代，我的手包你藏哪了？"

"哦！原来还是为了手包的事争执不休啊！"王三喜心里倒吸了口凉气，他循声看去，只见田丰大被韩国栋反扣住双手摁在墙边。

"我，我说了多少遍了，没偷你手包！"

韩国栋眉毛一挑，恶声道："不见棺材不落泪，找打是吧？"说罢，化身成鲁智深高举起醋钵儿大小的拳头。

罗小梅实在看不下去了，当即冲进屋里，张开双臂做拦挡状，对韩国栋说："侦探大叔不可能偷你钱包，你不要打他。"

罗小梅话音刚落，韩国栋的拳头就落在了田丰大的脸颊上。伴随着名侦探"啊"的一声惨叫，罗小梅继续张着双臂做拦挡状，连连道："不要打了！不要打了！"

田丰大挨打之余，不忘喊话罗小梅："小妹妹，我人又不在你身后，你张开双臂在拦挡什么啊？"

"我不是觉得，光靠喊，阻拦的力度不够嘛，所以才加了这么个动作，再说电视上不都这么演吗？"

"小妹妹，请放下你的双臂！你不敢上前阻拦，别挡着其他人好吗？"

"哦，好吧！"罗小梅终于收起了她那大鹏展翅般的双臂。

也就在她放下手臂的一刹那，身后的王三喜突然冲进屋里。就在韩国栋的拳头再次落下的瞬间，王三喜的手紧紧抓住了他的手腕。

但是拳头还是无情地落在了田丰大的脸颊上。原因很简单，韩国栋打人用的是右拳，而王三喜抓住的却是他的左手腕。

尽管如此，王三喜的行为还是引起了韩国栋的不满。

"小黄毛，你要干什么？"

王三喜道："于大虎在哪里？"

韩国栋一愣，道："于警官啊，他在帮我找手包！"

王三喜凑上脸来，一字一句道："我再问你一遍，于大虎在哪里？"

王三喜话音刚落，客房卫生间的门被人从里面打开了，接着传出于大虎的声音。

"马桶的水箱我也检查过了，没找到你的手包。韩国栋，你确定手包是被他偷的吗？"

"于警官，他刚才遛进我屋偷窃，被我抓个正着，我的手包肯定就是他偷的。"

"行吧，那我在这屋里再找找。"

于大虎叹了口气，正准备转身再四处翻找时，王三喜突然亮出手中的通缉令，大声道："于警官，你是在找这个吗？"

于大虎闻声回身，不由朝王三喜手中的通缉令看去。也就在这一刻，王三喜连连向站在门口的杨师傅使眼色。

这本就是前后夹击的妙计，尤其是在被偷袭者全无防备之际，只是没想到，杨师傅尚未动手，一个男生的声音却先响了起来！

"见义勇为者，礼贤高中一年级新生邵斌！"王三喜一愣，随即明白这是要大家往学校寄表扬信的意思。只见一个男生冲撞进来，直接扑向于大虎。

于大虎看清王三喜手中的通缉令，立刻警觉起来，正要欺身向前，妄图先制住王三喜，以他为人质以图后谋，但却被一个男生的大呼小叫乱了阵脚。

"莫非是声东击西的计谋？"于大虎就这么稍一迟疑，突感到后背生风。他心中一凉，赶紧转身，却已然迟了，胸口顿时被来者冲撞，一个踉跄摔倒在地。

在这种强敌环伺的时候，一旦倒地便再无反击之力。于大虎也是如此，就在他被扑倒在地的同时，那男生也欺身压在了他的身上。于大虎想伸手扼住男生咽喉，结果双手刚抬起，立刻就被王三喜紧紧摁住。杨师傅姗姗来迟，紧紧压住于大虎挣扎的双腿。

这一切，就发生在转瞬之间，从始至终不过几秒钟。

唐天快步走进房间，身为宾馆老板的他必须搞清楚发生了什么事："这到底是怎么了？"

王三喜用眼睛瞟了下地上的通缉令："自己看！"接着，他又抬头对门口发愣的吉他手刘力勇说："你，过来，搭把手，摁住他，我去找根绳子去。"

那刘力勇依言快步过来，替王三喜摁住于大虎的双手，而王三喜则趁机离开了 304 房间。

王三喜嘴上说着是出来找绳子的，其实另怀鬼胎。身为小偷的他从走廊右侧的楼梯直接下到二楼，二楼最右边的 206 房间是刘力勇的客房，现在他正在 304 房间摁着于大虎，此时此刻不正是偷那个行李箱的最佳时机吗？

所幸来乐客山庄的房门还都是钥匙开锁，并非刷房卡，所以对王三喜来说只需要一根曲别针就可以开锁进门。

也就花了三五秒的时间，王三喜就顺利地进到了刘力勇的客房，拉开储物柜，只见那个日默瓦牌的银白色行李箱就摆在眼前。王三喜当即把行李箱拖出来，关上柜门，又合上房门。

站在 206 房间门口，王三喜开始思考："现在该去哪儿呢？把行李箱拖回自己房间？不妥，因为自己所住的房间是三楼最左边的 301 客房。从二楼最右边的房间拖着行李箱前往三楼最左边的房间，很可能会被发现。那么现在该怎么办呢？"

一名优秀的小偷，通常在下手之前，就已经准备好了后路，王三喜也是如此。206 客房正位于走廊的最右端，而房间右边是楼梯，楼梯再右边则是公用男厕。

所以，王三喜偷盗得手后，并没有急于拖着行李箱返回自己的楼层，而是钻进了公用男厕。他把行李箱藏进了男厕的蹲坑单间，并从里面上锁，自己再从蹲坑单间的上方翻身而出。

王三喜将行李箱藏在这里，无非就是想等到于大虎的风波过去，所有人都返回各自房间后，他再趁走廊无人之际将行李箱拖回自己的客房。

王三喜一边这样打着如意算盘，一边从公用男厕往外走。结果，他刚走出来就看到二楼走廊的另一端，女医生丁凝也正从薛警官的客房走出来。

王三喜心中一惊，暗自道："不是所有人都在304客房吗？怎么把这个女医生给忘了。嗯嗯，她一定是在照顾那个昏迷不醒的警察。真险，就差一步，幸亏没被她看到我偷箱子！"

就当王三喜在暗自庆幸的时候，丁凝也看到了他，于是隔着长长的走廊问道："刚才唐老板让我把薛警官的手铐拿过去，怎么，出什么事了吗？"

哦，原来是这样。王三喜心中略安，一边朝丁凝跑过去，一边道："唉，原来那个于大虎不是警察，是通缉犯！"

王三喜和丁凝来到304客房，丁凝拿出手铐交给唐天。唐天用手铐铐住一直不停挣扎的于大虎，然后对邵斌和刘力勇说："宾馆外面有个地下室，你俩跟我一块把这通缉犯关进地下室，等明天道路疏通了，警察赶到，再交给警察。"随后又对其他人道："大家各自回房吧，明天道路通了就好了。"

韩国栋仍旧心念自己的手包，指着田丰大问唐天道："这个小偷怎么办？"

挨了两拳的田丰大忿忿不平道："你说我偷你手包，证据呢？"

韩国栋"哼"了一声："你们这些当小偷的，一个个奸诈得很，偷之前肯定都想好了藏赃物的地方，谁知道你藏哪儿了？"说罢，转而又对唐天道："唐老板，要不把这个小偷也一起关进地下室吧！"

唐天默然不语，低头沉吟，看来他实在是被这个韩国栋弄得不知如何是好。

眼见如此，王三喜赶紧跳出来制止，他对唐天道："唐老板，不可这么做啊！万一田先生不是小偷，怎么办？你身为宾馆的老板，却把他关起来,这不是非法拘禁吗?要判刑的!"

一听这话,唐天顿时醒悟过来,道:"你们这些事儿,我管不了,还是等明天警察来了,再说吧!"

韩国栋见状,当即急红了眼,对王三喜道:"黄毛小子,敢情被偷的不是你,要你在这儿多管闲事!"

田丰大则一脸的感激地对王三喜竖大拇指道:"你是明白人啊,知道我不是小偷!"

王三喜微微一笑,转身走出房间。他一边往外踱步,一边心想:"废话,手包就是我偷的,我当然是明白人。嘿嘿,这个叫田丰大的名侦探,看来天生就是小偷的替罪羊。既然如此,我怎么可能让你早早地被关进地下室呢?否则,刘力勇行李箱被盗的黑锅由谁来背啊?"

就在王三喜为自己的深谋远虑而沾沾自喜的时候,突然耳边又传来了罗小梅的质疑。

"三喜哥,我还是不太明白,你根本就没遗落行李,今早为什么还要跟我们一起去车祸现场呢?"说这句话时,罗小梅正准备前往一楼大厅拿回自己的行李箱。

刚才他们几个人冲进宾馆时,因为情况紧急,都将行李箱暂时放在了一楼大厅。很明显,于大虎事情完结之后,罗小梅就又想起了这一茬。

"要你管啊?小姑娘家家的,怎么那么多事儿?"王三喜怼了罗小梅一句,赶紧向自己的客房走去。

王三喜回到301客房,在房间里待了七八分钟才走到门口,将房门稍微敞开一丝缝。他把耳朵贴在门缝上,倾听外面的动静,偌大的三层建筑毫无声息。显然,经过刚才的一番折腾,所有人都累得够呛,不是在自己的客房休息,就是在自己的客房检查整理从车祸现场捡回来的行李。

趁着这个时机,王三喜悄悄溜出自己的客房,反手轻轻关上房门。他从房间左边的楼梯蹑手蹑脚地下到二楼,然后快速走进二楼右端的公共男厕,翻身进入内锁的蹲坑单间,将那个日默瓦牌行李箱拖出厕所。他担心拖箱的车轮声会引起客房里的住客注意，所以干脆抱起行李箱快步返回二楼左端的楼梯口。

"幸好这一路走来，没有被人发现。现在只要沿着二楼楼梯回到三楼，而自己的房间就紧挨着左侧的楼梯，抵达三楼后闪身回屋，那就大功告成了。"

王三喜这样盘算着，他压住内心的窃喜拾阶而上，就在他距离三楼楼梯口还有三四个台阶时，突然听到了三楼有敲门声。

王三喜吓了一跳，赶紧屏住呼吸，抱着行李箱靠在墙边，不敢再发出任何动静。

就听那敲门声铿锵有力、清脆入耳，似乎被敲的正是最近的房门。

"那不是我的房间吗？难道有人在敲我的房门？会是谁啊？"

王三喜心中好奇，就在这个时候，导游郝美的声音传入他的耳中。

"小哥哥，天天见呀！开门啦，快点呀，快活啊！"

"服了，怎么会是这个女人，她堵在门口，我可怎么回去啊？哎呀呀，她要是一直敲门不离开，怎么办？到时再把其他住客招来，那我可就玩完了！"

王三喜正为此担忧不已，结果郝美远没有他想得那么长情，只听她敲了几下门，没敲开，便嘟囔了两句："居然不在屋里，真耽误姑奶奶的时间。"

接着脚步声响了两下，郝美似乎又去敲隔壁的门了。

"来啊，快活啊，反正有大把时光……"

"滚！"是韩国栋的声音。

郝美好像并不放弃，就听她嗲声嗲气地道："今天小妹我换了不同的风格，出来看小妹一眼呗！"

"哎呀"一声门开了，然后只听韩国栋大喊："老子没兴趣，赶紧滚！"最后是"咣当"的一声摔门声。

摔门声未绝，就听郝美"呸"了一下，大声道："这都不感兴趣，真是个老变态！"没想到她声音随即又温柔了下来："哎哟，我当是谁呢，这不是侦探哥哥吗？开个门缝偷看，有啥劲儿？来，让小妹进去给你过过瘾。"

"呵，原来是勾搭上了304那个倒霉侦探。唉，这娘们难不成要把这一层的门都敲遍了，才肯离开吗？得，也只剩下几户了。"王三喜抱着行李箱暗自心道。

"不，不用。"是田丰大结结巴巴的声音。

"咋的，钱不够，是吗？没事儿，小妹今天给你打个折，让你眼瘾变手瘾。"

"不是钱不够，是压根就没钱。"话音刚落，就传来"啪"的一下关门声。

藏在楼梯口的王三喜自知郝美又吃了闭门羹，他静下心来，似乎在等对方再敲剩下两间客房的门。王三喜转念一想："不对啊，没有两间，305住的是两个女生，也就是说，也就只剩最后一间306了。好吧，再忍忍，很快就能回屋了。"

就在王三喜等待郝美敲响306客房房门之际，在305客房里，罗小梅正在整理从车祸现场找回的行李箱里的行李。

"咦，这是哪来的？这不是我的东西啊！"罗小梅从行李箱里拎出一条翡翠挂坠，满脸疑惑地看着姜鑫。

姜鑫正在用手机登录狼人杀APP，听罗小梅这么说，不由抬头看了一眼，漫不经心道："不是你的，那就是别人的呗，肯定是车祸现场拿错了。"

"不可能拿错，这翡翠挂坠是在我行李箱里找到的。"

"哎呀，可能是车辆颠簸，别人的挂坠掉进了你的行李箱。"正说着，姜鑫的脸上突然现出一副浮夸的惊慌表情，"我晕，我拿到了预言家，小梅，怎么办啊？"

"正常验人呗，有什么怎么办的！"罗小梅淡淡地说，她把注意力又放回到翡翠挂坠上，若有所思道，"我记得在车祸现场找回行李箱的时候，箱子是密封好的，别人的东西怎么可能掉进去呢？"

"哎呀小梅，你什么都好，就是太爱钻牛角尖，反正已经知道是别人的东西，还想那么多干吗？你有这个心思，如果都放在狼人杀上，早就成最强狼王了。"姜鑫说着，突然凑过来拉了拉罗小梅的胳膊，问,"快,告诉我,验几号好?"

罗小梅却恍然未闻,猛地坐直身子,拿着坠链就要往外走去。

"小梅,你干吗去?"

"交给司机师傅,让他找出失主,还给失主啊!"

"哎呀妈呀,跑腿的事儿我来做,那,你拿着手机先替我玩着。"说着,姜鑫将手机强塞给罗小梅,又从她手里拿过挂坠,自己朝门口走去。

罗小梅一愣,问道:"都开局了,你不玩了?"

"哎呀,我也不会玩预言家,你就替我玩嘛。"

"可是,我记得昨晚你拿女巫的时候,就说自己不会玩,由我玩的。等等,不光女巫,好像之前猎人,也是我帮你玩的,还有守卫。"

"呃,你推理能力这么好,就帮我玩玩嘛!"转身去开房门的姜鑫故作哀求地说道,同时脸上突然露出了甄嬛式的冷笑。

在狼人杀 APP 上已经达到 30 级满级的姜鑫,怎么可能不会玩预言家、女巫、猎人、守卫这些角色?她之所以每次开局都谎称不会玩而交给罗小梅代玩,就是想通过潜移默化的方式让罗小梅沉迷其中、不能自拔。

"哼哼,据说狼人杀 APP 里好多玩家都玩得通宵达旦、废寝忘食,如果罗小梅也这样玩的话,那么在即将开始的高中生涯中,她的学习成绩必然会受到严重影响,并且很可能失去与我角逐直升清华北大名额的资格。哈哈哈哈,那样的话,这个人将再也不会对我构成威胁!"

姜鑫越想越开心,就在她打开房门的那一刻,仍不忘回身叮嘱:"小梅,不骗你,我一拿预言家就不会发言,你先替我玩着。这个挂坠,你不用管了,我去给杨师傅送去。"

姜鑫一边说着,一边倒退出屋,这时身后传来了郝美的尖叫:"喂!喂!你这个女孩,走路看着点人啊,差点踩着我脚了。"

"导游姐姐,你站在我们客房门口干什么?"

"要你管了?对了,不是跟你们说过吗,都待在自己的房间里,没事别出来瞎跑,怎么这么不听话?"郝美从事特殊服务的同时,仍不忘导游的本职工作。

"导游姐姐,你不也一样,没待在自己的房间吗?还好意思说我!"姜鑫据理力争。

郝美哼笑一声:"小屁孩儿,咱俩能一样吗?我是在工作在挣钱。你,赶紧回屋去,老实待着。"

她俩的争执传到了王三喜的耳中。躲在楼梯口的他,双腿已经开始酸麻,他只希望争执赶紧结束,她们各自回屋,离开走廊。

姜鑫倔强的声音再次传来:"我不!"接着是"咚咚"的敲门音,又是一下开门声。

王三喜猜到,敲的应该是306客房,里面住的是那个叫邵斌的男生。

果然,姜鑫的声音又从走廊尽头悠悠传来:"邵斌,这是从罗小梅行李箱里发现的,估计是车祸时哪个乘客遗落的,你给杨师傅送去,让他找到失主还给人家。"

邵斌不解的声音:"为啥要我给杨师傅送去啊?"

"因为你是男生!拿好了,赶紧送去,快!"

接着传来了"咣当"一下关门声,想来是:姜鑫把东西甩给邵斌,自己已转身返回了客房。

就听邵斌嘟囔了一句:"就知道让我跑腿儿。"随即注意到了面前的郝美:"咦,导游姐姐,你找我有事儿?"

"小哥哥,嘿嘿,小姐姐想问问你多大了,有没有兴趣让小姐姐教导你一下生理健康的知识呀?"

"拜托,刚考完试,还在放假,能不能不要提学习这么扫兴的事儿!"

"不是,小姐姐的教课方式与众不同,你一定会感兴趣的。"

"得了吧,哪个家教不这么说?都是骗人的。我不学!我不学!我不学!"

最后只听"咚咚咚"跑下楼梯的声音。

"傻孩子!"郝美叹了口气,也从走廊右侧的楼梯下了楼。

三楼的走廊终于安静下来了。

王三喜终于长吁了一口气，赶紧抱着行李箱，拖着他那几近发麻的双腿，一瘸一拐地返回房间。

　　回到客房，反手锁门，早已迫不及待的王三喜当即把行李箱放到床上。他顾不上休息，将行李箱竖立起来，仔细观察箱口的密码锁。

　　三位数密码锁，没有锁孔，无法用工具从外部撬开。

　　没办法，只能听音试探密码了。

　　王三喜原本计划是先打开行李箱，将里面的贵重物品藏到背包里，然后把空箱偷偷栽赃到304客房田丰大屋中，最后自己再找机会偷偷溜走。

　　所以，第一时间打开行李箱，是全盘计划最关键的一步。可眼下这个三位数密码锁，只能用辨听声音摸索密码的方式试探着开锁。

　　揣着这个念头，王三喜把耳朵贴在密码锁上，用手指缓缓拨动密码锁的第一位密码。

　　也就在他把第一位密码数字拨到0时，听到从楼下突然传来了一个男生的惊呼。

　　"哇！杀人啦！"

　　这声男生的惊呼未落，一个女人的尖叫声又起。

　　"杨师傅！杨师傅！你怎么了？！"

　　一时之间，整个宾馆像炸开了锅，走廊上充斥着纷杂的脚步声。

　　"到底又怎么了？"王三喜恨恨地将行李箱收起，塞进储物柜里。

　　大家都赶到二楼205房间，也就是杨师傅的客房时，看见那个曾经号称"秋名山车神"的大巴司机头朝外脚朝里地陈尸于客房中央，他的脖子上有极深的勒痕。

　　眼见这一幕，几乎每个人都惊愕地捂住了嘴。接着便听那个叫刘力勇的吉他手捶胸顿足道："坏了！肯定是那个叫大虎的通缉犯挣脱开手铐，跑出来杀人了！"说罢，他转身便朝屋外跑去，似乎要去关押于大虎的地下室一看究竟。

　　结果没等到刘力勇离开屋子，围观人群之外，房门口的位置突然传出一个男人洪亮的声音。

"不可能是于大虎杀的！"

刘力勇一愣，驻足问道："为什么？"

"杨师傅横尸在房间中央，而不是门口，他显然认识凶手，并对凶手毫无防备，否则不可能开门后从容地转身回屋。所以，凶手一定不会是通缉犯于大虎。"

只见人群中缓缓踱出一人，又高又瘦，定睛看去，不是别人，正是自诩为名侦探的田丰大。

刘力勇见是此人，很不以为然，说了句："自以为是的家伙！"依旧抬腿朝外跑去。

田丰大并不以为意，他来到尸体跟前，低头凝视了片刻，又环视案发现场。他脸上原本的草包甚至可说是弱鸡的气质瞬间一扫而光，取而代之的则是兴奋不已和自信满满。

难道每一个侦探，遇到血案，都会跟磕了药一样亢奋不已吗？

此时，那个一直号称"侦探助手"的罗小梅突然也从人群中走了出来，在名侦探身后驻足。

"侦探大叔，你是不是要开始推理了？"罗小梅仰着她那张大而不失秀美的脸庞问道。

田丰大背对着众人，伸出一根手指，摆了摆，缓缓道："现在还不是我出手的时候。"

罗小梅上前一步，追问："那什么时候出手啊？"

田丰大微微一笑，回过脸来，化身成诸葛亮道："万事俱备，只欠东风。"

"东风？什么意思？东风是谁？难道我不是东风吗？"罗小梅好奇地问道。

"你当然不是！"田丰大无情地否定后，立刻翘首张望，看到了女医生的身影，于是隔着人群问道："丁医生，薛警官醒了没有？"

"没有，还昏迷着呢，估计一时半会儿醒不过来。"

田丰大闻听此言，脸上顿时出现了天助我也的喜悦表情。

罗小梅在旁边却道："侦探大叔，你放心，虽然薛警官没醒，但是你还有我呢，我会跟你并肩作战，抓住凶手……"

"你闭嘴！走开！回到人群中去！我不想听到你说一句话！"田丰大指着罗小梅的鼻子呵斥道。

"啊！侦探大叔你……"

"我自己能破案，不用你插手！"田丰大一边说着，一边将罗小梅推回人群中。他重新站回尸体旁边，目光落在了尸体身前的床铺上。

这时，导游郝美开口问道："喂，你这个穷侦探，能不能别摆pose，有什么发现快点儿说啊！"

田丰大哼笑一声，指着床铺道："你们看，那上面有一个很深的压痕，从形状上看，应该是行李箱留下的。可是呢，行李箱去哪里了？"大家依言看去，果真没有看到行李箱。

田丰大一边说着，一边在客房里四处翻找。

这时，最先发现尸体的邵斌突然开口道："对，对，我记得今天早上去车祸现场找行李，杨师傅确实拎了个白色行李箱回来。"

此言一出，身为杨师傅同事的导游郝美立刻接话道："难道，凶手杀死了杨师傅，偷走了他的行李箱？"

郝美话音刚落，同样身为失主的韩国栋突然激动起来，冲出人群，揪住田丰大的衣领："肯定又是你这个混蛋干的！"

对这种诬陷嫁祸习以为常，只见他轻轻拍打着韩国栋的手背，笑笑道："拜托，我是侦探，不是小偷。"

"呸，你当这是演电视剧呢，我看这一切都是你做的。"

"笑话，这种事是要讲证据的，哪能由你信口开河？"田丰大不屑一顾道。

"证据？怎么没有证据？今天早上你不就偷偷潜入我房间，被我抓个正着吗？不信，你们问导游小姐。"

在大家的注视下，郝美默默地点头。

韩国栋乘胜追击道："对了，我的房门和这间客房的房门一样，都没有被破坏过，你是通过什么方式进入我房间的？"

"喂！喂！喂！什么叫我的房门和这间房门一样没被破坏过，"眼见自己侦探的身份马上就要被反转成小偷，田丰大赶紧澄清道："今天早上我是跟踪一个女人进入你房间的！"

"女人？当时我房间里只有你，就没有什么女人，好吧！"说着，韩国栋又把头转向郝美，"喂，郝导游，你看到我房间里有什么女人吗？"

眼见又要陷入无法自证清白的死循环，田丰大赶紧叫停："我现在在破杀人案，你能不能不要总是拿你被偷的手包来影响我思考？"

躲在人群中的王三喜不由"哼"了一声："手包失窃案都破不了，还能破杀人案？"

王三喜这声低语立刻引起众人的共鸣，大家不由纷纷点头。

在哄笑声中，韩国栋再次揪起田丰大的衣领，大声道："不要装了！肯定是你入室偷窃，被杨师傅撞破，万不得已之下勒死了他！"说罢，又接着长叹自夸道："可惜了，他没有我的身手，否则也不至于被杀。"

就在田丰大准备开口辩解之际，刘力勇从关押通缉犯的地下室返了回来。他摇摇头，告诉大家，于大虎依旧被关在那里，没有逃脱。紧接着，身为宾馆老板的唐天也姗姗来迟。

"怎么了？又出什么事儿了？"唐天拨开人群冲进屋里，看到杨师傅仰躺在地，脖有勒痕。

郝美在旁边戚戚然道："杨师傅被人杀了！"

"被杀了？刚才我俩还通过内线电话说事儿来着，怎么转眼间就成这样了？"

韩国栋接话道："唐老板，就是这小子干的，我刚才让你把他关起来，你不关，现在怎么样，出事了吧？"

唐天揉着脑袋，道："等等，让我捋捋头绪，到底是怎么回事儿？"

身为失主的韩国栋生出久病成良医的本事，承担起侦探的角色，道："这不明摆着嘛，他，偷我手包这个人，今早遛进我房间行窃，被我抓个正着。没想到他贼心不改，又遛进杨师傅房间偷盗，结果被撞破，万不得已之下，杀了杨师傅，偷走了他的行李箱。"

"等等，你说什么？他偷走了杨师傅的行李箱？"显然，相比杨师傅的死，唐天似乎更关心财物。

韩国栋点点头，直接剽窃了田丰大的推理，指着床上的压痕道：

"唐老板，你看，床上之前应该放过行李箱，可现在行李箱不见了，一定是被这个田丰大偷走了！"

身为侦探的田丰大突然被"师夷长技以制夷"了："你，你剽窃我的推理！"

结果田丰大话音未落，唐天便大步流星地走到他面前，逼问道："你把偷的杨师傅的行李箱放哪儿了？"

"我没偷！"

"胡说，就是你杀了杨师傅，偷走了行李箱！"韩国栋斩钉截铁道。

"我说过了，杨师傅是被偷袭勒死的。如果如你所说，我偷窃被撞破，怎么可能从背后勒他？"

田丰大此言一出，所有人都忍不住点头，道："好像有道理！"

结果没想到道高一尺，魔高一丈，田丰大的逻辑推理刚发表出来，立刻就被韩国栋推翻。

"喂，你们不要被他蒙蔽了。杨师傅确实是遭到偷袭被人从背后勒死的，情形可能是这混蛋偷窃被撞破后立刻跪地求饶，但是杨师傅认为他一再犯案又偷了我手包，不能姑息，于是前往床头准备拨打报警电话，就在此时他趁其不备从后偷袭勒死了杨师傅。"

虽然这一切都是韩国栋的假设，但是他描述得绘声绘色，表演得活灵活现，在场的所有人基本上都快要相信他了。

田丰大赶紧道："你们不要相信他的胡说八道啊！这都是他信口开河杜撰出来的。"

"不过，当时那种情形，杨师傅打电话报警完全是合情合理的啊，也不能说是杜撰。"人群中，不知谁念叨了这么一句。

于是有人接话："打电话的时候被人偷袭杀死，也就顺理成章了。"

有人接话，就有人继续发散思维往下延伸："这么说来，他一开始就根据横尸的位置断言：死者是在毫无戒备之下被杀的，很有可能是在误导大家啊。"

田丰大眼见大家你一言我一语，马上就要认定自己是凶手了，目前似乎只有推翻"死者打电话报警时被袭"这一"伪解答"才能自证清白。

一念至此，身为名侦探的田丰大决定亮出他的撒手锏："杨师傅不可能打电话报警！"

　　"为什么？"众人一愣，一起把目光投向田丰大。

　　"原因很简单，众所周知，山体滑坡导致山路被阻，警察和救援人员最快要明天才能赶到。在这种情况下，发现了入室偷窃的小偷，有必要第一时间打电话报警吗？"

　　"说的也是啊，明知道警察赶不来，完全没必要第一时间报警。"

　　"何况还是当着小偷的面，在危险并没有彻底解除的情形下。"

　　就在大家即将被田丰大的理论所说服时，韩国栋突然改口道："谁说一定是打电话报警啊？杨师傅临死前也可能是给我打电话好不好？可能要告诉我田丰大已经承认了偷走手包的罪行。又或者，是给唐老板打电话，告诉他小偷是田丰大。总之，只是在准备打电话时，被这个混蛋给勒死了。"

　　围观群众如同墙头草一般："咦，这种解释，也说得通啊！"

　　"你怎么能信口雌黄呢？你刚才明明说的是打电话报警，现在又改口了，喂喂喂，大家不要相信他的鬼话啊！"

　　很明显，田丰大已经感觉到大家看他的眼神很不对劲："你们干嘛都这么盯着我，我真不是小偷啊！"

　　"可是眼下这些住客里，你最有嫌疑了！"唐天目光直直逼视田丰大。

　　田丰大忍不住后退，他无意中在人群里看到了王三喜："明白人，快，你替我辩解两句啊！"

　　王三喜苦笑着摇头，道："这又不是小偷小摸，而是人命关天的大事，我哪能乱说话！"

　　这时，住客中的男人们不约而同地走上前来，而那些女住客则悄悄后退。

　　"你，你们这是要干嘛？"田丰大隐隐嗅出战斗一触即发的气息。

　　果然，唐天和韩国栋从左侧慢慢靠近，而王三喜和刘力勇则从右侧绕后悄悄摸了上来。这种前后夹击的阵势，田丰大曾在蒲松龄的文言短篇小说《狼》里读到过，但没想到如今自己将要亲自经历。

此时此刻，人群里突然传出了罗小梅的声音。

"侦探大叔，看来你是一张焦点牌哦！"

说话间，那个脸虽大却不失秀美的女生已然走出人群，站在了田丰大的面前。

"小妹妹，你说什么焦点牌啊？我听不懂。"

"这是狼人杀卡牌游戏里的术语，难道侦探大叔没有玩过吗？"罗小梅偏着头，脸上露出不可思议的神情。

"喂，小妹妹，现在都什么时候了，有人被杀了啊，而我被这群不明是非的人误会成了凶手，你却在这儿跟我聊什么卡牌游戏。"

"不是，侦探大叔，我是突然发现的，"说到这里，罗小梅环视了四周，接着道，"有人死了，凶手就藏在我们中间，每一个人都说自己是无辜的，然后指责别人是凶手，这种情景很像狼人杀的套路啊！"

田丰大好奇地问道："那你说的焦点牌是什么意思？"

"在狼人杀游戏里，如果几乎所有人都在针对一个人，那么我们管这个人叫焦点牌。"罗小梅抬头看了一眼田丰大，幽幽道，"侦探大叔，你看，几乎所有人都认为你是凶手，你难道不正是游戏里的焦点牌吗？"

这时，一旁的韩国栋忍不住了，他一边伸手推开罗小梅，一边道："好了，别叨叨什么卡牌游戏了，你赶紧给我闪开，不要妨碍我们抓住杀人凶手。"

罗小梅被韩国栋一推，踉跄了几步，又站了回来，她盯着韩国栋道："侦探大叔之所以会被打成一张焦点牌，好像都是你引导的啊，胖大叔。让我想想，在狼人杀游戏里，你被称作什么来着？"

"暴民，或者煽动狼。"身为狼人杀APP满级玩家的姜鑫忍不住在人群里科普游戏常识。

"对，对，对，暴民或者煽动狼！出于某种目的，把侦探大叔刻意打成一张焦点牌，让所有人都针对他。所以，在我看来，胖大叔更像是煽动狼啊！"罗小梅面带微笑地盯着韩国栋，说道。

"你这个小姑娘，胡说八道什么？我，我哪有煽动啊！他，他本来就是小偷，偷我手包，杨师傅也一定就是他杀的！"

"错！侦探大叔不可能是杀人凶手！"

"为什么这么说？"所有人都用好奇的目光看着罗小梅，其中当然也包括田丰大本人。

"唐老板，我记得你说过，杨师傅遇害前曾和你通过电话。请问你，那是多久之前的事情？"

唐天被罗小梅这么一问，沉思了片刻，道："我赶过来之前的七八分钟吧！"

听到这里，田丰大忽然醒悟过来，大叫道："我明白了。唐老板赶来之前七八分钟的时候，杨师傅还活着。而唐老板是在大家发现尸体的三四分钟后才赶来的，第一个发现尸体的是邵斌，随即大家都赶过来了。也就是说，杨师傅是在邵斌发现尸体前的四分钟之内遇害的，而那个时候，我在自己的房间里，根本没有作案时间。"

刘力勇小声道："谁都会这么强调的，说自己在那个时间段待在客房里，又没有人能证实。"

田丰大急道："我确实待在客房里没有出门啊……"

他话音未落，就被罗小梅插嘴道："好啦，侦探大叔，你是焦点牌，无论你说什么，别人都会想方设法找到漏洞把你打倒在地的。既然如此，你不如安心做你的焦点牌，洗清嫌疑这种事儿交给我来做就好了！"

"你？我能相信你吗？"田丰大眼神里透露出不安。

"放心啦，侦探大叔，我已经找到了洗清你杀人嫌疑的证据！"罗小梅得意洋洋地说道。

"你要帮他洗清嫌疑？哼，难保你们不是一伙的，互作伪证也说不定。"韩国栋恨恨道。

"你们看，阵营已经划分得很明显了嘛，坚持侦探大叔是凶手的，巴不得立刻给他定罪；还有千方百计想证明侦探大叔清白，把他从犯罪的嫌疑中捞出来的。不错，我确实想捞侦探大叔，但是能证明他清白的人却不是我。"

"那是谁？"唐天好奇地问道。

罗小梅笑卖关子地说道："狼人杀卡牌游戏里，有一个角色，叫小女孩。这个角色的功能非常强大,黑夜里,当狼人开始杀村民的时候,所有好人都是闭眼的,只有小女孩可以偷偷睁眼。所以小女孩知道狼人是谁,而狼人却不一定能发现小女孩的身份……"

说这些话的时候,罗小梅一直用余光瞟姜鑫,似乎在向对方求证这些角色规则介绍得是否正确,得到的回应就是姜鑫的点头肯定。

韩国栋不耐烦地打断道:"喂,让你说案件,谁让你介绍起游戏规则了?什么小女孩睁眼闭眼的,我们根本不关心。"

罗小梅却不着急,继续不紧不慢地说道:"我之所以介绍小女孩的角色功能,是因为在咱们当中,有一个人就是'小女孩'的身份。"

"小梅,你什么意思?你是说有人看到杀死杨师傅的凶手了?"姜鑫问道。

姜鑫的这番话立刻引起了轩然大波。

"什么,有人看到了杀人凶手?"

"是谁啊?赶紧站出来说啊?"

就在大家互相怀疑的时候,罗小梅突然把目光停在了郝美身上。

"郝美姐姐,在杨师傅被杀案里,你就相当于狼人杀里的小女孩。"

"我?别乱说!我压根就不知道凶手是谁!"郝美极力反驳着。

"你虽然不知道谁是凶手,但你却知道谁不是凶手。排除那些不是凶手的人,那么谁是凶手,不就一目了然了吗!"

郝美看着罗小梅,不解地问道:"小妹妹,你是什么意思啊?"

"我问你,在邵斌发现尸体之前的四分钟里,你在做什么?"

"我?"突然牵涉到自己的兼职,郝美脸颊不由绯红起来,"我,我在三楼敲门。"

"你在敲门的过程中都见到了谁?"

"韩国栋、田丰大、你和姜鑫,以及这个叫邵斌的男生。"

"据我所知,你在三楼走廊是一间一间地敲门,对吧?你大约敲了多久?"

"大概五六分钟吧。"

"杨师傅是在邵斌发现尸体之前的四分钟内遇害的,而在邵斌前往二楼杨师傅房间之前的五六分钟,这些人都待在三楼没有离开,他们不可能是凶手！"

"所以凶手只可能在你没见到的人里，也就是在王三喜、刘力勇、丁凝、唐天和李小佳当中，对不对？"刚刚洗清嫌疑的田丰大立刻满血原地复活，他跳出身来，毫不留情地将罗小梅推到一边，大声道："好了，小妹妹，你抛砖引玉的工作可以完成了，剩下最关键的推理就由我名侦探来完成吧！"

田丰大走上前来，他捋了一下头发，目光在嫌疑人身上依次扫视："丁凝，身为医生的你一直在照顾昏迷中的薛警官，没有作案时间。"接着他的目光又落到女画家李小佳身上，憋了半天没词，最后突然问了句："你叫李小佳？"

"是的。"

"那你也不可能是凶手！"说着，田丰大准备往下扫视。

嫌疑犯之一的刘力勇见状看不下去了，打断道："丁医生一直在照顾薛警官，暂时被排除嫌疑没有问题。可是这个女画家，为什么你问了下名字就给排除嫌疑了呢？"

"笨蛋，你有没有生活常识啊，像李小佳、王小明、孙小红这种只会出现在小学生作文里的名字，怎么可能是杀人凶手的名字呢？"

"是不是凶手，跟名字有什么关系啊？"刘力勇抗议道。

李小佳瞪了刘力勇一眼："我是个女孩子呀，你非把我拉进嫌疑人堆里，有没有点儿男人样？"

"好吧！"刘力勇无奈地摇摇头，眼睁睁地看着自己是凶手的概率由四分之一变成二分之一。

田丰大在剩下的两个人之间摇摆不定，可恶，他们俩到底谁是凶手？随便蒙一个都会有一半的概率蒙对，可关键是推理的台词该怎么编呢？

田丰大正为此左右为难的时候，他突然想到了一个小细节："对了，刘力勇，你是住在死者隔壁，是吧？"

一听这话，刘力勇的脸立刻煞白："什么意思，你不会因为这一点就认定我是凶手吧？房间是唐老板安排的，又不是我能决定的。大哥，你不是侦探吗？你能不能好好推理一下啊！"

"干什么？你是在质疑我的专业水平吗？我又没说你就是凶手，我只是怀疑了你一下，你就这么紧张，很有……"

田丰大话还没说完，郝美突然发动了狼人杀里"小女孩"的角色技能，就听她贸然打断道："我知道杀死杨师傅并偷走他的行李箱的人是谁了！"

"谁？"

"王三喜！对！就是你！杨师傅遇害的时候，我在三楼敲门，所有人都开门了，只有你没开门！也就是说那个时候你不在屋里，你去了哪里？"

身为小偷的王三喜早就有种不祥的预感，面对郝美的质问，他不由得哑口无言："我，我，我……"

眼看即将被截胡，田丰大赶紧改口道："不错，我也早就怀疑这家伙了。说啊，杨师傅遇害的时候，你人在哪里？"

王三喜支支吾吾道："我真的没有杀杨师傅！"

"哼！有没有杀杨师傅，去你房间一看就知道了！"在田丰大的带领下，一行人不顾王三喜的辩解和阻拦，一股脑地朝301客房走去。其中，韩国栋昂首挺胸走在最前面。

在房门被唐老板用备用钥匙开启之后，大家先是从储物柜里发现了银白色的行李箱，接着又从王三喜的背包里找到了韩国栋的手包。

"砰"的一声，王三喜的脸颊上挨了一拳，接着便听到韩国栋怒不可遏的声音："小黄毛，原来手包是你偷的。"

韩国栋伸拳还要再打，却被唐天拦住，连连道："罢了！罢了！"

邵斌指认出银白色行李箱正是杨师傅从车祸现场拖回来的那个，姜鑫随声附和。

韩国栋吐了口唾沫："看不出，这小黄毛还真敢杀人！"

王三喜捂着高肿的脸颊正要辩解，刘力勇上前从背后勒住他的脖颈，对韩国栋道："别愣着啊，赶紧找绳子把他捆了啊，这孙子杀人都敢，难保不会做出其他出格的事！"

心想也是，唐天找来麻绳交给田丰大，由名侦探亲自把他捆绑起来。王三喜一直不停嚷嚷挣扎，刘力勇又拿来胶布把他嘴贴上，才算完事。

唐天提议，把他也关进地下室，和于大虎锁一起。身为侦探的田丰大反对，担心两个人关一块出什么乱子。

韩国栋道："就把他捆在这客房里，和我同层，我看着这黄毛。不就一天嘛，明天道路通了，直接交给警察。"

唐天想想也是，宾馆确实也没有其他更合适的地方关人了。

这时，李小佳从王三喜背包的夹层里找出一块手表和两部手机，拿给众人看。

唐天看了一眼，道："不知道从哪偷的赃物，连同杨师傅的行李箱一起，先放我这里保管，等警察来了，一起交给警察。"

他是宾馆老板，这一提议自然没人反对。

大家折腾了一番，又检查了一下捆绑王三喜的绳索，确定没问题后，这才纷纷离开，回到各自的客房。

身为失主的韩国栋终于拿回了自己的手包，他一返回303客房，立刻将门反锁，然后把手包里的东西通通倒到床上，一一查看有没有缺失。

身份证在，钥匙也在，现金具体多少，记不清了，反正还有个几千元。这些都不重要，最关键的是……咦？没有了？

韩国栋摊开床上的东西，真的没有了。他又赶紧去翻手包里面，确实空了。

坏了！那个烟盒不见了！

韩国栋记得很清楚，当初从集团离开时，他将烟盒塞进了手包里，可是现在，手包里其他东西都在，唯独那个烟盒不见了。

突然之间，韩国栋像丢了命一样，失魂落魄起来。他不停地在屋里踱步，一圈，两圈，三圈……

当他踱到第五圈时，韩国栋突然驻足，脸上现出了凶狠的神色。他蹑手蹑脚地走到门前，轻轻拉开房门，探出脑袋左右窥视，见走廊里没人，这才鬼鬼祟祟地朝王三喜的房间走去……

第4章：领导，就爱不懂装懂

身为中层领导，最害怕什么？

不言而喻，答案当然是：最害怕背黑锅。

尤其是那种对业务一窍不通、靠裙带关系坐上中层领导位置的人，最怕被下属蒙蔽，被上层出卖，一旦业务方面出现什么问题，那必然会被当做替罪羊推出来背黑锅。

现在，身为X制药集团研发部主任的韩国栋，显然正深陷于这种倒霉的处境之中。他们部门所研发的一款新药推出市场不到三个月，就有多名患者反应不良，甚至还有人因此抢救无效而死亡。于是，有关部门立刻叫停了这款新药的发售，并且还成立了调查组深入调查。

作为该部门的负责人，在事发后的第一时间，韩国栋就召集手下科研人员询问有关新药的种种问题。

韩国栋是依靠亲戚关系才进入该医药集团工作的，为了不落人口实，他还特意伪造了医学专业的博士文凭。他虽然在研发部门担任部门主任，但是对业务方面实在一窍不通。

当新药事故发生后，韩国栋把手下科研人员召集来询问原因时，所有人员都仗着领导不懂业务，大着胆子从各个方面进行糊弄。

"临床试验阶段虽然很稳定，但是并不能保证这个药就没问题。"

"是啊，再说每个患者的身体情况都不同，对药物产生不良反应也可能是自身体质造成的。"

"医院方面在治疗的操作上也可能存在问题。"

总之，下属们总能巧妙地避开自身责任和领导责任，一番闪烁其词之后，最终把所有原因都归结到意外因素或者偶然因素上。

韩国栋再不懂业务，也能听出下属们的虚与委蛇。他知道，再问下去也不会有结果，索性散会让大家都回去，单独留下了傅义聪。

傅义聪是医学院本硕连读的高材生，对业务熟悉的他肯定知道新药的问题出在哪里。韩国栋之所以留下他而不留别人，是因为傅义聪爱占小便宜又抠门的性格使得他并不受其他同事待见。被部门同事孤立的人，自然是领导眼中最要争取的对象。

"小傅，去，把门关上。"待其他人都走出办公室，韩国栋点燃了一根南京九五之尊，吐了口烟圈，缓缓对傅义聪道。

能吸到九五之尊二手烟已然觉得占了大便宜的傅义聪屁颠屁颠地去关上了办公室的门。

"小傅，来，坐下，说一说，新药到底是怎么回事儿？"

"主任，刚才同事们都说得很清楚了啊！"

韩国栋笑了笑，慢慢踱步，绕到傅义聪的座位后面，从烟盒里捏出一根南京九五之尊，递了过去。

傅义聪一愣，他做梦也没想到自己还能抽到南京九五之尊的一手烟，忙不迭地站起身，低头哈腰地接过来，借着韩国栋的火点燃了，又坐回座位。

"小傅，我知道，你和那些人不一样。你真诚，讲义气，不向权势折腰，不对金钱叩首。"

傅义聪光顾着吸烟，也没怎么听韩国栋说些什么，只是不停地"是是是"。

韩国栋"呵呵"一笑，回到对面办公桌坐下，他拉开抽屉从里面拿出一叠钞票，拍在傅义聪面前。

"说说吧，怎么回事儿？"

傅义聪一愣，注意力由烟转移到钱上，他迟疑地伸出手去摸那些钞票。

"主任，你这是给我的？"

韩国栋笑着颔首："咱们部门新药的临床反应不是很好嘛，有关部门也批准上市了，怎么一推出市场就出了这么多问题呢？"

"哎呀，主任，你可别说是我说的。"傅义聪一边往兜里揣钱，一边道，"临床时的制药成分和推出市场时的成分不一样了呗。"

"什么！你的意思是，有人偷偷改了药物的化学成分？"韩国栋惊愕不已。

"可不是嘛，之前成本多高，现在成本多低啊！唉，只是没想到，出了事故，也该着倒霉！"

"呵呵，公司光顾着挣钱，却让老子背黑锅！休想，我必须要把偷换制药成分的人揪出来，先保证我的安全，再说后面的事。"韩国栋当即摆出一副义愤填膺的样子，拍着桌子道，"谁这么大胆，敢背着我在新药里搞鬼？小傅，我再给你一笔钱，你能不能帮我把这个人找出来？"

这次轮到傅义聪一脸惊愕了："主任，更换制药成分的事儿没有背着你啊，是你签字同意的。"

韩国栋一愣："胡说八道，我什么时候签字同意了？"

傅义聪道："稍等，我去找签字文件给你看。"说完，他便站起身出了办公室，过了五六分钟，拿着两份文件走了进来。

傅义聪将两份韩国栋签字的文件摆到桌子上，指着其中一张，道："这是临床试验时，关于新药制药成分，你的签字核准文件。"说罢，又指着另一张道："这是推出市场时，你签字核准的新药制药成分的文件。"

韩国栋拿起两张文件，确实都是自己亲笔签署的没错，再仔细一看，只见里面密密麻麻的都是化学公式，直看得人头疼，于是便道："这两份文件没什么区别啊！"

傅义聪惊讶道："怎么没区别啊？！"说着，用手指各指着两份文件中的一处，又道："你看，这里的分子式明显改变了啊！"

韩国栋顺着傅义聪所指看去，确实如此，两份文件在密密麻麻的分子式中有些不同。

"哎呀,老子以为是例行签署,就没仔细看。再说了,这密密麻麻整整一张纸的分子式,你们不说一下,谁能注意到有个地方改了啊?"韩国栋将两份文件朝桌子上一丢,抱怨道。

"主任,你可是医药科博士毕业,这么明显的分子式改变,你跟我说你没注意到?别逗我了!"

"我那博士……呃,好吧,不提这个了。就眼下这件事儿,如果我确实是因为没注意到药物成分改变而签署了文件,将来追究起责任来……"

"这种事儿只认签字,你又是部门主任,恐怕很难逃避责任吧!"

听到这里,韩国栋愣了半响才反应过来,幽幽道:"臭娘皮的,不会有人在故意整老子吧?"

傅义聪眼见如此,觉得是时候退下了。于是,他站起身来朝门口走去。就在他开门准备离开的时候,忽然想起了什么,又驻足回身。

傅义聪指着桌子上那两份签字文件,道:"主任,那个改变药物成分的签字文件,是咱们部门的内部文件,是不对外公开的。"

"为什么啊?"

"通过临床试验的药物在推出市场时改变制药成分,这种行为本来就是违法的。"

"违法文件?我还在上面签了字!"韩国栋一下子瘫坐在地。

怎么办?出了这么大的问题,该怎么办?

韩国栋第一时间想到的是他那个亲戚,也许只有她能救自己!

一念至此,韩国栋当即往董事长办公室走去。然而,当他快到董事长办公室门口时,却没有再往前走,而是驻足在走廊的拐角处。因为他听到一个陌生人的声音。

"以前这样操作,从来没出过错,没想到这次这么倒霉。"那声音急切暴躁,在韩国栋听来似乎在说自己。

"嚷什么,就怕别人听不见?给我进来说!"然后是砰的一声,重重的关门声。

韩国栋从走廊拐角处探出头来，他来到董事长办公室的门口，准备去敲门。手本已经抬起，对准了门板，却始终没有敲击下去。韩国栋屏住呼吸，将耳朵贴近门板倾听，却毫无所获。他警惕起来，忙直起身，返回之前的走廊拐角处。他从口袋里掏出耳麦，连上手机，在APP上一番操作，耳朵里登时传来了董事长和那个陌生男子的声音。

不错，从韩国栋进入集团的第一天起，他心里就明白像他这种对业务一窍不通、靠裙带关系坐上中层领导位置的人，最怕下属的蒙蔽和上层的出卖，一旦业务方面出现了什么问题，那必然会被当作替罪羊推出来背黑锅。

而此时此刻，这个窃听装置正发挥着极其重要的作用。

"常在河边走，哪有不湿鞋的？关键是后续如何处理。"是董事长的声音。

"曹董，既然上面派我过来处理这个事，你放心，财务方面我绝对能给你把账做好，至于业务方面……"

"山哥，有你这句话我就放心了，我最怕的就是账的问题被发现。"

"曹董，听你这口气，新药出问题这件事，你已经想好怎么解决了？"

"差不多吧，大不了最后把韩主任推出去。"

"曹董，我可听说那个韩主任是你的二表舅。"

"远房的，八竿子打不着。当初叫他来研发部门当主任，就是备着这一手呢！"

"可是，这么大的事情，就一个部门主任的失职，只怕调查组不会轻信啊！"

"哼哼，这有什么，据说咱这部门主任，博士学位都是伪造的，全公司都被这个骗子蒙骗了。"

听到这里，韩国栋不由倒吸了口冷气，心里道："坑爹的远房亲戚，我还说当初怎么会有这种好事儿，让我来大集团当领导，原来是时刻准备让我背锅的啊！"

韩国栋正寻思时，耳麦里说话声又起。

"对了，曹董，出了那么大的事，韩主任来找过你吗？"

"没有,哼,我那二表舅,土老帽一个。"

"土老帽归土老帽,但他完全没动静,挺不让人放心的。"

"山哥,你放心吧,我早找了人盯着他呢,跑不了。"

闻听此言,韩国栋不由冒出一身冷汗。得,本来还打算仰仗自己董事长亲戚来捞自己一把,没想到人家真的早就把自己当成替罪羊来背锅了。

憋了一肚子怒气的韩国栋蹑手蹑脚地离开,他回到自己的办公室,瘫坐在办公椅上发愣。

"怎么办,真的要背黑锅吗?那可是要坐牢的啊!难道就没有别的办法让自己免于牢狱之灾?显然,从自己进入集团的那一天起,就已经被当成替罪羊拟进了整个计划里。一旦出现问题,所有的矛头都会指向自己!在旁人暗示下办的假文凭,以及那些文件上的签字,都让已深陷其中的自己根本不可能抽身离开。"

想到这里,韩国栋不由倒吸了一口冷气。可恶,不能就这么让他们得逞,必须要抓到把柄予以反击。

韩国栋静下心来仔细思考,这时,刚才隔着董事长办公室房门偷听到的一句话突然闪入他的脑海。

"以前这样操作,从来没出过错,没想到这次这么倒霉。"

这么说以前应该也发生过类似的事情,那肯定也有和他一样的替罪羊。唯一不同的是,别人当部门主任时都安然无恙,到他这却事发了,于是就被理所当然地推出来背锅。

想到这里,韩国栋当即又把傅义聪叫进办公室。

被一根烟外加几千块钱收买,傅义聪俨然已经成为了韩国栋的心腹,对于领导的问询,可谓"知无不言,言无不尽"。

"小傅啊,跟你打听个事儿,以前研发新药时,也都会这样更换成分吗?"

"好像是的。"

"那前几任主任的签字文件还有吗?"

"有是有,但是随着他们的离任,那些文件的原件应该都被人事部门当作工作档案封存起来了。"

"哦，这样啊！"韩国栋遗憾地叹了口气。

傅义聪为了讨赏，赶紧关心道："主任，是有什么需要吗？"

韩国栋斟酌道："也没什么，就是想看看咱们部门之前研发的药物信息。"

"那可是部门的机密啊！"傅义聪道，"不过，主任，您是部门的总负责人，所以对你而言，就不是机密了。"

"那我在哪儿能查询到以前药物研发的信息呢？"

"集团的电子信息数据库，你只能去那里查，用你的工号和密码登录内部网站，对应你的职务有相应权限。你说的那些信息，应该能查得到。"

韩国栋得到想要的答案，甩给傅义聪一盒南京九五之尊打发他离开后，自己便拿着优盘前往电子信息数据库。

所谓"电子信息数据库"，就是一间不大的放着四五台电脑的机房。这几台电脑和集团内网相连，专供集团员工查询资料。因为涉及制药机密，所以前来查询资料的员工是不允许带进手机和优盘的。为了防止信息泄露，集团保安部在机房的外面安装了严密的电子安检设施，且有保安搜身检查。

即便如此，韩国栋还是打算进入电子信息数据库拷贝资料。他拿了一个很小的优盘，把优盘的外壳拆下来塞入鞋里，将里面的芯片取出贴在烟盒锡纸的内侧。

过安检时，保安人员先拿金属探测器扫描他的身体，而这时烟盒是放在手包里的。接下来手包过安检时，韩国栋把烟盒从手包里拿出，点完烟后顺手塞进口袋里。

虽然集团里都传言他是董事长的二表舅，但保安人员仍然像卫兵一般忠于职守、不畏强权，只见其中一人走上前来，敬了个礼，道："韩主任，这里禁止吸烟！"

"不好意思！我这就掐灭。"韩国栋掐灭烟的时候，手包已经过完安检了，只有手机被登记留了下来。

韩国栋拍了拍那个制止他抽烟的保安，竖了下大拇指表示赞赏，然后拎着手包进入了机房。

按照傅义聪所说,韩国栋登录信息数据库,输入工号密码,果真能查到之前部门研发新药的信息,其中研发过程和临床反应都有详尽记录,还有药物成分的分子式。再经过对照,果然,在此之前,有好几款新药的药物成分都发生了改变,而这些改变都是在临床试验结束之后推出市场的时候。

不错,这就是证据,证明公司一直在做这种偷龙换凤的勾当。

韩国栋马上将这些信息数据储存到优盘芯片里。走出机房后,他并没有返回办公室,而是直接离开了公司。

走在路上,韩国栋一直在盘算着自己的出路。手里虽然有了公司偷换药品成分的证据,可自己确实是假冒博士在制药集团谋职,并且那些文件上的签字也确实是自己签的。如果真把证据交给警方,就算能证明自己毫不知情,恐怕也免不了牢狱之灾。

一想到自己即将坐牢,韩国栋就忍不住头皮发麻。这些年舒适的生活已经让他养尊处优惯了,如果突然把他丢进监狱,还不如让他死了算了。

想到这里,韩国栋已经打消了把证据交给警方的念头,于是盘算起如何拿芯片内容跟公司谈判。以此为要挟,让公司另找替罪羊,然后还可以讹一笔钱也说不定。

嗯嗯,这个想法似乎还是可行的。既然已经打算这么做,自己在这段时间是不是该出去躲躲?去哪儿躲呢?

韩国栋正寻思时,发现自己已经站在了一家名叫"不三之旅"的旅行社门口。略微迟疑了一会儿,他走了进去。

自由行,不跟团,可以彻底隐匿自己的行踪。

选择大巴车出行,万一途中遇到变故可以随时做出应对,不用像火车或者飞机那样被困在里面无法脱身。

至于目的地选择越南,除了因为距离近之外,落地签证的优势也可以让韩国栋不用做过多的准备。

很快,选择好了线路,交了定金,韩国栋便回到家中准备护照和出行的行李。就在这时,他的手机屏幕上突然跳出了傅义聪的来电显示。

略微迟疑之后，韩国栋还是故作镇定地接听了对方来电。

"喂，小傅，怎么了？"

"主任，你在哪呢？"

"你有什么事儿吗？"

"半小时前，董事长打电话问你的去向来着！"

"问我去向？"韩国栋愣了一下，反问道，"你怎么说的？"

"我当然说你还在办公室啊！"傅义聪的语气里透着浓烈的邀功的味道，接着他又说道，"主任，你快回来吧。董事长那边应该一会儿派人找你盖章。"

"呵，找我盖章不打我手机联系我，却打给我的下属打听我的去向，这里面肯定有问题！"韩国栋心里这样嘀咕着，却在手机里对傅义聪道，"脑子有病吧，这都到下班的点儿了，我怎么可能还待在公司里给他盖章？对了，小傅，你在公司还不走吗？"

傅义聪赶紧表忠心道："不走，主任，我还在加班。"

"部门其他人呢？"

"他们，早下班回家了。"

"要不这样，一会儿董事长那边来人要盖章，你替我盖好了。"

傅义聪受宠若惊道："主任，那可是部门的公章啊！"

"我信得过你。"韩国栋继续往下说道，"我办公室门没锁，公章就放在办公桌右边中间的抽屉里。对了，抽屉里还有一盒九五之尊，你拿去抽吧！"

"谢谢主任！"傅义聪欢快地挂断了手机。

结束通话后，韩国栋突然意识到，董事长很可能已经通过内网的浏览痕迹发现自己调查过以往新药推出市场的信息，进而猜到了自己的意图。既然如此，那么家里也不能长待了。韩国栋想到这里，简单收拾了一下行李，赶紧出门。

刚出门没多久，韩国栋的手机铃声突然又响了起来，他拿出手机一看，显示正是董事长的来电。

"二表舅，你在哪呢？"

"死玩意儿，你还认我这个二表舅啊？哼哼，够没良心的，居然能把你二表舅推出来当替罪羊，你还是人吗？"

电话彼端在短暂的沉默后传来董事长低沉的声音："二表舅，既然你什么都知道了，那我也敞开天窗说亮话，你今天调看集团以往的制药信息干吗？"

"干吗？小兔崽子，老子干吗你不知道吗？当然是备份下来，跟警方自证清白啊！"

"二表舅，你别天真了，就算你有那证据也没用，警方还是会抓你坐牢的。要不这样，咱俩谈个交易，你把拷贝的信息还给我，我给你十万，怎么样？"

"十万？你真当打发要饭的呢！听好了，三百万，少一分免谈！"

"三百万，你开玩笑呢？我上下打点也花不了这么多钱！"

"那你就等着我曝光后，拿钱去打点吧。"说完，韩国栋直接挂断手机。

过了大约两分钟，董事长又打来电话，韩国栋没有接，他心中已经有数了，芯片里的内容确实对集团很重要，对方也很可能真会付给自己三百万。

想到这里，韩国栋一直愁闷的脸上终于现出了一丝笑容。塞翁失马，焉知非福？而他现在要做的，就是赶紧带着芯片前往国外避一避。

所有证据信息都存储在芯片里，芯片就贴在烟盒锡纸内侧，而烟盒放在韩国栋的手包里，手包则与自己寸步不离。

经过几天提心吊胆的颠簸，韩国栋终于登上了即将开出国境的大巴车，总算舒了一口气，本来只是打算在车上打个盹儿的，没想到最后却不小心睡了过去。

迷迷糊糊地似乎听到有新闻在播报傅姓男子遇害的消息，"不会是傅义聪吧？怎么可能呢，别乱想了。"在睡梦中，韩国栋这样跟自己说，然后他又在座位上侧了下身子。

但是让韩国栋意想不到的是，当他再睁开眼时，怀中的手包居然不见了。

韩国栋很快发现那个叫田丰大的侦探有些眼熟，于是他推测对方很可能是集团雇来跟踪自己的。一开始,韩国栋认定自己的手包是被这个田丰大偷走的,但是经过几番争执,始终无果。更让他想不到的是,最后居然在那个叫王三喜的小黄毛的房间里找到了自己失窃的手包。

拿回手包的韩国栋一回到自己的客房,就反锁房门,将手包里的东西全部倾倒在床上,寻找那个藏着芯片的烟盒。

结果,找了半天,什么都在,唯独不见烟盒。

烟盒去哪了呢?难道被那个王三喜顺走了?

想到这里,韩国栋的脸上现出了凶狠的神情。他压低脚步声走到门前,轻轻拉开房门,探出脑袋左右窥视,见走廊里没人,这才蹑手蹑脚地朝王三喜的 301 房间走去。

被五花大绑胶布封嘴的王三喜一看见韩国栋进来,身体就不停地挣扎,嘴里还一直"嗯哼"着,似乎有话要说。

韩国栋大步上前,蹲下身子,伸手撕掉王三喜嘴上的胶布。结果,他刚一撕去,王三喜就激动地大叫道:"我没杀人⋯⋯啊!"

这声"啊"是王三喜突然中了韩国栋醋钵儿大小的拳头所发出的惨叫。

韩国栋给了王三喜一拳后,怕他的惨叫声引来外人,于是用左手卡住他的下巴,让他发不出声响。接着韩国栋做了个噤声的手势,轻声问:"懂不懂?"

王三喜如小鸡啄食般忙不迭地点头,韩国栋这才缓缓松开手。

"黄毛崽子,我问你,我手包里的烟盒去哪了?"

王三喜以为对方发觉手包里的钱少了,过来跟自己要钱,赶紧辩解道:"钱,钱在郝美那儿,我俩那个什么,钱被她拿走了,我一分没花⋯⋯啊!"

韩国栋又是一拳结结实实打在王三喜的脸颊上,不等他惨叫,左手又卡住对方下巴。

韩国栋卡着王三喜下巴却不松手,自己则欺身在他耳边低语:"别跟我耍花样儿,老子问的是烟盒,不是钱!"

王三喜像是听明白了，连连点头，韩国栋这才松开卡下巴的手。

"烟，烟在郝美那儿，我俩那个什么，烟被她拿走了……啊！"王三喜话没说完，又挨了第三拳，这次不等韩国栋伸手卡自己下巴，他吃着痛赶紧先闭嘴收声。

"干吗还打我啊？"王三喜怯怯地问。

"问你什么，都说在郝美那儿，你跟我耍什么蛇皮呢！"

"不是，真在郝美那儿，我俩那个什么，完事儿了抽事后烟，她看那烟不错，就要去了。"

韩国栋看了王三喜一眼："真的？"

王三喜拼命点头。

韩国栋举拳吓唬对方："要是让我发现你骗我，老子不打出你粑粑来！"

"不敢！不敢！"王三喜喘着粗气又道，"你要的答案我已经告诉你了，你能听我说句话吗？"

"什么话？"

"杨师傅，真不是我杀……啊！"王三喜的脸颊再次中拳。

"净他妈屁话！"韩国栋啐了口唾沫，又用胶布封上王三喜的嘴，这才从301房间离开。他回到走廊上，又去敲隔壁302郝美的客门。敲了半天，也没人应声。韩国栋正琢磨这娘们去哪儿了时，忽然发现前面不远处304客房，也就是田丰大的房，门似乎虚掩着。

"妈的，那个侦探又在偷窥我的一举一动，有这么个人盯着自己，做什么都不方便。"一想到这里，韩国栋气就不打一处来，他三步并两步来到304客房门口，突然伸手拉开房门。

原本贴在自家房门侧耳偷听的田丰大猝不及防地从房间里摔到走廊上。

"喂！小子，偷听够了没？"韩国栋冷冷地瞅着摔倒在地的田丰大。

"没，没偷听。"田丰大尴尬地从地上爬起来，无力地辩解着。

"没偷听，那你在这儿鬼鬼祟祟做什么？"韩国栋横眉道。

"你是不是在找郝美导游？"田丰大咳嗽着转移话题。

"你知道她在哪儿？"

"刚才抓完小偷,她好像被那个叫刘力勇的杀马特叫屋里去了。"说到这里,田丰大眨眨眼睛,道,"你是不是也很着急啊?"

"呸!急你大爷!"韩国栋朝地上吐了口唾沫,转身朝自己的303客房走去。

就在韩国栋打开房门准备回屋的时候,他忽然停下脚步,对田丰大晃了晃他那醋钵儿大小的拳头,警告道:"虽然手包不是你偷的,但是你要干什么,别以为老子不知道,今天早上偷遛进我房间这事儿还没完呢!赶紧老实消停点儿,如果再让我抓着,非揍死你不可!"说罢,"啪"的一声关上房门,独把名侦探自个儿留在走廊上。

等对方关上了房门,田丰大才用力地挥挥拳头,算是叫板。

"谁怕谁啊,有本事比画比画!"

就在田丰大趁着敌人不在,给自己长威风的时候,耳边突然传来了罗小梅的声音。

"侦探大叔,你现在在查的案子是不是跟这个胖大叔有关啊?"

"哇,小妹妹,你什么时候出现的,怎么一点声音都没有。"

"我觉得他就是你的调查目标。"罗小梅仰着她那张大而不失秀美的脸庞问道。

"你别胡猜了,我这次就是出来旅游度假的,哪有什么案子?"田丰大深知睁眼说瞎话要瞎得彻底。

罗小梅却显然没那么好糊弄:"刚才胖大叔都说了,今天早上你偷遛进人家房间被抓个正着,还不承认?"

"什么偷遛进他的房间,明明是我看到有个女人先进去了,我只是好奇跟着进去而已。"田丰大似乎被说到了自己心中的痛处,忍不住攥紧了拳头,恨恨道,"谁知道,当我进去时,那个女人居然不在屋里,这才让我背上了偷溜进他人房间的罪名,实在太可恶了。"

身为推理发烧友的罗小梅立刻嗅到了诡计的味道,她兴奋地说道:"哇,这不是推理小说里人物在密室中凭空消失之谜吗?对了,侦探大叔,那个女人进屋后,你是直接跟着进屋的吗?"

"那倒没有,我在门口偷听了几分钟,见里面没有动静了,才进去的。"田丰大口中敷衍着,眼睛却时不时地瞟向走廊尽头301客房。

"也就是说,那个女人有足够的时间在胖大叔的房间里实施密室消失的诡计,这样一来的话,就必须要到现场看一看才能破解谜题了。"罗小梅正喃喃自语的时候,一抬头却发现田丰大已经独自走向了301客房,而那里正关押着被五花大绑的王三喜。

"侦探大叔,你去那里干……"罗小梅正开口要问时,田丰大回身狠瞪了她一眼,接着做出"别哔哔"的手势,然后推开301的房门走了进去。

罗小梅见状赶紧用手捂住嘴,小跑着跟了过去。

一进屋,田丰大便见到了被五花大绑、胶布封嘴的王三喜。作为一直被诬陷为小偷的名侦探,见到真正的小偷落到如此下场,内心深处不由地生出一种"你丫活该倒霉"的欢喜。然而,王三喜看到田丰大时,却完全没有如此复杂的心情,他只是在一边不停地挣扎,一边"嗯哼"着,似乎有话要说。

田丰大走上前去,蹲下身子,伸手撕去王三喜嘴上的胶布。结果,他刚一撕去,王三喜就激动地大叫道:"我没杀人……呜!"后面那声"呜"是嘴被田丰大伸手捂住,所发出的尾音。

就看田丰大捂住王三喜的嘴巴,在他耳边低语:"我问你什么,你答什么,别说多余的废话,懂吗?"

王三喜连连点头,田丰大见状,这才缓缓松开双手。

"刚才韩国栋来找你,问你什么事儿了?"

"问我烟的事儿。"

"什么烟的事儿?"

"他手包里有一盒南京九五之尊不见了,就问的这个。"

"除了烟的事儿,还问别的了吗?"

"没有了。"

"啪"的一声脆响,一个巴掌甩在了王三喜的脸颊上,伴随着"啊"的一声惨呼,王三喜的嘴又被田丰大捂住了。

"别忽悠我,想好了再说!"

王三喜拼命地点头。

田丰大松开捂嘴的手,又问道:"除了烟的事儿,韩国栋还问你什么了?"

王三喜回忆了半天也没想出别的来,他挨揍挨怕了,只能小心翼翼地反问:"你指的是哪方面?"

田丰大启迪道:"关于'人'的方面,韩国栋问过谁?"

王三喜最先想到了"郝美",但他又觉得"郝美"是自己告诉韩国栋的,不算韩国栋问的,不知道这答案对不对,正犹豫时,便看田丰大高举巴掌做欲打状,吓唬道:"别跟我耍花样儿,赶紧说!"

"郝美。"王三喜试探着回答,并偷偷观察田丰大的神情。只见对方拍了一下大腿,自言自语道:"我就猜嘛,就是她。"

眼见如此,王三喜自知是蒙对了,便长吁了一口气,正要再说话时,突然被旁边那个罗小梅开口打断了。

"侦探大叔,我想韩国栋的房间应该跟咱们的房间布局差不多。我刚才查看了这间房,客房的床底下是可以藏人的,还有储物柜也能容下一个成年人。"罗小梅说这些话的时候,她刚查看完床底下,正在打开储物柜的柜门比量着里面的大小。

就听罗小梅又道:"所谓的'人在密室中凭空消失',应该是对方藏在了房间的某个地方,当时没被发现,等其他人都拥进屋里查看时,再偷偷溜出来,混在人群里。"

田丰大被罗小梅这么一说,不由回忆起今早的情形,他摇摇头说:"那个女人应该没有藏在客房里。因为我一进屋就被那个胖子发现了,然后我俩一直在走廊上争执,所以并不存在大家拥入客房,藏匿者偷偷溜出来混进人群的可能性。"说到这里,名侦探顿了一下,接着又道:"何况,我俩争执不久,郝美就赶过来了。她还进屋搜找过那个女人,并没有找到。要知道郝美可是导游,常年住宿这家宾馆,以她对客房的了解,不可能没搜查床下和储物柜这些地方。"

"咦,这就奇怪了,如果那个女人不是藏匿在客房的某个角落里,那么她肯定是通过别的途径偷溜出去了。这样一来,所谓的密室并不是真正严格意义上的密室!"罗小梅一边念叨着,一边朝客房的阳台走去。

罗小梅来到阳台,像是看到了什么,脸上突然现出惊愕的表情。

田丰大见状，忍不住跟了过去，他顺着罗小梅目视的方向看去，一下子就看到相邻的 302 房间的阳台石制栏杆上留着两个清晰的脚印。

"小妹妹，你看到了什么？"田丰大似乎已经猜到了答案。

果然如他所料，罗小梅轻声回复道："我好像看到胖大叔翻身进入了郝美姐姐的客房。"

"哼哼，难道韩国栋的情妇就是郝美？也难怪，像目标人物这样有钱的土豪，有女人送上门来，怎么可能拒绝？看来，那些行为都是表演给别人看的，背地里就这样暗通款曲！"一念至此，田丰大又回想起今天早上的那一幕，"这么说来，今早我发现的那个遛进韩国栋客房的女人八成也是郝美了。想想也是，身为导游的她和这间宾馆的老板熟识，很可能有韩国栋房间的备用钥匙。趁大家不注意，遛进韩国栋房间，等韩国栋回来做苟且之事也是合情合理的。今早，有所察觉，这才利用阳台从韩国栋房间返回自己房间，继而装作什么都不知道，还过来搜查女人。呵呵，当然搜查不到，因为就是她自己！现在想来，他们两个人，一个住 302，另一个住 303，这种紧挨在一起的住宿必然也是为偷情刻意安排的。"

田丰大想到这里，所有的疑惑似乎都迎刃而解，而他目前要做的就是拿出手机，调出摄影摄像功能，将郝美和韩国栋的亲密行为拍成视频证据，就算是大功告成了。

田丰大正这样寻思，忽然看到旁边的罗小梅从口袋里拿出一个化妆镜，伸长胳膊，通过镜面的反光，来观察潜入郝美屋中的韩国栋的一举一动。

"呵，小妹妹，看不出你还有这智慧！"田丰大一边说着，一边凑过身来查看：只见郝美并不在屋中，而那韩国栋在屋里蹑手蹑脚地翻找了一番，然后突然钻进储物柜里躲了起来。

"哼，还挺谨慎的，是怕被别人发觉屋里有人才躲藏起来的吧！"眼见捉奸在即的田丰大这样想着，却突然发现罗小梅还在身边。多次破案的惨痛经历，让田丰大意识到必须把这个号称侦探助手的小妹妹打发走，才能保证自己的调查取证万无一失。

于是田丰大非常嫌弃地把罗小梅往门外推去。

"侦探大叔,到底什么案件,不能让我参与吗?"

"都说了是少儿不宜的案子,你就不要再问了,赶紧回自己的房间老实待着吧。"

"是不是特别严重的案子,你怕我有危险才不让我参与,对不对?"

"随你怎么想,反正这次你不准参与,如果让我发现你来捣乱,以后你就等着吧!"

田丰大正往外推罗小梅,突然听到王三喜开口说话了。

"喂,喂,二位,能听我说一句吗?"

田丰大一愣,回过身来看向王三喜,只见对方充满殷切的目光。

"田大侦探,你要的答案我已经告诉你了,你能听我说句话吗?"

"什么话?"

"杨师傅,真不是我杀……啊!"王三喜的脸颊再次被扇了一巴掌。

"这些屁话你留着跟警察说吧,我还要干正事儿呢!"田丰大不由分说地再次用胶布封住了王三喜的嘴,然后把罗小梅推出门外。

"啪"的一声,房门关上了。

田丰大来到阳台,轻手轻脚地从301客房的阳台翻进302客房的阳台。从阳台悄悄走进客房后,田丰大直接钻进了床底下。名侦探做这一切的时候,故意压低了声音,生怕引起躲在储物柜里的偷情者的警觉。

现在,田丰大就匍匐在床底下,他拿出手机,调出摄影摄像的功能,屏住呼吸静静等待。他确实在等,在等郝美回到房间和韩国栋"啪啪啪"的那一刻。

一分钟……三分钟……十分钟过去了,可是郝美始终没有回屋。

匍匐在床下,双臂已然发麻的田丰大忍不住在内心深处呼喊:"那个叫郝美的导游,难道你在刘力勇那里接的私活还没结束吗?赶紧回来啊,和你偷情的男人正在屋里等你呢!"

就在田丰大躲在床下焦急等待的时候,郝美在206客房办事儿。完事后,她倚靠在刘力勇的床头,点燃了一根南京九五之尊,悠闲地品味着事后烟的余韵。

"小哥哥,没想到你挺能折腾啊。知道吗,本来我是打算让唐老板把你安排在305的,就我那一层。可惜那两个女生非要挨着304住,这才把你弄到206的。"

刘力勇笑了笑,道:"没事儿,就多走几步楼梯,不远。"说着,他光着身子走下床,朝卫生间踱去。

郝美痴痴地看着他的裸体,不由想起了王三喜,忍不住吐了口烟圈,幽幽道:"没想到那小子竟然是杀人凶手,真是看不出来。"

刘力勇走到卫生间门口,回身道:"可惜不能再做他的生意了?杨师傅死了,也没见你多伤心。"

"他呀,我又没跟他出几次车,和他不熟。再说了,人都死了,还能咋的,不都是该挣钱挣钱,该生活生活。"

"说的也是,对了,看杨师傅那箱子挺重的,他一司机,都装的什么啊?"

"还能有什么呀,帮唐老板捎带的走私品呗。"

"唐老板还搞走私呢?"

"看不出来吧,光靠开大巴、开宾馆能挣几个钱?都有各自的门道呢。"说到这里,郝美重重地叹了口气,"唉,就我命苦,只能靠身子。"

"喂,小妹,跟你打听个事儿,唐老板走私的东西都放在哪儿了?"

"那老唐,可谨慎着呢,怕警察查,注意到前台后面那个小屋了吗,有个密码柜子,都锁那里面了。"郝美说到这儿,不由看了刘力勇一眼,问道,"怎么,小哥哥,感兴趣?"

"啊,只是随便问问。"刘力勇笑了笑,这才走进卫生间。不一会儿里面就传出了淋浴的声音。

郝美倚靠在床头,侧目看那卫生间毛玻璃透出的人影,不由道了句:"妈呀,这小哥哥身材真好!"正说着时,不由"啊"的一声,原来是燃着的烟灰不小心落到了床上。

郝美赶紧将剩下的烟灰点落进床头柜上的烟灰缸里,却不小心将打火机碰落到了地板上,随即滑进床下。

郝美"嘿"了一声,趴在床上探身去拾那打火机,就在这一瞬间,她无意中看到床底下有一样东西。当看清那样东西后，她先是一愣，随即慌慌张张地翻爬下床。

房间里的声响似乎引起了刘力勇的注意，就听那卫生间里淋浴水花声一停，随即传来了男人的问询声："小妹，怎么了？"

"没，没事儿，不小心把烟灰落到床铺上了。"郝美故作镇定地颤颤巍巍道。

"小乖乖，可别把床铺点着喽。"刘力勇显然没有听出郝美声音里的异样，他随口开了句玩笑，接着只听淋浴水花声又起。

而此时此刻，郝美的脸色早已经煞白，她跪在床边，将床底下的那样东西轻轻拖了出来，那是一个白色的行李箱。

在郝美的记忆中，杨师傅似乎刚买了一个白色的行李箱。该不会就是这个吧？"应该是撞色了。"郝美这样安慰着自己，但她还是轻轻地打开箱盖。

一水儿的江诗丹顿的手表整整齐齐地码满整个箱子。

记得上车前，杨师傅曾不经意地说溜了嘴，他说自己这次帮唐老板走私的是义乌出品的高仿手表。

"难不成，就是这个？"郝美想到这里，脑海里立刻又闪过一个念头，"杨师傅的行李箱怎么会出现在刘力勇的房间？难不成，杀害杨师傅的凶手是……"

郝美不敢往下想了，恐惧像一双无形的大手狠狠地勒住她的咽喉，她无法呼吸。

短暂的不知所措之后，郝美赶紧穿上衣服，慌慌张张地朝屋外跑去。在经过卫生间的时候，她似乎听到刘力勇透过淋浴水花说："郝美？郝美？"

郝美没有应声，她不但没有应声，甚至连房门都没有关，就这么直接冲了出去。

刘力勇所在的206客房位于二楼走廊的最右端，郝美出了门跑过走廊，来到最左边的楼梯，拾阶而上，拐个弯便到了关押王三喜的301客房。

郝美想都没想，直接推门而入，映入眼帘的是被五花大绑、胶布封嘴、脸颊红肿的王三喜。

这一次，王三喜见到有人进来，并没有过多的挣扎，也没有"嗯啊"地表示有话要说。他就安静地坐在原地，默默地盯着来者，仿佛知道对方一定会来撕开他嘴上的胶布，甚至刻意地扬起了下巴。

郝美迟疑了一下，走上前去，蹲下身子，伸手撕去王三喜嘴上的胶布。被撕去胶布的王三喜则显得很淡定，他缓缓道："你先问，等你问完你想问的，求你给我留几秒钟，听我把话说完，行吗？"

郝美迫不及待地问道："王三喜，快告诉我，杨师傅真的是你杀的吗？"

王三喜似乎被打怕了，面对郝美的质问，他过了片刻才说道："不是跟你说了吗？你先问你想问的问题，等你问完，我再跟你说这个事儿啊！"

郝美愣了愣，以为王三喜脑子迷糊了，她咬咬牙，甩手给了对方一个大嘴巴子，然后不停地摇晃他道："你醒一醒，赶紧告诉我！"

这一嘴巴抽得王三喜当时就急眼了："有病没病啊！都说了先回答你的问题，怎么还打啊！"

郝美急道："那你倒是回答我啊，杨师傅是不是你杀的？"

"你，你问的问题是这个啊？"王三喜顿时有一种要沉冤得雪的感觉，终于有人关心起他的冤屈了。想到这里，他几乎哽咽着回答："当然不是啊！"

"那从你房里找出了行李箱，是怎么回事？"

"那是我偷206房间刘力勇的，和杨师傅八竿子打不着，鬼知道你们怎么误会是我杀的杨师傅？"

一言至此，郝美已经在脑海里理清了事情的来龙去脉。显然，先是王三喜偷走了刘力勇的行李箱，而刘力勇把杨师傅的行李箱误当成自己失窃的那个，进而进入杨师傅房间将其杀死，再错拿了他的行李箱。接着，郝美又回忆起杨师傅遇害那段时间，自己在三楼挨个敲门，301客房没被敲开门，虽然可见王三喜不在屋中，但是那段时间刘力勇很可能也不在屋中，只是自己没去敲他的房门罢了！

王三喜看到郝美脸上阴晴不定，料想她知道了什么秘密，忙催问道:"小姐姐,你是不是有什么发现,快说给我听啊!"

郝美从自己的思绪中醒过神来,她深吸了口气,幽幽道:"我知道是谁杀了杨师傅了。"

"谁?"

"206 的刘力勇。"

听到这里,王三喜几乎热泪盈眶起来:"对,对,没错!就是他!大家把我偷的行李箱误当成杨师傅的,那时我就猜到凶手是那个杀马特了,可惜我说什么都没人信。"

确信已真相大白的郝美开始手忙脚乱地帮王三喜松绑。

"对了,小姐姐,我跟你说,那个韩国栋也很有问题,他刚才一脸凶相地跑来跟我打听……"

可惜,他话没说完,就被郝美打断道:"你先别说话,这到底是怎么系的,好像是个死扣,解不开啊。"

王三喜的注意力转移到自己身上,出谋划策道:"不行就找个剪刀。"

郝美一想也是,道了句:"那你等等我。"

"嗯嗯,小姐姐,你快回来啊!"在王三喜殷切的目光下,郝美转身走出了房间。

从 301 客房走出来找剪刀的郝美正好在三楼走廊上碰到了女画家李小佳。

李小佳惊愕地问道:"你跑到这杀人犯的房间干哈?"

原本有些惊慌失措的郝美,看见李小佳,赶紧抓着她的双臂,道:"我跟你说,杀死杨师傅的凶手不是王三喜。"

"那是谁?"

"是住在 206 的刘力勇!"

"这到底怎么回事儿?你别着急,慢慢说给我听。"

于是,在三楼走廊上,郝美将自己所发现的一切,原原本本一字不落地说给李小佳听。

听郝美述说完这一切,身为女画家的李小佳不由惊讶地说不出话来。

"你说的这些都是真的?"

郝美用力地点了点头。

李小佳握紧郝美的手,道:"找剪刀给王三喜松绑的事儿,我来做,你赶紧回自己屋里,反锁好房门。"

郝美隐隐感到一丝不安,她迟疑了一下,问道:"为,为什么?"

"傻了吧唧的,还不明白啊,你就那么从刘力勇的房间跑出来,难免不会被他发现原因,真是这样的话,他肯定会先找到你,杀你灭口,再来找王三喜啊。"

"对啊!你说我这脑子,一乱就把这事儿给忘了!"郝美对拍双掌,深以为然。

李小佳摸摸郝美的脑袋,道:"快回屋去,锁好门窗,谁叫都不要轻易打开。"

郝美用力地点头"嗯"了一声,回身快速朝自己房间走去。

郝美边朝自己房间走去,边想:那个叫罗小梅的女生曾说自己是狼人杀游戏里的小女孩。黑夜里,当狼人开始杀村民的时候,所有好人都是闭眼的,只有小女孩可以偷偷睁眼。所以小女孩知道狼人是谁,而狼人却不一定能发现小女孩的身份。但是如果狼人知道小女孩是谁,那么他们最想杀死的角色肯定是小女孩,对不对?因为只有杀死小女孩,狼人的身份才会彻底隐藏起来!

想到这里,郝美不由打了个冷战,她赶紧用钥匙打开房门。她做梦也没有想到,在三楼走廊最右侧的楼梯口,刘力勇正在冷冷地盯着她。

返回房间的郝美立刻锁好房门,坐在床边安抚着内心的恐惧。随着呼吸渐渐舒缓,她突然又意识到一件事:"刘力勇之所以会杀害杨师傅,完全是因为错认了箱子。那么,那个箱子里究竟装了什么,以致于他不惜杀人犯案。还有,当刘力勇发现我知道杨师傅被害真相的时候,他接下来会做什么?真的会来杀我灭口吗?"

这时,郝美突然想起一个细节,刚才在206客房时,刘力勇曾向她打听唐老板存放走私品的地方。

想到这个细节，郝美马上意识到，刘力勇接下来的目标很可能不是自己，而是唐老板。

不错，那个家伙为了取回自己的行李箱，不惜错杀了杨师傅，现在他知道了行李箱的下落，必然先去拿回自己箱子。这样一来，唐老板岂不是有危险？

想到这里，郝美惊愕不已，她赶紧拿起床头柜上的电话机，拨打起唐老板的内线号码。

可是，也就在郝美拨打号码的时候，一个人影突然从后面蹿了出来。郝美先是一愣，随即大惊失色起来，手拿话筒的她正准备回身查看时，突然感觉后颈一阵凉风袭来，接着听到"啪"的一下响声，只觉得自己的脑袋"嗡"的一下头痛欲裂，随后便昏厥在床上，不省人事。

而此时此刻，唐天正躲在自己的小屋里研究行李箱上的密码锁。

"这个杨师傅，成事不足，败事有余，之前要他换个结实点儿的行李箱走货，这下可好，是换了个够结实的，还带着密码锁，你说你死之前从来没有提密码的事儿，现在可要我怎么开箱？"

因摆弄密码锁而急得满头大汗的唐天，气得忍不住咒骂起来。

明天山路一通，警察和救援队赶到，这个行李箱势必要作为证物交到警察手里，可箱子里装着价值几万元的高仿名表，都是从国外走私回来的，所以要尽快将箱子里的货物替换出来。

想到这里，唐天决定不能靠运气猜密码了，必须得来硬的了。于是，他站起身来，走到屋角找了一把铁锤。

唐天拎着铁锤回到行李箱前，将锤头对准锁扣比画了几下，正准备落锤时，忽然又生出一丝谨慎，害怕砸锁的声响引起宾馆住客的注意。于是，他走到电视机旁，打开了电视，并将音量调到最大。

而这个时候，正是电视台插播新闻的时段，唐天偏头看了一眼，播报员正在报道前几天发生的一起凶杀案的最新进展。

"据警方最新信息，遇害的傅姓男子隶属于X制药集团的研发部门，而他的遇害地点是其直属领导韩姓男子的办公室，凶手杀人后

109

故意移尸别处，误导警方。现在具有重大杀人嫌疑的韩姓男子不知所踪……"

唐天瞥了一眼电视上的新闻，哼了一声："就知道杀杀杀，太野蛮了。"说着，他"啪"的一下落锤，就听"咣当"一声，那个密码锁顿时被砸成两段，掉落到地上。

唐天不屑一顾地笑了笑："什么破密码锁，这么不经砸。"忙去拉箱子上的拉链。

将拉链拉到箱底，然后掀开箱盖，箱子里的东西顿时映入眼帘，并不是一箱子的高仿名表，而是一袋袋白色粉包。

"咦？这是什么？"

唐天好奇地拿起一袋，凑到鼻子底下使劲儿嗅了嗅。一瞬间，电视剧里的画面闪入他的脑海，他整个人都不寒而栗起来。

"不会，不会是毒品吧！"

惊骇不已的唐天顿时瘫坐在地，他下意识地丢掉手中的粉包。

"这是从哪儿来的？名表去哪儿了？难不成杨师傅拿错箱子了？难，难不成，宾馆里混进了毒贩？"

当唐天产生这个可怕念头的时候，只听有人在敲他小屋的房门。

"砰砰砰"，每一下敲击声都仿佛是恶魔的脚步声，一声一声从地狱里传来。

第 5 章：创业者，不可冲动莽撞

身为毒贩，最害怕什么？

那还用说，答案自然是：害怕交易之前弄丢毒品。

学了几年美容美发的刘力勇长了一副小白脸的皮囊，也许因为这种形象总给人靠不住的感觉吧，所以改行从事贩毒行业的他并没有取得老大真正的信任，只能在夜店兜售摇头丸。为了重塑形象，让自己显得凶狠一些，他才换了现在的杀马特造型。

说来也巧，刘力勇换造型的第二周，老大就接到一单生意：境外有客户要买毒品，还有长期合作的意愿。这个时候，正值警方扫毒严打，别说去境外贩毒，就是在自己地盘走个单都要提心吊胆。所以当老大在聚义堂开堂会，问在座诸位当家的谁愿意去境外跑这单白粉生意时，几乎所有人都以"忙，抽不开身"为由纷纷推辞。

眼见白白送上门的生意要泡了汤，老大正为此扼腕叹息之际，站在堂下的刘力勇突然自告奋勇举起手来。

刘力勇刚换了造型，又站在马仔堆里，老大一时眼拙，竟没认出是之前的小白脸，欢喜不已，当众宣布道："好，好，好，有志青年，从今天起，这境外的市场就由你来开拓！"说罢，老大突然想起最近社团气势萎靡，急需要有出头鸟来重振雄风，于是又对刘力勇道："小伙子,上前来,让我好好看看你!让大伙也认识一下你!"

待刘力勇走到面前,老大这才认出对方就是之前那个靠不住的小白脸,不由生出悔意。再仔细一打量,只见他头顶七彩毛寸,耳戴绣花银钉,手背还纹着"必胜"二字。

"哎呦,小伙子,你这造型,就是走在大街上,都会被警察查身份证,就别提去境外贩毒了,恐怕还没出国门就……"

在座诸位堂主听出老大要打退堂鼓,生怕他不让刘力勇去,又会逼着自己去境外贩毒,于是纷纷起身劝说。

"老大,老大,你想多了。越是这种造型打扮,越容易让警方放松警惕。"

"是啊!是啊!别看他傻彪里透着不正常的气质,但在警方眼里也就是个不务正业的小混混,顶多查查身份证就蒙混过去了。谁会把他想象成行踪隐秘的毒贩呢?"

"更何况在他们警察的认知里,咱们毒贩一举一动都应该极为谨慎,衣着打扮近乎平常,哪有如此嚣张轻浮,几乎把'坏人'两个字写在脸上的?"

还有人道:"老大,咱们贩毒的最讲究什么?讲究胆识!说实话,现在警方扫毒严打,这境内生意都做不安稳,哪还有人敢接境外生意?可是这小伙子就敢毛遂自荐,单凭这份胆识,你也大可以放心让他去。"

见在座诸位都这么说,老大也不好再改口,于是问刘力勇道:"你真的行吗?"

刘力勇也不多言,化身成东方不败表决心道:"天下风云出我辈,一入江湖岁月催。皇图霸业谈笑中,不胜人生一场醉。"

老大还没反应过来这诗是什么意思,堂下诸位堂主就一起拍掌喊好。

待叫好声停,老大才不无担忧地拉着刘力勇的手,问:"小伙子,你叫什么?"

"刘力勇。"

"勇啊,你刚才说的那个什么皇图霸业,形容得很对,这去境外贩毒，就等于是开拓新的市场，我们这些老骨头称之为'打江山'，你们现在的年轻人叫'创业'，其实都是一个意思。我给你这箱毒品，就当是你的创业基金。现在啊，国内扫毒扫得厉害，生意不景气，你去境外好好闯，给我们闯出一片新天地来！"

就这样，老大终于给刘力勇派了活，叫他前往境外送一箱毒品。

所以说，这次行动，是刘力勇第一次贩毒，也是第一次创业。也正因为是他的第一次，所以不论走到哪里，即便是上厕所，他都时刻拎着那一箱毒品，生怕有任何闪失。

即便是这样小心翼翼，意外还是发生了。

国际长途大巴车厢内有人争执，不幸导致了车祸。虽然自己无恙，但是装着毒品的行李箱却落在了车厢里。说心里话，刘力勇本来是打算不顾他人阻拦强行拿出毒品箱的，但是与大巴车相撞的是一辆警车，而警车里有一名警察并无大碍，就活蹦乱跳地站在旁边，刘力勇不得不逼自己放弃了拿箱子的念头。

经过这一天的折腾，入住宾馆暂避风雨的刘力勇毫无睡意，一直念念不忘遗留在车祸现场的毒品箱。

是的，刘力勇心里明白，这次贩毒不能出任何差错。否则，他这个杀马特造型就白做了。不光杀马特造型白做，以后就是再换其他造型也不管用了，因为他的老大只会记得他是小白脸、办事不牢。若是这样，恐怕自己以后一辈子都只能在夜店兜售摇头丸，永远不会有出息。

想到这里，刘力勇就又急又气，恨得直拿拳头猛捶自己胸口。

就这样，好不容易挨了一夜，直到清晨的时候，雨终于停了。

刘力勇眼见如此，当即偷偷溜出宾馆，直往车祸现场赶去，很快就到了那里，从车座地下拖出自己的行李箱，仔细查看了一番：老大给标配的日默瓦牌行李箱就是结实，当真是毫发无损。

本来刘力勇是打算拎着箱子离开的，可这是他第一次来这儿，又是在荒山野外，实在怕中途迷路再出意外。思前想后，还是决定先回宾馆，找机会跟杨师傅打听好线路，再行离开。

刘力勇这样想着,便往回走,在快到来乐客山庄时,看到杨师傅一行人远远走来。他料想他们可能也是去车祸现场找寻行李,为了避免不必要的麻烦,刘力勇特意躲到山坡后面,等他们走过去后才出来,回到宾馆里。

就在等杨师傅回来的过程中,宾馆里又发生了意外。303客房的住客和304客房的住客再次发生争执,好像还是因为手包失窃的事儿。不光如此,他俩还把那个叫于大虎的警察拉扯进来断案。看着这几个人乱成一锅粥,身为毒贩的刘力勇远远站着暗自窃喜。

"你们闹得越厉害越好,最好把警察的注意力全吸引过去,这样就不会有人注意到我了。"

然而,更意想不到的事情发生了,杨师傅等人带着于大虎的通缉令赶回宾馆。原来这个一直被大家当成警察的于大虎,居然是个通缉犯。

很快,几个人合力将于大虎制住,但刘力勇并没有参与。毕竟从毒贩到通缉犯只有一步之遥,然而,他最终还是没能袖手旁观。在制住于大虎之后,那个叫王三喜的小黄毛说是去找绳子捆绑,还是让他搭了把手摁住于大虎。

就在这一切都结束之后,刘力勇本来是打算找杨师傅探听路线的,可是当他在一楼大堂碰到杨师傅时,看到杨师傅正拎着一个银白色的行李箱沿着楼梯往上走。

"咦,那个行李箱不会是我的吧?"

"不能,不能,可能是撞色了。"

"撞色?不能吧,我记得在大巴车上,所有人的行李箱只有我的是这种颜色,怎么会撞色?"

"可是,我的行李箱没有理由出现在杨师傅手里啊!"

在一番否定和双重否定的思想交锋下,刘力勇回到了自己的客房,他发现的第一件事就是毒品箱不见了。

"妈的!果真是被那个杨师傅拎走了!敢在太岁头上动土,活得不耐烦了!"

刘力勇心念至此,当即从吉他上抽出一根琴弦,缠在手中,到隔壁的杨师傅房间敲门。

沉稳而有力的敲门声响起，屋里人似乎正在打电话，便听对方高喊了句："等等啊！"也就过了三五秒，从房里传来了脚步声，一直到门前才停下。

杨师傅开门看到敲门者是刘力勇，不由愣了一下："有什么事儿吗？"

"是这样的，我想问一下，山路清理得怎么样了？救援队那边有再来消息吗？"刘力勇说这句话的时候，刻意偏头望了一眼客房里的情形，果然见到一个银白色的行李箱就放在床铺上。

"这个呀，你要去问唐老板。"杨师傅堵在门口，似乎没有让刘力勇进屋的意思。

"那个，我这不是找不到唐老板嘛。"

"他应该就在前台啊，我刚跟他打完电话。"

"哎呀，杨师傅，你能不能帮我联系一下他，我就不用再跑腿了嘛。"刘力勇故作哀求道。

"好吧，我打个电话问问。"说着，杨师傅回身朝客房床头柜上的电话机走去。

刘力勇见状，当即尾随其后，悄悄跟了上去，并缓缓扯出缠在手里的琴弦。

就在杨师傅走到客房中央，即将伸手去拿话筒之际，刘力勇突然用琴弦从后面勒住了对方的脖颈。

别看刘力勇是第一次贩毒，可是论起杀人却不是第一次了。他还在美发店工作的时候，就曾经杀过人。众所周知，那些剪头发的发型师有两句台词总是离不开嘴。第一句是："姐，水温合不合适？"第二句则是："哥，是不是我们店的会员，要不办个卡吧，能打折。"当初，刘力勇之所以杀人，正是因为第二句。

是不是很纳闷，拉客户办会员怎么会引发杀机？原因很简单，当初刘力勇是去拉隔壁美发店的客人办会员，于是引发了同行间的争执。互相推搡中，刘力勇一个莽撞，用刀子捅死了对方的发型师，接着便背井离乡、隐名潜逃。当然，也正是因为他背负了命案，所以才容易取得贩毒集团老大的信任，很快被吸纳进来，靠卖摇头丸为生。

也许是背着一条人命的缘故，刘力勇在勒毙杨师傅的时候，没有丝毫的心慈手软。

挣扎，喘息，手臂挥舞，双足蹬地。很快，所有的一切都停止了，直至最后没了声息。

刘力勇怕杨师傅没有死透，又使劲儿勒了一分钟才松手，然后就看杨师傅的身体直接软绵绵地滑倒在地上，头朝门外脚朝房里。

刘力勇伸手去试鼻息，确实一点呼吸都没有了。

就在刘力勇长吁了一口气的时候，他忽然想起一件事来，懊悔地直捶自己的胸口。

"哎呀，忘了问他路怎么走了！应该问完路再杀他，莽撞了！莽撞了！这可怎么办啊？路没问清怎么走，又背上一条人命！"

刘力勇唉声叹气了半晌，心想："罢了，先把毒品箱拎回去再说吧！"

刘力勇走到床前，伸手去抓行李箱的把手。

"咦？奇了怪，怎么重量不对？"

刘力勇忙又低头去看，只见那行李箱的箱口只有拉链，没有密码锁！

"嗯？没有密码锁？密码锁哪儿去了？"

刘力勇忙拎起行李箱仔细查看，这才发现箱子的颜色不是银白色，而是白色，箱体上的商标也变了。

一瞬间，刘力勇突然反应过来，他赶紧打开箱子查看，发现里面装的是清一色的名牌手表。

"我晕，难道是认错箱子，杀错人了！如果杨师傅真偷了我的行李箱，他怎么可能这么坦然地面对我，而且还把行李箱明目张胆地摆在床上呢？"

想到这里，刘力勇恨得"啪啪"直扇自己大嘴巴子。

"莽撞了！莽撞了！这次真莽撞了！可是，光懊悔有什么用呢？得赶紧离开杀人现场啊！"

刘力勇来不及多想，立刻拎着行李箱返回到自己的 206 客房。

他回到房间没多久，便听到走廊上传来了男生的惊呼，接着又是女人的尖叫。刘力勇自知杨师傅的尸体已被发现，他急忙将那装满名表的行李箱塞到床底下，而自己则故作无辜地跑了出来。

不多时，所有住客都围在了杨师傅被害客房的门口，那个自称名侦探的田丰大也在人群中。

也许是因为认错箱子而误杀了人，再加上自己的毒品箱不翼而飞，刘力勇不知道为什么，内心突然慌乱起来。他本来想把杀人的罪名嫁祸给那个叫于大虎的通缉犯，但又放弃了这个念头。因为于大虎是被手铐铐住的，而自己没有手铐钥匙，打不开手铐，自然没法说服大家于大虎有作案可能。

"怎么办呢？怎么办呢？该死，都是因为自己太莽撞，错杀了杨师傅，害得自己又背上一条人命。唉，不知道刚才杀人时有没有留下蛛丝马迹，真要是被这个侦探觉察出来，那可就麻烦了。"

他又想到自己那不翼而飞的毒品箱，到底去哪了呢？弄丢了毒品，可怎么回去向老大交代啊？

刘力勇心乱如麻，恍惚间，他似乎看到了老大那张慈祥和蔼的笑脸，又记起临走时老大对他的谆谆教诲："勇啊，这次出境贩毒，其实就是在帮集团开拓新的毒品市场。你是创业者了，你已经不是马仔了，遇到事情一定好好说话，不要上来就动手，要稳重冷静，要胸怀大格局！记住，开创皇图霸业，靠的不是打打杀杀，而是人情世故！"

"唉，我怎么就没有听从老大的教诲呢？这一个莽撞，不但莫名其妙地丢了毒品，还背上一条人命。不过，眼下这个侦探正被 303 客房的那个胖子纠缠手包的事儿，还被当做小偷质问，他似乎也没有精力调查凶杀案吧！"

刘力勇正为此暗自庆幸，让他想不到的是，在警察昏迷不醒的情况下，与犯罪分子作对的，不只有侦探，还有侦探助手。很快，又有证人出来相助，那个叫郝美的导游，穿得如此暴露，其意图再明确不过了，在三楼的走廊上敲了一圈的门，竟无意中把大部分住客的杀人嫌疑都给排除了。

很快,刘力勇最不愿看到的事情发生了,排除到最后,只剩下自己和住在 301 客房的王三喜最有嫌疑了。而刘力勇因住在死者隔壁,嫌疑最大。田丰大也已经发觉了这一点,并把矛头指了过来。

就在刘力勇自认为杀害杨师傅的真相要被揭开之际,事情突然发生了戏剧性的变化,那个住在 301 客房距离杨师傅房间最远的王三喜莫名其妙地被认定为凶手。在名侦探的带领下,大家又在王三喜的客房里,发现了银白色的行李箱。

当刘力勇看到那个行李箱时,他立刻就认出这才是自己的毒品箱。大家犯了他之前的错误,误把这个箱子当成了杨师傅的。而唐天便以宾馆老板的身份提出由他来保管行李箱以及王三喜偷窃来的赃物,等山路疏通警察赶到时,好一并交给警方。

眼睁睁地看着唐天将毒品箱带走,刘力勇在内心深处一遍遍告诫自己:不要莽撞,不要莽撞,听老大的话做一个稳重的人。

那么,下面该怎么办呢?其实刘力勇早已经盘算好了,反正之前因为看错箱子都已经枉杀一个人了,现在认对箱子更不在乎再多杀一个。既然如此,找到唐老板放箱子的地方,杀掉唐老板后拎箱子逃跑,无疑是刘力勇唯一的出路。当然,在动手杀死唐老板之前,一定得先问清路怎么走。

可现在的关键问题是,怎么能知道唐老板把行李箱放在什么地方?如果直接问唐老板,很可能会引起对方的警觉和戒备。倘若从别人嘴里打听,眼下这些住客,他们显然也不会知道。

就在刘力勇为此一筹莫展之际,导游郝美恰巧从自己面前走过。

"对了,别人或许不知道,导游不一定不知道啊。"

刘力勇赶紧伸手去拉郝美的胳膊。郝美正因为杨师傅的遇害而沉浸在淡淡的悲伤之中,突然被人一拉,不由一愣。刘力勇朝她眨了眨眼睛,轻笑道:"小乖乖,有没有兴趣来我房间啊?"

一听是来活儿了,郝美忙收起脸上的悲伤,尽量不把个人情绪带到工作当中。她莞尔一笑,柔声道:"等我回去补个妆。"

刘力勇哪里等得起,赶紧道:"自然美才是真的美。"

郝美"噗嗤"一声,笑道:"瞧你猴急的,早知道把你安排到三楼住了。"说罢，两人便一前一后回到 206 客房。

　　刘力勇原本打算一进屋就问唐老板放箱子的地方的，但又自觉这样是不是太莽撞了不够稳重，于是和郝美一番缠绵之后，趁着女人抽事后烟的时候，装作不经意间随口闲问。

　　在获得准确答案之后，刘力勇一直惴惴不安的心总算略微安定下来。他在卫生间里一边用淋浴冲澡，一边预想着后面将要发生的事：先跟唐老板打听好路线，然后杀掉唐老板取回自己的毒品箱，在警察赶来之前离开宾馆，最后越过边境到境外贩毒。如果不出意外的话，应该两天之后就能完成老大的托付了。

　　当刘力勇正在边淋浴边构想自己未来的时候，突然听到外面房门"呼"的一声被拉开了，伴随着一阵急促的脚步声，似乎看到有个人影一闪而过跑了出去。

　　刘力勇愣了一下，喊了声："小乖乖？"

　　没有回应。

　　于是，刘力勇关掉淋浴，又喊了两声。

　　"郝美？郝美？"

　　依旧没有回应。

　　坏了！不能又出什么意外了吧！

　　想到这里，刘力勇来不及擦干身子，忙拉开卫生间的门，探头朝客房里看去，却不见郝美的身影。

　　刘力勇心头一紧，赶紧跑出卫生间，他先看到自己的房门大开着，再一回头，就看到本来藏在床底下的那个白色箱子现在已经被人拖了出来。

　　刘力勇见状，不由上前两步，只见那箱子不但被拖了出来，箱盖还是敞开的，箱子里的名牌手表一览无余。

　　"坏了！都被那女的看到了！她一定猜出了我是杀害杨师傅的真凶，否则她不可能这么慌慌张张地离开！"

　　这要是放以前，以刘力勇鲁莽的性格，早冲出去追郝美了。可是现在，他已经记起了老大的教诲，不能再像一个愣头青那样莽撞下去，尤其不能辜负老大的期望，他要做一个稳重的人。

刘力勇先穿好衣服,然后手里攥着琴弦慢慢走出206房间。他料想郝美应该是跑回自己房间了,正打算要上楼时,走廊另一端的201房门突然开启,女医生丁凝从屋子里走了出来。

两个人,一男一女,几乎同时从走廊两端各自的房间里走出来。他俩,一个手里拿着体温计,似乎刚刚给人量完体温,而另一个则手心攥着琴弦,正准备前去杀人。

就这样,两个人在走廊上不期而遇,相视对望。

丁凝远远朝着刘力勇笑了笑。刘力勇感到有些不自然,赶紧回笑以报。

丁凝微笑说道:"告诉你一个好消息,薛警官醒过来了。"

显然,丁凝口中这个好消息,对刘力勇来说无异于雪上加霜的噩耗。

刘力勇心中暗道:"怎么办,警察醒过来了,他可是毒贩的头号天敌,我该怎么办啊?"

这时,丁凝又补上一句:"不过他现在身体虚弱得很,还下不了床,我要赶紧给他弄点吃的。"说完,便顺着走廊左侧的楼梯走了下去。

"身体很虚弱,下不了床,要不我先去把警察干掉?"想到这里,刘力勇当即攥着琴弦朝薛警官暂住的201客房走去。

可刚走了没两步,老大的谆谆教诲又在他耳边响起:"勇啊,这次出境贩毒,其实就是在帮集团开拓新的毒品市场。你是创业者了,你已经不是马仔了,遇到事情一定好好说话,不要上来就动手,要稳重冷静,要胸怀大格局!记住,开创皇图霸业,靠的不是打打杀杀,而是人情世故!"

这声叮嘱让刘力勇不由驻足,心中暗道:"刚才,就因为一时冲动,害得自己背上一条人命,现在又突发奇想去杀警察,这么莽撞对得起老大的期望吗?再说了,我现在是毒贩,又不是杀手,哪能动不动就杀这个杀那个的?"

想到这里,刘力勇当即收起杀心,沿着走廊右端的楼梯,直往三楼爬去。刚到楼梯口,便看到郝美正在三楼走廊上和那个叫李小佳的女画家喋喋不休地述说着杨师傅被害的真相。

"可恶，这臭娘们真是大嘴巴，一转眼的工夫就把我杀人的事情告诉了别人，相信用不了多久全楼的住客都会知道真相，而警察也已经醒了。啊！感觉自己就像是坐在一条到处漏水的破船上，怎么补救都补不过来，只能眼睁睁地沉入水底。"刘力勇越想越绝望，这要是放以前，他肯定二话不说冲上去，看谁不顺眼就干死他。但是现在，他要做一个大格局的人，大格局的人就必须要稳重，凡事都三思而后行。

眼见郝美转身躲回自己的客房，刘力勇却按捺住内心的杀意，沿着楼梯一步步走向大堂。

他心里已经盘算清楚了，杀掉唐老板拿回自己的毒品箱，然后在众人发觉他真实身份之前逃之夭夭。

刘力勇来到一楼大堂时，丁凝正端着食物从另一侧楼梯拾阶而上。于是，刘力勇依照郝美之前所言，绕过前台，发现了前台后面的那扇小门。

此刻，隔着门板，刘力勇能清楚地听到屋里传出的电视声，似乎是什么新闻报道，正在讲近期发生的一起杀人案。

对即将要杀人的刘力勇来说，新闻播报道的那起杀人案并没有引起他的兴趣。他真正感兴趣的是，既然屋里响着电视声，那么唐天必然也在里面。

刘力勇伸出手来准备去敲门，屋里突然传出"咣当"一声，似乎是铁锤敲击金属发出的声音，随后又是"啪嗒"一声脆响。

刘力勇一愣，随即预感到可能是自己行李箱密码锁被锤断了，这下更加坚定了他杀人的心。短暂的迟疑之后，刘力勇伸出右手敲门，同时左手攥着琴弦反藏身后。

"砰砰砰"，门板因为敲击而发出低沉的声音。屋子里一阵安静，除了那嘈杂的电视声，似乎再听不到一点杂音。

刘力勇耐着性子又敲了三下，门板彼端才传出唐老板略带紧张的询问。

"谁啊？"

刘力勇没有应声，只是敲门。

"来了，来了，稍等啊！"

刘力勇脸贴着门板倾听，他努力过滤掉电视机的声音，好像听到了行李箱合盖的动静，接着有人起身，轻微的脚步声之后，似乎是拉开金属箱门的嘎吱声。

这时，刘力勇记起郝美曾提到过唐老板小屋里有个密码柜子，他轻声叹了口气，心想："看来一会儿杀他之前，不光要问路，还要逼问出柜子的密码。"

刘力勇正这么寻思时，他面前的门板突然从里面打开了，满头大汗的唐天出现在他面前。

"你，找我有什么事儿吗？"唐天狐疑地看着刘力勇。

刘力勇笑了笑，说："唐老板，我是想跟你打听路。"他一边说着，一边偏了下脑袋，目光越过唐天，朝小屋里瞄去。果然，他先看到了唐天身后墙边上的金属密码柜子，又看到掉落在地上被砸断的半个密码锁。

密码锁虽然被砸坏，但刘力勇一眼认出那正是自己行李箱的密码锁。

"打听什么路啊？"

"盘山公路因为山体滑坡被堵住了，我想问，从咱宾馆这儿还有其他路能到达边境吗？"

"你问这做什么？"

"我这次出行其实是有急事儿的，一天都不能耽搁……"刘力勇一边说着，一边在身后背着双手，悄悄捋直卷成一团的琴弦。

然而就在他暗起杀心准备出手之际，身旁的楼梯上传来了清晰的脚步声。

"坏了，有人从楼上下来了，而且听声音好像是两个人。"刘力勇正暗自吃惊时，便听到下楼者的对话。

"邵斌，我看你最近挺有心眼儿啊！"

"怎么了，副班长？"

"还问我怎么了，装憨是吧？这两天你做好事儿就做好事儿呗，每次做完好事，还大声曝出自己的姓名学校年级，是想让人家往学校寄表扬信吧?"

"没有。"

"还敢说没有,你那点儿花花肠子别当我不清楚,你知道自己成绩不如我们,就想通过做好人好事跟学校要求特殊表彰,从而跟我们这些成绩优秀的学生竞争直升清华北大的名额,对不对?"

"不是啊!"

"行了,别跟我这儿虚头巴脑的,这次是警告,下次再犯,有你好看!"

说话间,两个学生已然来到了一楼大堂的前台。

"咦,吉他手哥哥,你也在这儿啊!"姜鑫看到刘力勇,略微有些吃惊。

"我是来向唐老板问路的。"刘力勇一边敷衍着,一边揣度眼下的局势。如果只是一个女生,还好说些,但旁边跟着这个名叫邵斌的男生。之前看他冲撞于大虎,力气应该不小。以一敌三,自己手里的武器只有一根琴弦,恐怕不妥。

刘力勇心里盘算着,只好暂时放下动手的念头,静观其变。

也就在这一刻,他耳边传来了唐天的声音。

"你们两个,有什么事吗?"

姜鑫道:"薛警官从昏迷中醒过来了,他听说咱们宾馆发生了凶杀案……"

邵斌在旁边插嘴道:"就是司机杨师傅被勒死了。"

姜鑫狠狠瞪了邵斌一眼,继续说道:"薛警官现在身体虚弱,下不了床,他想把大家都叫到他屋里,把案情经过再说一遍,他要破案。"

唐天不解道:"那个侦探不是把案子破了吗,凶手就是那个小黄毛,怎么还要破案?"

姜鑫义正辞严道:"薛警官说了,破案要走正规流程,不能随便听信他人的谣言误传。"

刘力勇心想:"听他们对话,似乎还不知道杨师傅是我杀的。不过,等薛警官把大家都聚到一起,我的凶手身份很快就会暴露,这可怎么办啊?"

"行啊，那就走吧！"唐天说着，走出小屋，反手关上房门。

刘力勇眼睁睁地看着自己的毒品箱被关在屋里，突然有一种心有余而力不足的感觉。

这时，邵斌的声音在他耳边响起："吉他手哥哥，你在这儿愣着干什么，跟我们一起走啊，薛警官还在床上等着问案情呢。"

"哦哦。"刘力勇忙不迭地答应着，跟在邵斌等人身后从右侧楼梯上楼。他一边走还一边回看前台后面的那个小屋。

等走到二楼走廊，经过自己房间门口的时候，刘力勇突然道："你们先过去，我回屋拿个东西，随后就到。"

邵斌等人还当他是玩音乐的吉他手，对他全无戒备，一边说："好嘞，快些过来啊"，一边埋头朝薛警官所在的201客房走去。

回到自己屋中的刘力勇心里明白，现在必须马上离开，不能再有丝毫耽搁了。可是毒品箱就被关在前台后面的小屋里，而且随时都有可能被唐老板交给警方。

一想到这点，刘力勇就心急如焚。

"怎么办呢？有没有两全其美的法子？"刘力勇急得坐立不安，他无意中看到郝美遗落在床头柜上的那盒南京九五之尊香烟。他拿起烟盒，从里面捏出一根，点燃后狠抽了两口，随即又很不耐烦地掐灭。

"现在形势紧急，实在没有时间想办法了，眼下也只能赌一赌，拼一下运气了。"

刘力勇拿起床头柜上的便条纸，撕下一张，然后顺手抄起铅笔在上面写道：

我的东西在你这，你的东西在我这。今晚八点，带着我的行李箱来车祸现场交易。你应该知道我们这一行的手段，千万别给自己找不自在！！！

虽然，刘力勇还想在便条上多写些危言耸听的话，无奈是局限于便条的面积，又不好分成几页恐吓，毕竟不是在写信互诉衷肠，最后只好把一腔穷凶极恶体现在叹号的数量上。

所谓"纸短情长"的尴尬,同样存在于写恐吓信时。

刘力勇写完小纸条,顺手将床头柜上的那盒烟揣进口袋,然后拎着一箱的手表悄悄溜出房间。

一出房门左拐,顺着楼梯下来,沾了薛警官号召大家集合的光,偌大的三层楼宾馆竟然不见一个人走动。

刘力勇走到前台后面的小屋,小心翼翼地将便条顺着门缝塞进屋里,然后便起身拎着行李箱快速离开了来乐客山庄。

就在刘力勇离开的时候,他特意看了眼腕上的手表,下午四点了,而这个时候,外面的天似乎又阴沉起来。

确实,自从盘山公路因为山体滑坡而堵塞,除山顶的来乐客山庄之外,周围似乎只有车祸现场的那辆大巴车还能容人落脚。

从来乐客山庄到车祸现场这段泥泞路大约有两公里,刘力勇这已经是第四次走了,可以算是轻车熟路,所以一小时的路程,他只花了半小时。

刘力勇看了看手表,四点半多一些,这时候天空已经开始飘起了小雨。

"哎呦,这雨可别再下大了,耽误我跑路啊!"刘力勇一边在心底念叨着,一边拎着行李箱爬进侧翻的大巴车。他把行李箱放到一边,自己蹲在车门口的位置。他从口袋里拿出烟盒,捏出一根香烟,用打火机点燃后,一边默默吸着,一边预设唐天收到那张便条后可能做出的举动:"直接告诉薛警官,把毒品箱也交给警方?那样的话,他走私手表的罪行也会暴露,还会遭到毒贩的报复。这种对自己有百害而无一利的行为,只有傻子才会做吧!"

"既然报警的可能性不大,那么唐天会不会按照字条上的指示,拎着毒品箱前来跟自己交换呢?他应该会担心自己的人身安全吧,毕竟毒贩在常人眼里就如同牛鬼蛇神一样可怕,动不动就会开枪杀人灭口。"

"哎呀,这都是现在影视剧的误导,完全偏离了现实。唉唉,早知道这样,我刚才写便条时,用词就应该温和一些!"

刘力勇懊悔不已的同时,又想起杨师傅的死,这似乎对自己形象也造成了很大的负面影响。顿时,他觉得唐天前来给自己还毒品箱的可能性不太大。

"看到那张便条,应该不会报警,但又不敢来还箱子,那怎么弄啊?总不至于视而不见吧?"刘力勇的一番思考,硬是把自己想进了死循环。

就在刘力勇为此不知如何是好之际,大巴车外不远处的地方,突然传来周杰伦悠扬的歌声。

刘力勇吓了一跳,俯身隐在车座后面侧耳倾听。那声音清晰可辨,伴随着曼妙的旋律,每一句歌词似乎都在敲打着自己的心。

"还记得,你说家是唯一的城堡,随着稻香河流继续奔跑。微微笑,小时候的梦我知道。不要哭,让萤火虫带着你逃跑。乡间的歌谣,永远的依靠。回家吧,回到最初的美好。"

"这,这是周杰伦的《稻香》!"

一瞬间,刘力勇仿佛又回到了在美发店的日子,店里每日每夜都播放着这样的旋律,是再熟悉不过的声音了。

经过短暂的回首往事,已经身为毒贩的刘力勇马上回归到现实中来,他猛地从车座后面站起身:不可能啊,周杰伦怎么会出现在这种地方?一定是有人在模仿周杰伦哼唱这首《稻香》!

刘力勇一边想,一边爬出大巴,他不顾越下越大的雨,只一门心思寻找声源。他突然发觉,唱歌的人一直在反复哼唱副歌部分,就是那么几句歌词,一遍一遍地循环。

刘力勇踩着泥泞的山地一直循声走到被撞坏的警车跟前,很快,他在驾驶座底下发现了一部手机,而破裂的手机屏幕上正闪烁着来电显示。

"原来是手机铃声。"刘力勇迟疑着,伸手将手机捞出来,看到来电显示上"市北刑警大队季警官"几个字。

"难不成是那个昏迷的警察的手机?"刘力勇迟疑了一下,然后颤抖着手接听了来电。

"喂！老薛，怎么半天才接电话啊，我跟你说，你让我查的那些人我都查完了，现在就把他们的信息资料传到你手机上。"

很快，薛警官的手机里进来一封电邮。

当刘力勇看完后，原本一直愁闷的脸上终于现出一丝冷笑，似乎他已经不再担心那个薛警官了。

第 6 章：警察，总是孤军奋战

身为警察，最害怕什么？

相对而言，答案自然是：害怕已经落入法网的罪犯再从自己手心里逃跑。

在薛警官陷入昏迷的时候，他始终挂念着于大虎有没有趁机逃脱，所以他醒来的第一句话便是："那个通缉犯还在吗？"

很快，薛警官耳边传来了女人轻柔的声音："放心，没跑，被关押着呢。"

薛警官这才放下心来，缓缓睁开眼睛。他看到一个年轻的女性正在娴熟地给自己测量体温。

薛警官微微张嘴，又想开口说话。那个女人自以为了解他的心事，道："是不是想知道我是谁？我叫丁凝，是个医生。"

"不是，我饿！"

丁凝愣了一下，拍了下自己的额头，恍然大悟道："瞧我忙的，怎么把这茬儿给忘了，也对，整整一天没吃东西，我这就去给你弄吃的去。"她侧身和旁边的人说："你俩帮我照看着点儿。"说罢，这才离开房间。

躺在床上的薛警官微微偏了下脑袋，看到在自己床边不远处还站着两个学生,一个男生一个女生,女生率先一步来到自己面前,而男生则赶紧收起手机,跟在后面。

"咦,咦,你,你,好像在哪儿见过?!"薛警官看清女生样子,忍不住道。

"你是市南刑警大队的薛警官吧,你来我们学校破过案!"

"哦哦,这样啊!"薛警官点点头,又缓缓闭上双目,显然刚才的认人耗尽了他的精力。

那个女生却丝毫没有让伤者休息的意思,接着道:"车祸发生后,一直都是我和丁凝姐姐在床边照顾你。"

出于礼貌,薛警官不得已又睁开眼睛:"哦,那太感谢你了。"

"我叫姜鑫,是礼贤高中一年级新生。"

女生话音未落,只听那个男生急急忙忙道:"我叫邵……"结果话没说完,立刻又被女生打断道:"他不重要,警察叔叔,你就当他是红领巾好了。"

姜鑫说到这里,顿了一下,最后叮嘱道:"我们费了好大劲儿才把你救醒,你可别忘了往我们学校寄感谢信啊,当然要是有锦旗就更好了!"

"都是人民群众往警局送锦旗,哪有警察往人民群众那送锦旗的?"薛警官想到这里,不由哑然失笑,应和道,"好的,我记下了,等回去后,肯定往礼贤高中寄感谢信,你俩一个叫姜鑫,一个叫……红领巾?"

男生着急道:"我不叫红领巾,我叫邵……"

"邵斌,回去打你的王者荣耀去,什么都没干,还敢在这儿蹭感谢信!"姜鑫怒斥道。

也就在这时,丁凝端着几片面包和一杯豆浆回到了房间里。

薛警官吃下送来的食物,精神大振,他回想起自己昏迷之前发生的事情,开始追根究底道:"那个撞我警车的大巴司机,他人在哪里?"

丁凝脸上蒙上一层悲伤,声音低沉地说:"他,他走了。"

薛警官一愣,气冲冲道:"走了?这么大胆,撞了警车还敢逃逸!"

姜鑫嫌女医生用词太过委婉,直言不讳道:"死了,嗝屁了。"

"什么？嗝屁了？我撞死的？"薛警官又是一愣，脸上的怒气随即转换成惊愕的表情。也是，警察当差，最担心的就是逮捕罪犯的过程中误伤人民群众，现下发生车祸撞死了大巴司机，这报告可怎么写啊？

薛警官想到这里，不由对搓双手，一脸愁云惨淡。

姜鑫见薛警官依旧误会，赶紧澄清："大巴司机不是被你撞死的，是被人勒死的。"

薛警官听到这里，担忧的心情顿时放松下来，身为警察的他立刻又警觉地问道："司机被人勒死了？什么时候的事儿，凶案现场在哪儿？"

邵斌上前一步，道："警察叔叔，你就不要操心了，杀人凶手已经被抓到了，人还是我制服的呢！"说这句话的时候，邵斌特意让自己的脸迎着光，这样可以让薛警官清晰地看清他的长相。

"杀人凶手抓到了？怎么抓到的，行凶时被逮了个正着吗？"

"不是，是侦探大叔推理出的凶手。"

"侦探？"一听这两个字，薛警官内心深处忽然生起一股无名火，身为警察的他从当差的第一天起，就对侦探这个职业无比讨厌。像那种在影视剧里各种抢尽警察风头率先破案的情形，薛警官是绝对不会允许它在现实中发生的。

"告诉我，哪来的侦探？"原本无力地倚靠在床头的薛警官一下子坐直了身体，他双目圆睁，直直盯着邵斌逼问。

邵斌被薛警官盯得不知所措，一时不敢回应。旁边的姜鑫却精神抖擞起来："警察叔叔，就是那个自称侦探的半吊子大叔啊，你俩打过几次交道，你肯定记得！"

经姜鑫提醒，薛警官立刻反应过来："就是那个总妨碍警方办案的无业中年啊！田丰大，对不对？"他再去看姜鑫的模样，这下才真正回忆起来："你是礼贤中学的那个副班长！对了，你上面是不是还有个班长，一个脸大的女生，总是跟在田丰大屁股后面瞎胡闹！"

姜鑫被揭了伤疤，气呼呼道："那是初中的事儿，我马上就要升进高中了，我俩谁是班长，谁是副班长，还不一定呢！"

薛警官对姜鑫和罗小梅之间的职务竞争完全不感兴趣，喃喃自语道："那个田丰大，怪不得最近抓不到他了，原来跑到这边来了。"

站在旁边的丁凝有点看不下去了，忍不住替田丰大辩白道："我觉的那个侦探还是挺会破案的，再说司机的箱子不就是在王三喜的房间里发现的吗？凶手除了王三喜，也不可能是别人啊！"

为了维护职业的尊严，薛警官不惜顶撞一直照顾自己的女医生："那个田丰大会破什么案，纯粹就是纸上谈兵、夸夸其谈。我虽然不知道司机的箱子为什么会出现在王三喜的房间，但是有一点可以肯定，那个叫王三喜的人一定是被冤枉的。"所谓"敌人的敌人，就是朋友"，单凭这一点，薛警官就已经对王三喜产生了好感，他又道："那个王三喜现在人在哪里？还有那个田丰大呢？这都是些什么人啊，随随便便就破案定罪了！"

"警察叔叔，我跟你说，这一切都是罗小梅，就是那个班长，在背后捣鼓的，她也有份呢。"关键时刻，姜鑫不忘落井下石，又道，"他们当时要把三喜哥当杀人犯对待时，我就不同意，我说怎么也要等警察叔叔醒了再说啊！"

薛警官大手一挥，让姜鑫不要再说了，他朗声道："通知所有人都来这个屋了集合，把司机遇害的事情给我讲一遍，我要翻案！"

"好嘞！"姜鑫欢呼雀跃地答应着，径直往门外走去，快到门口时，她突然驻足，回看邵斌道，"还愣着干什么，跟我一起去通知其他人啊！哼，正好我也有话要对你说！"

邵斌一边往外走，一边怯懦地说："副班长，要不咱俩分开通知吧！"

"分开通知？当我傻啊，你好背着我向罗小梅打小报告！"

"没有！没有！"

"什么没有……"

夹杂着两人争吵声，走廊上又响起了通知住客集合的声音。

很快，身为宾馆老板的唐天先被带到了薛警官所在的201客房。接着，姜鑫和邵斌又去通知三楼的住客。结果，他俩刚离开三四分钟，

131

就见姜鑫自己跑回来了。

她满脸惊慌,气喘吁吁道:"警察叔叔,不好了,不好了,302房间打起来了。"

"302房?"

唐天介绍道:"就是大巴车导游郝美的客房。"

"哦,哦,谁跟郝美打起来了?"

"没人跟郝美姐姐打架,是那个田丰大跟303客房的胖大叔打起来了。"

"田丰大跟别人打起来了?"一听到侦探打架的消息,薛警官顿时精神抖擞起来。

唐天在旁边不解道:"韩国栋的手包不是已经确定是王三喜偷的吗,他怎么还能和田丰大打起来呢?"

姜鑫道:"不清楚,就看到郝美姐姐一动不动地躺在地上,然后他俩在房间里扭打成一团。"

"行了,不要多说了,快扶我起来,带我过去!"薛警官兴奋地从床上下来,在丁凝和姜鑫的搀扶下,出了房门,沿着楼梯朝三楼走去。

好容易来到三楼走廊,便听到扭打的声音和物品破碎声从302客房传出来,而邵斌则一脸茫然地站在门口,不知所措。

唐天脑子都要炸了,捶胸顿足道:"我招谁惹谁了,弄这俩小爷,从早上就开始对打,一直打到下午,先是303,然后又是304,这下好了,又换到302打了。薛警官,你快去管管呀!"

薛警官"哼哼"一笑,在丁凝和姜鑫的搀扶下,一边朝302客房快速挪步,一边迫不及待地大呼:"你俩都给我住手!"

此时此刻,田丰大和韩国栋正在储物柜的周围对打。说好听点儿是"两个人对打",其实呢,一直是田丰大在挨打,所以薛警官那声"你俩都给我住手"实际上是喊给韩国栋一个人听的。

说话间,薛警官已经站在了302客房的门口,他面色凛然冷峻,一副正义不容侵犯的架势。

起先,田丰大听到那句"住手"的声音,心中已经生出不祥的预感。瞥到门口薛警官的身影,他立刻又增出深深的绝望。

韩国栋见田丰大现出绝望的神情,心中一紧,无形之中被他的情绪所感染,不由住手,回身去看喊停之人——竟然是之前一直昏迷不醒的警察。

薛警官不以战局胜负论英雄,一视同仁道:"你俩敢在警察眼皮子底下打架斗殴,真是目无法纪了!"

田丰大绝望之中仍幻想能有一丝生机,于是辩解道:"我是见义勇为。他,遛进郝美房间,蹲在储物柜里面,趁郝美不注意时,将她打晕,还想把她捆绑起来,被我发现出来制止,然后我俩才扭打到一起。"

听田丰大一说,薛警官这才注意到躺在地上一动不动的郝美,只见她双手被反绑身后,整个人不知是死是活。

薛警官赶紧上前解开郝美被绑的双手,就在这时,罗小梅突然冲了进来。

她看到屋里的情形,惊愕不已地对田丰大喊道:"侦探大叔,我就回屋上个厕所的工夫,你怎么和胖大叔打起来了?是不是你偷遛进人家房间被发现了?"说着,罗小梅忽然看到不省人事的郝美,又道:"不会是你干的吧?"

一听这话,田丰大当时就急了:"小妹妹,你什么都不知道,就不要乱说话了好不好!这样会害死人的!"说着说着,他忽然注意到警察和侦探助手这两个天煞孤星全都现身了,原本幻想中的一线生机眼看着也破灭了,于是心灰意冷道:"算了,随你俩怎么想吧,我不辩解了。"说罢,仰着头看了看窗外依旧阴沉的天,似乎是要听天由命的意思。

薛警官试探了一下郝美的鼻息,还有呼吸,知道她只是晕了过去,暂时放下心来。他站起身来,对田丰大道:"瞧你说的,就跟受了多大委屈似的,我什么时候冤枉过一个好人?"

田丰大"哼"了一声,不置可否。

薛警官觉得田丰大的这声"哼"很影响自己的高大形象,就道:"刚才见你说话的神态还挺真诚,不像是在说谎。"

田丰大一愣，以为太阳打西边出来了，想不到这警察居然会破天荒地相信自己。

"薛警官，什么意思，你终于肯相信我说的话，相信我是见义勇为了？"

薛警官"哈哈"一笑，言语里留着回旋的余地，幽幽道："也不能光听你一面之词，还要听听这位……"

姜鑫在旁边接话道："这位胖大叔叫韩国栋。"

"哦，哦，还要听听韩国栋怎么说，对吧！"说着，薛警官把目光投向韩国栋，道，"喂，人家侦探说亲眼看到你袭击这位姑娘，他是见义勇为，才跟你扭打在一起，对不对？"

"呸！还见义勇为，从人家床底下钻出来，不知道揣着什么企图呢！"韩国栋呸了口唾沫。

田丰大反驳道："我有企图？分明是你有企图，自己都摘不干净，还诬陷我！"

薛警官大手一挥，制止两人的争吵，又问韩国栋："行了，行了，说说吧，这个郝美，是叫郝美吧，她被打晕，双手被绑是怎么回事？人家侦探可说是你干的哦！"

韩国栋憋红了脸，胡搅蛮缠道："说我干的？我还说是他干的呢！"

"呀，看你情绪这么激动，也不像是骗人！"

一听薛警官这么说，田丰大当时就急了："喂，薛警官，你有没有搞错，他只是在重复我的话而已！"

"你说你这个当侦探的，我就不爱跟你聊天，你俩都说是对方袭击郝美，凭什么让我只相信你，不相信他？"薛警官看着田丰大，又道，"有本事你拿出证据来啊！"

也就在这时，经过丁凝的一阵掐人中，遇袭的郝美从昏迷中渐渐苏醒过来。

田丰大见状，顿时理直气壮起来，指着郝美对薛警官道："要什么证据啊，你直接问她，一切不就都清楚了。"说完，随即又瞪了韩国栋一眼，冷笑道："自己打了人不敢承认，还想诬赖到我头上，现在人家醒了，看你还怎么耍赖！"

再看此时的韩国栋，果然像斗败的公鸡一般，面如死灰不发一言。

"快，告诉大家，是谁打晕你的？"薛警官催问道。

郝美揉了揉后脑勺，回答道："我，我没看到。"

不待薛警官开口，田丰大先着急起来："这么大个胖子，怎么可能没看到啊！"

"袭击者是从背后打的我。"

闻听此言，田丰大高涨的情绪像是受到重创，突然低落下来，不停地唉声叹气："真是服了，谁打的，你都不知道，眼睛是用来喘气的吗？"而原本面如死灰的韩国栋，脸上则现出了勃勃生机，窃喜之余不忘缀上两句言语攻击："就是你干的，还在这儿装什么装！"

薛警官对郝美道："你再好好回忆回忆当时的情形，不着急，慢慢想，他俩之中是谁打你？"

"真想不起来了，我只记得当时我正准备要打电话，突然有人从背后袭击我，然后我就什么都不知道了。"郝美一脸迷茫地朝薛警官摇了摇头。

薛警官不放弃，换了一种问法，启迪道："那你觉得他们两个人当中，谁最有可能袭击你？"

一听这话，郝美脸上的迷茫顿时消散殆尽，她几乎想都不用想，直接就脱口而出："当然是田丰大啊，韩先生干不出这种事来的！"

"喂！喂！我哪里得罪你了？你要这么诬陷我！"田丰大气急败坏地叫道。

"我是有真凭实据的好吧！"郝美说到这里一顿，瞅了眼韩国栋，道，"韩先生的为人，我还是比较了解的，作风正派，女人送上门来，他都不要，怎么可能偷偷潜入我房间，把我打晕，还捆住双手？"说着，她目光又转到田丰大身上，一脸鄙夷道："倒是这个家伙，贼眉鼠眼的，成天盯着我看，而且还是透过门缝偷窥的那种。咦，想想浑身都直起鸡皮疙瘩。所以，将我打晕又反绑双手，这么变态的事情，也只有他能做出来。"

"哇！误会啊！全都是误会！"田丰大突然有一种百口莫辩的感觉，他眼巴巴地看着大家，有气无力地挣扎道，"相信我啊，真不是我干的!"

薛警官知道这事儿纠缠不清,索性改弦更张,开始言归正传:"听说宾馆里发生了命案,开大巴车的司机被人勒死了?"

眼见警察不再追究郝美被袭的事情,田丰大终于长吁了一口气,赶紧道:"是,不过凶手已经被我抓住了,是一个叫王三喜的,现在就被关在隔壁的301客房。"

没想到田丰大话音刚落,郝美就像回忆起了什么重要的事情,惊呼道:"哎呀,差点忘了正事儿,警察同志,快点放了王三喜,他是被冤枉的!"

"喂!喂!你这个女人,脑子摔坏了啊,怎么处处跟我作对?"

"王三喜就不是凶手!"

"你说不是就不是啊?那我问你,被害人的行李箱怎么会出现在王三喜的客房里?分明就是他潜入杨师傅客房行窃被撞破,为了掩盖罪行才杀人灭口!"事关名侦探的声誉,田丰大必须据理力争。

郝美也不甘示弱,早已知道真相的她反驳:"王三喜入室行窃,这是没错,但他偷的不是杨师傅的行李箱,而是杨师傅隔壁206客房刘力勇的行李箱。也就是说,咱们在王三喜房间找到的行李箱其实是刘力勇的,只是被咱们错当成了杨师傅的。"

薛警官忍不住打断道:"刘力勇的行李箱怎么会被你们当成杨师傅的行李箱呢?"

郝美解释道:"因为两个行李箱颜色相近,一个是白色的,另一个是银白色的,真的不好分辨。"

田丰大没料到还有这个转折,争辩道:"你说认错就认错啊!如果真是这样的话,从王三喜房间找到行李箱时,刘力勇为什么没有认出那是自己的箱子?还有,杨师傅的行李箱去哪了?"

郝美急道:"你不是侦探吗,怎么这都想不明白,杨师傅的箱子自然是在刘力勇那里啊!从王三喜房间找出那个行李箱时,刘力勇不是没认出是自己的,而是他认出了却不敢说。因为他一旦说出来的话,就等于承认自己是杀害杨师傅的真凶!"

此言一出,令在场所有人都惊骇不已。

即便是身为名侦探的田丰大,也恍如在梦中一般,喃喃自语道:"你说刘力勇才是杀害杨师傅的真凶?"他拍着脑袋,若有所思道:"不对,不对,郝美,我记得你亲口说的,当杨师傅被杀的时候你在敲王三喜的房门,他不在屋中。"

"不错,杨师傅遇害的时候,我是在敲王三喜的房门,他确实不在屋中。但是话又说回来,我没敲刘力勇的房门,怎么知道刘力勇在不在自己房间?"

"啊!啊!这些话,你怎么当时不一下子说清楚啊!"

"当时是你一口咬定凶手是王三喜的,我又插不上嘴,能怎么办?"郝美摊手,撇清关系。

余人见状,也都纷纷附和道:"说的也是啊,这个家伙一上来就自称侦探,然后叽里呱啦一顿分析,硬说人家王三喜是凶手,我们可什么都不知道啊!"

"哇哇哇,你们怎么都翻脸不认人啊,抓他的时候大家一起动的手,怎么现在都赖到我头上了。"田丰大说到这里,像是想起了什么,指着韩国栋道,"我记得当时你还揍了王三喜一拳,要说性质,比我恶劣多了。"

韩国栋急忙道:"喂,当着警察的面你可别乱说啊,我打他那一拳,完全是生他偷我手包的气,我又没说他是杀人凶手!"

田丰大感觉自己说不过在场的人,只好又把责任推到不在场的王三喜身上,道:"那么,当时从房间搜出行李箱时,王三喜为什么不解释说是偷刘力勇的?他要是解释一下的话,哪还有这么多误会?我也不可能把他错当成杀害杨师傅的凶手啊!"

哪想他话音未落,人群中不知谁小声叨了句:"人家王三喜本来想辩解来着,结果被刘力勇从后面勒住了脖子,说不出话来,然后你就用绳子将人家五花大绑起来,最后又用胶布封住了嘴!"

田丰大一听这话,又急眼了:"不是我用胶布封的嘴啊!"

"是刘力勇封的,反正你俩,一个绑人,一个封嘴,合作得亲密无间,还分什么彼此啊!"

"喂,你会不会说话,什么叫合作无间,不分彼此。我是侦探,他是犯罪嫌疑人呀，说得就跟我俩是同伙似的。还有，那个王三喜也是，我就不信他会找不到机会辩白！只要他解释清楚，我又怎么可能把他错当成凶手呢？"

人犯了错误总把原因往别人身上赖，即便是身为名侦探的田丰大也不能免俗。

然而没想到的是，他刚说完这句话，罗小梅突然走上前，轻轻拉了下田丰大的手，小声说道："侦探大叔，你忘了吗？刚才咱俩去关押王三喜的 301 客房时，王三喜跟你辩解过。"

田丰大一愣，脸色不由苍白起来，结结巴巴道："啊？啊？有吗？我怎么不知道，可能是我没听见吧！"

罗小梅偏着脑袋，道："侦探大叔，你不可能没听到啊，你是忘了吗？王三喜说人不是他杀的时候，你当时不但扇了人家一巴掌，还让王三喜把这些屁话留给警察说去……"

"哎呀呀，小妹妹，你赶紧闭嘴吧！"田丰大说着，伸手去捂罗小梅的嘴，结果还是晚了一步。

就见薛警官面色阴沉地哼笑道："厉害了，我的名侦探。"

"薛警官，你千万别想多了，那都是玩笑话。"

"玩笑？私设公堂，胡乱断案，诬陷好人，非法拘禁，还对被拘禁者进行人身攻击！"

"不是啊，那王三喜即便没有杀人，至少也是小偷，不能算是好人啊！我这惩治小偷，总没错吧！"

"小偷怎么了，小偷也有人身自由，哪能非法拘禁？"说着，薛警官回身又对唐天道，"唐老板，还愣着干什么，赶紧把被冤枉的王三喜放出来啊！"

身为宾馆老板的唐天顿时醒悟过来，一边连连点头称是，一边借机澄清自己："非法拘禁这件事儿，都是田丰大和刘力勇合力干的，我本来想拦着来的，但拦不住啊！"

薛警官和颜悦色地对唐天道："唐老板，你放心吧，我们当警察的，不会冤枉一个好人，更不会放过一个坏人。"当话音落到最后"坏人"两个字时，身为警察的薛飞特意瞪了田丰大一眼。

唐老板悟出了薛警官眼神的深意，这才算舒了口气，抬步准备往隔壁的 301 客房走去。

然而，这个时候，突然一声女人的尖叫从关押王三喜的客房里传了出来。

下一刻，众人便看到李小佳一脸惊慌失措地冲进了郝美的客房。

"坏了！不好了！王三喜被人杀死了！"

大家慌慌张张地赶到 301 房间，先看到了掉落在门口的剪刀，再往屋里走，便见到那个被五花大绑的黄毛青年已经变成了一具冰冷的尸体。

李小佳跟在大家后面怯懦地说道："我找来剪刀本打算剪开他身上的绳索，不想刚一进屋就看到了他的尸体……"

话虽如此，薛警官还是捡起那把剪刀仔细端详了一番，接着又去查看尸体。

死者的胸口有处尖细的伤口，肯定是利刃所致，但又不像是普通的刀伤，此时此刻鲜血正从那里汩汩流出，淌了一地。所有人看到眼前这一幕都不忍直视。

这时，有人在死者客房屋外的阳台栏杆上发现了一对可疑的脚印，而薛警官立刻就辨认出是田丰大所穿的鞋子留下的。

"哎呀呀，脚印是我从这里翻进郝美房间时留下的，我爬阳台过去的时候，王三喜还活着呢，人真不是我杀的啊！"田丰大来不及中场休息，又开始新一轮的辩解。

可是周围人看他的目光里仍然充满了怀疑，尤其是薛警官，脸上更是一副正邪势不两立的决绝神情。

就在所有人都不再相信田丰大说的话的时候，郝美却开口了。

"凶手应该不是田丰大。"

"你说什么？"刚听到这句话时，田丰大几乎怀疑自己听错了，他愣了片刻，才反应过来，感慨不已道，"啊！亲姑奶奶啊，你终于不再跟我作对了！"

"我从来没有跟你作对过，我一直只是陈述事实而已呀！"郝美用鄢夷的目光瞅了一眼田丰大,转而对薛警官道,"如果田丰大真的是从这里的阳台翻进我的客房,那么他遛进我客房的时候,王三喜应该还活着。"

"咦,你为什么这么说?"薛警官好奇地问。

"因为我是在这里见过王三喜之后,才回的房间,然后遭到了田丰大的袭击……"

"啊!我说姑奶奶,你这刚替我辩白了几句,怎么又开始诬陷我了?"

"好了,你不要吵!"薛警官吼了一声田丰大,若有所思道,"这么说来,是田丰大先从王三喜的客房偷溜进你的客房,你再来找王三喜询问行李箱的事情,之后你才回到自己的客房,并遭到田丰大的袭击,对不对?"

郝美点了点头,她看了眼已然离世的王三喜,脸上不由现出些许悲伤,毕竟是曾经照顾过自己生意的客户,多少还是存有一点感恩之情。她来到王三喜的尸体前,缓缓蹲下身子,然后伸手合上死者的双眼。

"唉,其实你自始至终都知道凶手是刘力勇,直到你遇害了,大家才开始相信你不是凶手。这是多么痛苦和悲伤的事情啊!"说到这儿,郝美抬起头来,对薛警官道,"杀人凶手肯定是刘力勇,因为他杀害杨师傅的真相,王三喜和我都知道。我本来以为刘力勇会先杀我灭口,所以才躲进自己的客房反锁房门,没想到他却先对王三喜下了手!"

薛警官义愤填膺道:"刘力勇呢?他人在哪里?"

姜鑫急忙道:"刚才通知大家集合时,我俩还在一楼大堂碰到他来着。"

邵斌补充道:"我们一起上来的时候,他说有点事儿先回自己房间一趟。"

薛警官问唐天道:"刘力勇的客房是哪一间?"

唐天赶紧回答道:"楼下的206!"

薛警官不顾身体虚弱,大叫道:"走,跟我去抓刘力勇去!"

丁凝在旁边拦着说:"你刚从昏迷中醒来,哪有力气去抓人?"

郝美低声道："说不定人家早跑了，哪还能留在屋里等着你们去抓？"

一听这话，唐天顿时来了精神。住客因为被非法拘禁而遭人杀害，身为宾馆老板的他肯定脱不了干系，眼下正是立功的好机会，于是赶紧道："薛警官，你身体抱恙，还是在这儿歇着吧。我身为宾馆老板，宾馆里发生了这样的事，多少也要负些责任，那个刘力勇现在在不在客房没有人知道，这么危险的情况，还是由我来打头阵吧！"

韩国栋闻言，当即也反应过来，他曾揍过死者一拳，生怕事后会被追究，也附和道："我陪唐老板同去。"

邵斌见状举手表示也想去，直接就被薛警官拒绝了："红领巾，你还是个学生，就在这里老实待着吧！"说完，又反驳唐天道："那个刘力勇是个穷凶极恶的杀人犯，我是警察，哪能让人民群众挡在前面，再说我也没什么大碍。"薛警官说完站定身子，一步一步朝屋外走去。

"对，咱们几个男的一起去，还怕他不成！"唐天说着，紧随其后。

这时，郝美瞅了田丰大一眼，冷冷道："大侦探，不一起去吗？"

"当然！必须的！哪里有犯罪，哪里就有我名侦探！"说话间，田丰大赶紧昂首挺胸地跟了上去。

片刻工夫，王三喜的客房里，只剩下郝美、丁凝、李小佳、罗小梅、姜鑫、邵斌六个人。

丁凝不无担忧道："那个刘力勇现在在不在宾馆里还不好说，我觉得在薛警官回来前，大家还是最好不要分开。"

郝美提议道："对，对，要不都先来我屋待着吧！"

说完，大家便一起往隔壁的郝美房间走去。走的过程中，姜鑫碰了下罗小梅，低声道："小梅，你说那王三喜死得可真够冤的。"

罗小梅叹了口气道："是啊，他明明知道凶手是谁，却没有人相信他说的话，自己反被当成凶手。"

姜鑫突然想起了什么，朝罗小梅眨眨眼睛，道："你说，他像不像狼人杀里的预言家，明明验出了狼人的身份，却没有人相信，反倒自己被当成了狼人。直到他死了，大家才开始相信他预言家的身份。"

罗小梅点点头，道："你这么一说，还真有点儿像呢。"

姜鑫和罗小梅的这番对话正好被走在前面的郝美无意中听到，她好奇地转过身来，问道："你俩说的预言家是怎么回事，能不能给我解释一下啊？"

罗小梅道："郝美姐姐，和你那个小女孩身份一样，都是狼人杀卡牌游戏里的角色。"

郝美接着问道："预言家的角色功能是什么？"

不待罗小梅开口，姜鑫就抢着答道："每天夜里，预言家都可以查验一个人的角色身份，如果查验到狼人的话，第二天白天要号召所有好人一起把查验出的那个狼人投票出局。"

"这么说来，预言家的角色功能岂不是很强大啊？"

姜鑫叹了口气道："没有用的，狼人不可能眼巴巴地干等着预言家出来耗票把自己投死的，他们会冒充预言家的身份出来混淆视听。而且，狼人是睁眼玩家，他们知道谁是狼同伴，谁是好人。而好人阵营里，只有小女孩和预言家有夜里睁眼的功能，其他好人都是闭眼玩家。好人只能通过听发言来断定谁是真正的预言家，谁是狼人冒充的预言家。"

罗小梅接着道："所以才经常会出现这种尴尬状况，预言家明明验出了狼人的身份，却没有人相信，反而自己被当成狼人，出局了。"

郝美点点头，轻声道："这样说来，王三喜确实很像狼人杀里的预言家啊！"

罗小梅摇摇头道："要说王三喜就是预言家也不是很恰当的。"

"为什么这么说啊？"

"如果预言家是死在第二天夜里，那么他应该有两个验人身份信息。你们看王三喜，杨师傅遇害之后，他知道凶手是刘力勇，可是没人相信他。之后，他就被刘力勇杀死了。但自始至终，他只有一个身份信息，并没有两个。"

姜鑫反驳道："哎呀，小梅，你忘了吗，预言家第二天夜里吃刀，他那一晚的验人是报不出来的。所以，也许王三喜遇害的时候还知道别的事情，只是没机会说出来而已！"

"咦，你说的也是啊！"

两个女生把眼前发生的案件联系狼人杀卡牌游戏所进行的一番无聊的交谈，引起了郝美的注意。

尤其是姜鑫那句断言——"预言家第二天夜里吃刀，他那一晚的验人是报不出来的。所以，也许王三喜遇害的时候还知道别的事情，只是没机会说出来而已！"——总是让郝美心神不定。

"是不是真的有什么细节被我忽略了？"

一瞬间，郝美的脑海里忽然闪过一个片段。那时，她正在给王三喜松绑，王三喜说："对了，小姐姐，我跟你说，那个韩国栋也很有问题，他刚才一脸凶相地跑来跟我打听……"可惜，他话没说完，就被打断了。回想起来，郝美不由打了个冷战。王三喜当时的神情语气，似乎真的有很重要的事情要说，他没说完的那半句话会不会就是狼人杀里预言家没报出的验人信息呢？

"等等，我想一想。他好像提到了韩国栋，说他一脸凶相找他打听事儿，那么韩国栋能跟王三喜打听什么事儿？会不会和我有关呢？"

"自己刚才遭到袭击被打晕会不会和王三喜没说出口的那半句话有关？而将自己打晕并且反绑双手的人，有没有可能不是田丰大，而是韩国栋呢？"

想到这里，郝美不由惊得说不出话来。

"如果，如果真是韩国栋打晕自己的话，那他这么做的目的到底是什么呢？"

就在郝美产生这种疑惑的时候，韩国栋正站在刘力勇的客房里。在他身前不远处，田丰大从烟灰缸里捏起一根只抽了两口便给掐灭的香烟。名侦探仔细地观察了过滤嘴的部分，断言道："上面还黏着唾液，看来刘力勇刚刚离开不久！"

他话音未落，手中的烟蒂就被薛警官夺了去。

"住手！这可是重要线索，你怎么能随便碰？"

"喂，薛警官，明明是我先发现的线索！"

"我是警察，发现线索第一时间告诉警察是每一个公民的义务。"

"拜托，我可是名侦探啊！"

"名侦探？哼，我看你更像是犯罪分子的得力小助手，到处妨碍警察办案的绊脚石！"

"薛警官，过分了啊，你可以侮辱我，但不要侮辱我的职业，好吧？谁办案都有看走眼的时候，何况我那也是被郝美误导，才把王三喜错当成凶手的。再说，我已经在很努力地弥补自己的过失了。"田丰大越说越慷慨激昂，"所谓，'知错能改，善莫大焉'，我都已经这么大焉了。你身为警察，就不能放下对我的偏见吗？咱们侦探警察携手合作，将犯罪分子绳之以法，造就一段佳话，不好吗？"

"还传一段佳话？等着吧你！"

当所有人都把注意力放在警察和侦探之间的拌嘴上，并上前来劝说时，韩国栋的目光却始终落在薛警官手中的烟蒂上。

始料不及，那竟然是南京九五之尊的香烟。

"难不成是我的香烟？"韩国栋愣了一下，又想，"那王三喜明明说，自己的烟盒被郝美拿走了，可是香烟的烟蒂怎么会出现在刘力勇的房间里？会不会是郝美从王三喜那儿拿走香烟后，又拿来给刘力勇抽，然后留在了这里？"

一想到自己赖以保命的证据，如击鼓传花一般，在这几间客房里传来传去，韩国栋脑子都快炸了。

"冷静！冷静！别着急！"韩国栋这样劝慰自己，"刚才田丰大通过烟蒂判断刘力勇刚离开不久，这么一来，那烟盒应该就在这间客房里，或者是在刘力勇身上。"

想到这里，韩国栋赶紧看床头柜的抽屉，以及床缝和床底下。但很不幸，他并没有发现那盒烟。这样看来，刘力勇离开这间客房的时候，一定是把烟盒也带走了。

这么重要的东西，被一个穷凶极恶的杀人凶手带走，更糟糕的是，还不知道他逃去了哪里。

万念俱灰的韩国栋顿时感到天旋地转起来，他一个趔趄，差点瘫坐在地。

而这个时候，唐天已经劝停了薛警官和田丰大的争吵，他埋着头似乎也在刘力勇的客房里寻找着什么。只见唐天找了半天,末了,脸上布满了失望,说道:"只留下了吉他,行李箱却不见了,应该是拎着箱子跑了吧。"

一旁的田丰大并不放弃,还揣着一丝自己没错的念头,道:"哼哼!不对啊!如果按照郝美所说,王三喜偷的是刘力勇的箱子,而刘力勇错拿了杨师傅的箱子,那他要跑路没必要拿着别人的箱子跑啊!"

薛警官一锤定音道:"刘力勇是凶手应该错不了,听说大巴司机是被勒死的,你们看,这吉他少了根琴弦,如果我猜得没错,那根缺少的琴弦应该就是凶器!"

隔壁有人被勒死,而眼前的吉他又缺少一根琴弦,但凡有点推理能力的人,都会把这两者联系到一起。田丰大怪自己眼力劲儿差了一点,没有抢先发现这处端倪,只得在旁边说风凉话:"你又没去查看杨师傅的尸体,怎么能这么妄下结论?"

薛警官恨自己嘴快了,被侦探抓住了话柄,只得道:"这是警察的直觉,你懂吗?"说罢,偏头对唐天和韩国栋道:"走,咱们现在去司机遇害的房间瞧瞧!"说完,率先往隔壁的205房间走去。

"你们拿着吉他啊!"田丰大在后面喊了一声,见没人回应,只得自己讪讪地拿起吉他跟上。

进了205客房,杨师傅一如之前那样,横尸在房间的地板上。薛警官蹲下查看了死者脖颈上的勒痕,又煞有介事地端详了一下吉他上的琴弦,点了点头,自我肯定道:"初步断定,是琴弦勒死的没错。但是还要等法医来了,才能做最终断定。"

唐天在一旁惊叹道:"那个刘力勇真是够狠的,一天之内连杀两人!"

薛警官和田丰大几乎同时叹了口气,异口同声道:"唉,别说了。"

两人忍不住对望了彼此一眼,又立刻互相嫌弃地把脑袋偏向一边。

一行人从杨师傅被害的客房出来,把二楼和一楼大堂找了一遍,确定刘力勇已经真的不在宾馆里了,这才返回三楼。

在302客房里,看到归来的薛警官等人,郝美赶紧问道:"怎样？抓到了吗？"

薛警官和田丰大都没有说话，只有唐天摇了摇头。

郝美坐到床边，喃喃道："我刚才就说了嘛，肯定早溜了。"

薛警官安慰道："刚才听唐老板说，山体滑坡把盘山公路给堵塞了。放心吧，他跑不了，我现在就打电话给这边的公安局，让他们安排好警力，一旦公路疏通，就开始搜捕。"说着，他伸手去摸裤兜，摸了两下未果，又去摸衬衣的口袋："咦？我手机呢？"

大家见他浑身上下摸了个遍，也没摸出手机。这时，丁凝在旁边低语道："我照顾你的时候，就没看见你身上有手机。"

"坏了，不会掉车祸现场了吧？"薛警官愣了半晌，幽幽道。

姜鑫见状，赶紧掏出自己的手机，递过去，道："警察叔叔，用我的打呗！"

薛警官接过手机，拨打110联系完当地警察，又把手机还给姜鑫。他转头问郝美道："车祸现场离这里远吗？"

"大约两公里吧！怎么，薛警官，你要回去找手机？"

薛警官点点头，道："我一直在等一个重要电话，我必须要找回手机。"

丁凝道："你身体还没恢复，就别自己去找了，让别人帮你拿回来吧。"

郝美也附和道："是啊！万一你出去找手机的时候，那个刘力勇又溜回宾馆怎么办？你是警察，在这还能保护我们！"

田丰大在旁边哼笑道："他虚弱成这样，自己都保护不了，还保护你们？搞笑呢？"

郝美在田丰大眼前比画了一个手枪的手势，道："人家有这个，就是躺在床上都比你厉害，知道吗？"说着，瞥了一眼田丰大，又道："反正你留在宾馆里也是帮倒忙，干脆你去跑个腿，帮薛警官把手机找回来。"

"啊！让我出去找手机？万一，万一碰到那个刘力勇怎么办？"田丰大担忧地说道。

"你不是侦探吗？还会怕犯罪分子？"

"怕倒是不怕，主要是我一个人，有些势单力薄，要不，再找个人和我一起吧，还能有个照应。"

薛警官看了眼田丰大，问："你想找谁和你一起？"

未等田丰大开口，唐天率先拒绝道："我是宾馆老板，要负责你们的饮食，还要随时接听救援队的电话，可真是走不开。"

田丰大"哼"了一声，看向韩国栋。

韩国栋连连摆手："别瞅我，我可不想跟你一起，再说，你和那刘力勇是不是一伙的，还说不好呢。"

田丰大急道："喂，你怎么说话呢？不去就不去呗，别血口喷人。"

就在这时，罗小梅走了过来，拉了拉田丰大的衣角，道："侦探大叔，要不，我陪你一起去车祸现场找手机吧？"

"算了，我还是自己去吧！"说罢，田丰大头也不回，大踏步地朝门外走去。

"你不是说自己一个人势单力薄吗？"

"我可以的！"

当罗小梅听到这句坚定的回答时，身为名侦探的田丰大似乎已经离他们很远了。

见手机有人帮忙找回，薛警官暂时了却了一件心事，就问起王三喜房间里发现的那个箱子现在何处。

姜鑫在旁边说道："一出事儿，箱子就被唐老板保管起来了。"

丁凝紧接着补充："不光是行李箱，王三喜身上所有的赃物和遗物都交给唐老板保管了。"

薛警官点点头，把目光移向唐天。唐天忙不迭地上前道："是，是，都在我那儿。"

薛警官说道："这些都是重要的证物，放在你那儿不合适，还是都交给我吧！"

"是，是，本来我也是打算等道路疏通了，交给警方的。现在薛警官醒了，交给你最合适不过！"说这句话时，唐天心中还在想，要不要把行李箱里发现毒品的事情告诉薛警官，但想来想去还是罢了，自己毕竟就是个小老百姓，像毒品这么严重的事，还是少掺和的好。至于那行李箱里放的什么，就别多嘴了，让薛警官自己去发现吧！

想到这里，唐天已经走出房间，径直朝楼梯口走去。

然而让唐天没想到的是，当他来到前台后面，掏出钥匙打开房门的一刹那，就看到了那张从门缝塞进来的小便条。

唐天一看到那张便条，立刻就有不好的预感。等到他拾起便条，看清上面的内容后，整个人都因为恐惧而簌簌发抖。

显然，因为错拿毒品箱，唐天知道自己已经深陷其中不能自拔了。一边是薛警官等着自己将行李箱上交，而另一边则是毒贩恐吓威胁要求交换回毒品箱。那么，到底该怎么办呢？

就在唐天不知所措之际，宾馆的大门突然被人从外面推开。唐天赶紧转身回看，并且将攥着便条的手藏到了身后。

"咦，田丰大，你不是去车祸现场帮薛警官找手机去了吗？怎么这么快就回来了？"

"别提了，下雨了，越下越大，等雨停了再说！"田丰大一边走进宾馆，一边气呼呼地说道。再一看他身上那件夏威夷衬衫，确实满是雨点印。

"那你什么时候再去啊？听薛警官的语气，那手机还挺重要的，别给耽误了大事。"

"他昏迷都昏迷一天了，真有什么重要的事儿早被耽误了，也不差我这一会儿了，等雨停了再说吧！"说着，田丰大"噔噔噔"地往楼梯上爬去。

"等雨停了，那天不就黑了？"

"那我也不能顶着雨去，万一再山体滑坡怎么办？"

"得，我自己的事儿都没搞定，哪还有心思去操心人家？"唐天苦笑了两声，闪身回到小屋里，反手合上房门。

就当田丰大沿着走廊右侧的楼梯返回三楼之际，薛警官在邵斌的引领下，正从走廊左侧的楼梯走下来。

原来薛警官安排完手头的事情，这才想起自己此次出警的专项任务，于是问起通缉犯的下落："那个于大虎被关在哪里？现在带我去看看去。"

作为擒住于大虎的首要功臣,邵斌当仁不让地站出身来,主动提出要带薛警官前去关押地点。

"警察叔叔,礼贤高中一年级新生邵斌,就是我。"邵斌一边在前面走着,一边小声对薛警官说道。

"哦哦,邵斌是吧?我记住了,以后不叫你红领巾了。"

"不不,警察叔叔,当着我们副班长的面儿,你继续叫我红领巾,别改口。往我们学校寄的感谢信上可要写清楚我的名字。"

"哇,红领巾,感觉你的同学关系好复杂啊!"

邵斌叹了口气,道:"没办法,这年头很难做好事留下姓名。总会有同学想方设法给你搞破坏。"

薛警官"哦"了一声,无意在邵斌的同学关系上赘言,他心里惦记着于大虎的状况,一边加快步伐,一边问道:"于大虎被你们几个制住后,是不是很不老实拼命地反抗?"

"没有啊,我们几个把他摁倒后,直接就铐上手铐了。"

"那你们关他的地方牢不牢靠,我跟你说,那个于大虎可狡猾了。"

"警察叔叔,你放心吧,他人被铐着手铐关在地下室里,那地下室的门是厚重的铁门,而且从里面是打不开的,不用说关几个小时,就是关上一年都没问题。"

说话间,两人已经走出了宾馆,拐个弯,便到了地下室的门前。而此时此刻,雨点也落得越发密集。

邵斌一边用右手遮着头顶,一边用左手去拉铁门上的门栓。

薛警官看了一眼,忍不住道:"这门栓上怎么也不上锁啊?"

邵斌不以为然道:"从里面又推不开,上什么锁啊!哎呀,警察叔叔,你放心啦,那通缉犯关在里面跑不了,要是跑了,我吃屎行了吧,看你担忧个什么劲儿!"

说话间,邵斌已然拉开了地下室的铁门,眼前的情形却让他惊愕得说不出话来。

只见十余平米的地下室,居然空无一人。

邵斌愣了一愣,赶紧揉揉眼睛,再看,却只见到一副手铐被孤零零地扔在石灰地上。

"这是怎么回事儿？人呢？去哪了？说啊！"薛警官推开邵斌，冲进地下室里，只见三面墙壁，连个窗户都没有。他瞅了一圈，又从地下室里冲出来。就看雨越下越大，片刻工夫，已如倾盆之势劈头盖脸而来。

薛警官顾不得虚弱的身体，站在雨中，心急如焚。他心里反反复复只有一个问题："这么大的雨，那个于大虎能跑去哪里呢？"

此时此刻，于大虎就像一尊石像站在倾盆大雨中，甚至不曾抬手擦拭顺着脸颊滴下的雨水。

是的，他在静静地注视着一个人。

当他看到那个人从警车里翻找出一部手机并放到耳边接听的时候，身为通缉犯的于大虎终于按耐不住了，他从地上抓起一块石头，然后弯着腰悄无声息地从后面一步步接近那个人……

第 7 章：通缉犯，离开就别回来

身为通缉犯，最害怕什么？

众所周知，答案当然是：最害怕落入法网。

而此时此刻，身为通缉犯的于大虎正坐在警车的后排座位上。他双手被铐着，嘴角还流着血，身上的衣衫因刚才的激烈抵抗而变得破破烂烂的，裸露的胸膛上有几处明显淤青。

薛警官总算将这个潜逃国外两年多的绑架杀人犯逮捕归案了，虽脸上也挂了彩但心情很是畅快，在上车之前甚至把自己的警服脱给他穿。毕竟，把罪犯光着身子带回国不够雅观，何况还要在邻国警察面前，展现出人民公安人道主义的一面。

现在，警车已经驶过了边境线，只要沿着眼下这条盘山公路行驶，三四个小时后就能到达最近的城镇，在那里等待接收罪犯的警察们早已严阵以待。

若不是一个月前，薛警官从刚破获的一起跨国贩卖人体器官的案件里无意中发现了于大虎的蛛丝马迹，这个潜逃两年的犯罪分子恐怕还要继续逍遥法外下去。

经过一个月的跟踪和侦察，在邻国警方的大力配合下，最后终于将这名狡猾的犯罪分子逮捕归案。一想到这里，薛警官就高兴得忍不住哼起了小曲。

薛警官哼着小曲,通过车里的后视镜,看于大虎脸上的表情,只见他神色木然,一言不发。

"喂,别愣着了,想什么呢?"内心欢喜的人总是希望周围人跟他一起同乐,薛警官也是如此,他一边开车,一边跟后座的于大虎没话找话说。

然而人心情抑郁的时候,大多喜欢自己一个人安静独处。身为通缉犯的于大虎更没有陪警察唠家常的闲心。他"哼"了一声,把脸偏向一边,怔怔地看着车窗外。

薛警官不计较于大虎的无礼,试图寻找对方感兴趣的话题:"听说你有个儿子,你应该很爱你儿子吧?"

于大虎脸上的肌肉微微颤抖了一下,他虽然依旧没有回话,但目光已经从车窗外收了回来。

薛警官见状,继续道:"如果我没记错的话,你当初绑架勒索完全是为了给儿子筹医药费,对不对?"

于大虎重重地叹了口气,他抬起头通过后视镜,看着正在开车的薛警官,幽幽道:"你也有儿子吗?"

"没有!"薛警官话一出口,生怕会失去和于大虎的共同话题,赶紧又补充道,"但我有外甥和侄子,你爱儿子的心情,我能体会到。"

于大虎笑了笑:"等你真正有了儿子,也许会和我做一样的选择!"

当警察的就有这么个特点,聊天归聊天,但是政治觉悟却一刻都不会忘记。薛警官尤其如此,就听他赶紧道:"不论多么爱我的儿子,我都不会绑架杀人的。"

于大虎据理力争道:"我也不想,但是万不得已啊。再说我勒索的是无良地产商,骗的是他的黑心钱,而我杀的则是和我一起参加绑架的同伙,他们都是坏人。至于肉票,我收了赎金立刻就把人放了,毫发无伤。"

"你杀你的同伙,完全是为了杀人灭口,掩盖你绑架的罪行。"

于大虎的眼睛蒙上了一层悲伤,叹了口气:"本来以为杀了他们,警察就不会查到我身上。这样,等我儿子治好病后,我俩还能继续平静地生活下去。"

"拿别人的钱财和性命来换取你们父子二人的幸福生活，如果，有一天你儿子知道这些真相，他会怎么想？他还能平静地生活吗？"

听到这里，于大虎忽然情绪激动起来，大声道："我都说了，我勒索的是无良地产商，骗的是他的黑心钱，杀的是和我一起绑架的同伙，他们没有一个是好人！用他们的钱和性命，换取我儿子的平安，有错吗？"

这时薛警官也陷入对方的情绪当中，一时忘了聊天的初衷。

"那些被强行割掉器官的人，他们也都是坏人吗？"

面对薛警官的大声质问，于大虎愣住了。

"什么强行割掉人体器官？"

薛警官"哼"了一声，冷冷道："你在国内绑架杀人之后潜逃到国外，这些年的所作所为，别以为警方不知道，你一直在倒卖人体器官！"

"倒卖人体器官？没有啊！"

"哼！还说没有？一个月前，我们警方破获了一起跨国贩卖人体器官案件，就是从那里发现了你的踪迹，要不然怎么能抓到你？！"

听到这里，于大虎的脸上露出了一丝苦笑："原来如此，唉，要不是为了救我儿子，我怎么可能冒险来联系国内的肾源？"

薛警官怔了一下："你儿子要换肾？不是应该移植骨髓吗？"

"病情加重，引发了肾衰竭。"

"你和那些贩卖人体器官的组织联系，是为了寻找肾源？不怕被我们抓住吗？"

"为了儿子，我什么都肯做！"

薛警官叹了口气："这话，我信！你真是一个好父亲。"

听到这里，于大虎忽然想起了什么，他原本绝望的脸上现出一丝生机。他通过后视镜的反光直直地盯着薛警官眼睛，说道："薛警官，你刚才说你体会到了我爱儿子的心情，这句话没骗我吧？"

"啊？哦！对，对，不是说了嘛，我也有侄子和外甥，我对他们的爱也很深切，这些亲情大抵都差不多。"

"差多了,等你有了儿子,你会十倍百倍地爱他!"

"对对,十倍!百倍!"薛警官一边敷衍着,一边思考于大虎的话里是不是另有企图。

果然,就听于大虎道:"薛警官,我现在以一个父亲的身份求你一件事,你可不可以把我放了,就放两天,两天后我会主动来找你投案自首的!"

"啊!这可不行。你的事情,确实让我很感动,但我毕竟是警察啊,警察怎么能随便放跑犯罪分子呢?"

于大虎锲而不舍地继续做思想工作:"薛警官,抛开各自的职业身份,我是一名父亲,而你将来也会成为父亲的。这难道不能看作是一个父亲对另一个父亲的请求吗?再说,我向你保证,两天后我肯定会找你投案自首的!"

"哎呀,不是我不相信你,反正你两天后还要过来投案自首,现在又何必让我放跑你呢?"薛警官立刻嗅出于大虎话出有因,小心试探道。

"不一样,这两天,我有非常重要的事情必须去做,这关系到我儿子的生命。"

"关系到你儿子的生命?难道,你已经联系到了匹配的肾源?"薛警官忽然惊醒过来。

"哼,不然,我怎么可能跑到边境小城,又怎么可能会被你们抓到?"

"你,你到边境小城,是在等国内的人体器官贩子来跟你交易?"

"求求你了,薛警官,放我走吧!等我从人体器官贩子那里拿到跟我儿子匹配的肾源,把肾源送到医院,我就来找你投案自首!"

"休想!我是一名警察,怎么可以放跑通缉犯?更别说你还是去跟人体器官贩子购买器官!"薛警官断然拒绝道。

于大虎一愣,仍抱着一丝幻想,祈求道:"如果你不让我去拿回肾源,那我儿子会死的!"

"儿子!儿子!成天就知道你自己的儿子,你可曾想过别人的死活?那些贩卖人体器官的犯罪组织,你知道他们干的都是什么勾当?

利用花言巧语，把那些无知的男女骗到没人的地方，迷晕后强行摘取人体器官。这种伤天理的事情，简直令人发指！"薛警官越说越是气愤，脸上的神色也变得更加冷峻。

"我，我，我知道，可是世界这么大，有那么多境遇悲惨的人，我管不了那么多！"

"如果有一天，你儿子长大了，他知道你为了救他而犯下的这些罪行，他会怎么看你，又会怎么看他自己？"

"我只想让儿子平安，其他都不重要！"

"你，你怎么能这么自私？哼，跟你说，我不但不会放你去跟人体器官贩子交易，还要把他们一起绳之以法。"说着，薛警官便拿起了手机，开始拨打号码。他一边拨打号码，一边还喃喃自语："从这里出境，交通工具也只有大巴车。"

于大虎惊道："你，你要做什么？你这是给谁打电话？"

薛警官并没有回答他，而是直接对着手机发话："喂！是顾大为顾队长吗？我是薛飞，没有，我们还没到。我这边有个情况，希望顾队长你能调动警力配合一下。是这样的，有一个人体器官的贩子可能会从国际大巴车站乘车出境。对对，我基本可以确定对方是坐大巴汽车出发，至于坐哪个班次就不清楚了。是，是，现在就安排警力封锁大巴车站，每一个进出的乘客都要开包开箱检查……"

于大虎恶狠狠地瞪着薛警官："你，你这是要把我儿子往绝路上逼！"

薛警官挂断手机，头也不回，道："我这是在打击犯罪，拯救更多的人！"

"你，你给我等着！"

薛警官也不回话，只自顾自地开车。

大约过了一个小时后，顾队长来电回复说，在车站并没有查到夹带人体器官出境的可疑人员，他的手下还在继续检查。

挂断手机的薛警官，脸上难掩失望的神色。

于大虎暂时放下心来，坐在后座上说风凉话道："呵呵，就你们警察那点儿办案手法,查监控、查指纹、查箱包,是个人都了如指掌。要是一个开包检查就能抓住犯罪分子的话,那早就天下无贼了!何况,你哪来的自信,人家就一定坐大巴车穿过边境?"

想想也是,但薛警官并没放弃,他一边开车,一边绞尽脑汁琢磨还有没有其他的破案途径。突然之间,他像是想起了什么,猛拍了一下自己的脑袋,道:"我怎么这么笨呢,线索就摆在眼前,差点给忽略了!"

说着,薛警官左手把着方向盘,右手伸出去拿放在副驾驶座上的手机。

那是一款小米4手机被放在了透明的证物袋里。

于大虎瞧到此处,惊慌道:"你拿我手机做什么?"

是的,那原本就是于大虎的手机,在反抗抓捕的时候从衣服口袋里掉了出来,随即就被薛警官捡起,装进了证物袋。

眼见于大虎这么紧张,薛警官更认定自己的猜测没错。

既然于大虎要和贩卖人体器官的贩子购买肾源,手机里必然会有交易方的联系方式,那么直接调出于大虎手机里的通话记录就可以查到贩子。

薛警官想到这里,当即翻查于大虎的通话记录。果然如他所料,真找到好几个往来通话的陌生号码。生性谨慎的他害怕打草惊蛇,不敢贸然拨通这些号码。思来想去,最后拿起自己的华为手机,拨打了同在青市的市北刑警大队季警官的电话号码。

"喂,季警官吗?我是老薛,有个事儿,现在想麻烦你帮我查一下,查几个手机号码。对对,要机主的所有信息。是,就是于大虎的案子。嗯嗯,我一会儿把那几个手机号码拍个照发给你。好咧,先这样!"

薛警官挂断电话后,立刻用自己的手机把于大虎小米4上的通话记录拍了张照片,打算直接发送给季警官。

就在薛警官选好拍照图片,准备确认发送时,坐在后座的于大虎突然用身体拼命冲撞前排的驾驶座位。

原来,于大虎一直在等这一刻,等薛警官开车注意力不集中的一刻，等开到盘山公路的急转弯的一刻。他等到这一刻采取行动，打算跟薛警官一起同归于尽。

所以，于大虎不但用力冲撞驾驶座，嘴里还高喊着："你想逼死我儿子，那咱俩也都别活了。"

刚按下发送键的薛警官遭到身后突如其来的一撞，手机一个没拿住摔落到了座位底下，他顾不上信息是否发送成功，赶紧用双手紧紧把住方向盘，嘴里大喝道："你要害死咱俩啊！"

薛警官这声大喝话音未落，只见前方不远的转弯处，一辆大巴车突然迎面疾驰而来。

薛警官大惊失色，赶紧朝外打方向盘。不想对面大巴车司机也是英雄所见略同，同样朝外打方向盘。为了避免和大巴车迎头相撞，他又疾忙向内打方向。如此一来，整辆警车终于失去平衡，一头扎向山壁。

对于大虎来说，虽然他早有了心理准备，但是剧烈的碰撞还是让他猝不及防，只听"轰"的一声，眼前的一切就都渐渐模糊起来。

不知过了多久，于大虎从昏迷中醒来，他没想到自己居然还活着。他抬头看了一眼驾驶座，薛警官正俯身趴在方向盘上，一动不动。

于大虎费力地挪动着身子，用胳膊碰了下薛警官。"没有反应，可能是死了吧？电视上不是总出现这样的桥段吗？一心求死的人安然无恙，而一心求活的人却死于意外。"

"算了，不想这些了，还是琢磨着怎么能快点逃离这里吧。"于大虎心中这样想着，下意识地活动了下手腕。

"不能分开，还是被手铐铐着，得先打开手铐。"

于大虎一边寻思着，一边伸手在薛警官的腰间摸索着。很快，他摸到了手铐钥匙。

用钥匙迅速打开手铐后，于大虎随手将手铐和钥匙扔到后座上，他往前探身，去拿副驾驶座上的小米4手机。

那是他自己的手机，里面存着贩卖人体器官的卖家的电话号码。"要是把对方的联系方式弄丢了，那儿子的病可就真的没治了。"

于大虎这样想着，探身拿回自己的手机。这时候，他注意到薛警官的华为手机掉落在驾驶座的下面，手机屏幕正好朝上。

　　"不知道他最后拍的照片发出去没有，可不能让警察在接头之前抓到那个人体器官的贩子。"于大虎正想着，见华为手机的屏幕亮了一下，随后进来一条短信，显示的号码是"市北刑警大队季警官"。

　　"坏了，看来是对方收到照片后发来的短信回执！不行，我要赶紧前往约好的交易地点，从卖家手里买回和我儿子匹配的那个肾。"

　　于大虎正要打开车门爬出警车时，透过破碎的车窗，他突然看到在距离自己不远的地方，有一辆大巴车正冒着滚滚浓烟，在大巴车旁边零零散散有一些人，他们或蹲或坐在地上，还有几个则时不时朝自己这边看。

　　"完了，这怎么办？别慌，别慌，冷静，我就装成伤者从车里爬出去，他们又不知道我是通缉犯。"

　　想到这里，于大虎顿时镇定了许多，又突然发现被他随手扔在车座上的手铐和钥匙。

　　"不能让他们看到手铐和钥匙，不然非要怀疑自己身份不可。"

　　于是，于大虎忙抓起手铐和钥匙，慌慌张张地塞进薛警官的裤子口袋里。

　　"只要他们看不见就行。"

　　于大虎在心中这样对自己说着，然后他深吸了一口气，打开警车门，从里面摇晃着走了出来。

　　果然，如于大虎预料的那样，那些人非但没怀疑他是通缉犯，还因为他身上披的警服而把他错当成警察。只是美中不足的是，那个薛警官也没有死，也被大巴车上的乘客搭救至山顶一个名叫来乐客山庄的宾馆里。

　　漆黑的夜里，雨越下越大，对于大虎来说，虽然那个姓薛的警察随时都有可能从昏迷中醒来，但除了宾馆他无处可去，而且还有更大的困难摆在他面前。

　　当于大虎打算第一时间打电话给贩卖人体器官的卖家，准备通知对方更改交易时间和地点的时候,他突然发现自己的小米手机开不了机了。

"不会是摔坏了吧?"于大虎边想边不停地按手机的开机键。

连按了七八下,手机依旧黑屏,没有丝毫反应。

"这可怎么办,卖肾人的手机号码可存在里面啊!"于大虎见手机开不了机,被逼无奈的他只好努力回忆那个手机号码。

"15……159……什么来着"可惜,因为此前遭遇了车祸,现在的他脑海里一片空白,怎么也想不起来手机号码的后几位数。

随后,于大虎又去回忆中间人的联系电话。是的,像这种跨国购买人体器官的交易,买方和卖方都是通过一个中间人取得联系的。如果能回忆起那个中间人的电话号码,通过中间人一样可以联系到卖肾人。

不幸的是,他连中间人的联系电话也想不起来。

回忆失败的于大虎气得用拳头使劲儿捶墙,此举除了换来手骨的疼痛外,再无其他作用。

"如今发生车祸,肯定会耽误自己赴约交易,这样一来,会不会就此错失了购买肾源的唯一机会?不仅如此,车祸发生前,薛警官已经将自己手机里的通话记录拍照发给了同事。相信,对方很快就能查出卖肾人的身份。如果卖肾人还没离境的话,随时都有可能被警察抓住,那么给儿子买肾的交易一样无法完成。"

想到这里,于大虎不由心急如焚。应该尽快联系到卖肾人,通知他目前所发生的一切,这样至少能让他有所防备。可现在,手机坏了,无法联系到卖家。

又按了几次开机键,依旧黑屏,终于放弃的于大虎气得将手机狠狠地摔到了床上,口中还忿忿不平道:"什么破手机,人家薛警官的手机怎么就没事?"

结果,于大虎话一出口,一个念头就闪入他的脑海。薛警官曾对自己手机的通话记录拍过照,既然警察的手机并没有损坏,那么完全可以从他的手机里获得卖肾人的手机号,这样就能联系到卖肾人,告诉对方现在的情况。

想到这里，于大虎像是抓住了最后一根救命稻草，之前的沮丧绝望一扫而尽，取而代之的则是兴奋激动。

"现在薛警官正昏迷不醒，而他就住在和我有一屋之隔的201客房，此时此刻，不正是偷取手机的最好时机吗？"

于大虎不敢耽误片刻，赶紧起身偷偷溜出自己的客房，悄悄向薛警官所在的201客房摸去。

可是，就在于大虎来到201客房前准备推门而入时，在他旁边的左侧楼梯口，突然传来一个女人的声音。

"薛警官还没醒呢！"

于大虎吓了一跳，转头看去，只见那个自称女医生的丁凝，手里正拎着一个冰桶从二楼楼梯口走上来。

就听丁凝接着又道："于警官，薛警官这边有我在，你别担心了。"

女医生一声"于警官"让身为通缉犯的于大虎暂时放下心来。他假装担心地问道："薛警官什么时候能醒啊？"

丁凝的脸上现出一丝担忧，她摇摇头道："不知道，不过，你放心，今晚由我守着，不会有事儿的。"

"什么，你要在薛警官床前守着？守一夜？"于大虎惊讶道，"白天发生了那么多事儿，看你也累得够呛，值夜这种事儿还是由我来做吧。"

丁凝苦笑了两声："累是累了点儿，但是医者父母心啊！"

于大虎也赶忙强调："我们同袍兄弟情也是很深的，要不这样，你先回去休息，我在这儿守着，一有什么情况，我会立刻通知你的。"

听到这里，丁凝的脸上现出些许犹豫，随即又变得异常坚定，非常严肃地说道："第一个晚上是非常重要的，身为医生寸步都不能离开。于警官，你是警察，应该也知道职责大于天这个道理，所以你还是不要再劝我了。"

见丁凝这么说，仿佛自己再劝下去就不是警察了似的，于大虎无奈，只好讪讪离去。

回到屋里，于大虎躺在床上辗转反侧："现在又该怎么办？只能祈祷这一宿薛警官不要醒来,等明天再找机会遛进他房间偷取手机。我还就不信了,那个女医生真的能做到寸步不离?"

想到这里,别无他法的于大虎也只能如此了。他叹了口气,把注意力转移到窗外的大雨上,滂沱大雨倾盆而下。"真希望这雨能赶紧停,自己也好赶紧离开这个鬼地方。"

揣着这幽怨的念想,于大虎在床上渐渐昏睡过去。等他再醒来时,天已经亮了,而窗外的雨声不知何时也已停息。

于大虎从床上爬起来的同时,床头柜上的电话机响了,接通电话后才知道是大巴司机杨师傅通知大家去车祸现场找行李。

身为通缉犯的他,当然不会有什么行李遗落在车祸现场,而那个女医生丁凝可就说不准了。"等到她随杨师傅他们离开宾馆之际,不就是自己偷取薛警官手机的最佳时机吗?"

想到这里,于大虎的内心终于安定了许多,起初的慌乱也渐渐消散。他就这么待在屋里,静静地倾听着楼下大堂的一举一动:先是零碎的脚步声,接着是人与人之间的交谈声,没过多久人的声音渐渐远去。想来大家已经在大堂集合完毕,离开宾馆前往车祸现场了。

即便如此,于大虎还是没有直接走出房间,而是先把脸贴到门板上,侧耳倾听了一会儿门外声音,确定走廊上静悄悄的再无一人,他这才慢慢打开自己的房门。

他从203客房走出来,蹑手蹑脚地往薛警官的房间走去。来到了201客房门前,他深吸了一口气,身为通缉犯的他如今要潜入警察的房间偷取警察的手机,如果不是形势逼人,他怎么可能会如此冒险?

于大虎伸出手,去推201客房的门板,就在他的手掌刚刚贴到门板上时,房门居然自己打开了——不是于大虎从外面用手推开的,而是被人从屋子里拉开的。

于大虎顿时一愣,吓了一跳,只见一个人站在自己的面前,而开门人似乎也没有料到门外站着于大虎,同样打了个冷战。

"丁医生,你没有和杨师傅他们去车祸现场找行李啊?"

"我贵重物品都在身上,再说这边也离不开我啊!"

"对,对,你们当医生的太负责了,真是医者父母心啊!"于大虎一边用话敷衍着,一边偏头窥视屋里的情形。

　　只见薛警官依旧躺在床上一动不动,似乎还在昏迷中没有醒来,电视机下方的写字台上放着一部黑色的手机。

　　"那应该就是薛警官的手机吧?可恶,就在眼前,我怎么才能拿到它呢?"于大虎回看四周,继续思考,"偌大的宾馆里寂静无声,大家都去车祸现场找行李了,除了宾馆老板,恐怕这里也没有别人了。"

　　于大虎又把目光移向窗外,他心中渐渐有了主意:"现在大雨已停,如果这时候我把女医生打晕,然后抢过薛警官的手机一跑了之,似乎也是不错的办法。"

　　想到这里,于大虎悄悄攥紧了藏在身后的拳头,他必须保证自己一击将对方打晕,不能有任何闪失。

　　可是,就在于大虎准备出手的时候,意想不到的事情发生了。女医生丁凝突然说道:"于警官,正好你在这儿,太好了。"

　　"怎么,有什么事儿吗?"

　　丁凝指了指怀中抱着的空桶,道:"我要去再取些冰块,你能帮我照看一下薛警官吗?"

　　"可以,可以,非常乐意,你快去吧!"

　　所谓"踏破铁鞋无觅处,得来全不费工夫",等到丁凝走出门外,心中窃喜的于大虎赶紧大步踏进薛警官房间。

　　他先反手掩上房门,然后三步并作两步来到薛警官床前,低眼看去,只见对方双目微闭,从鼻息间发出微弱的呼吸。

　　于大虎赶紧去拿摆放在写字台上的手机,当他手指碰触到手机屏幕时,屏幕突然亮起,随后显示出"锁屏,请输入密码"字样。

　　于大虎一愣,记得当初在警车上薛警官操作手机时,似乎并没有输入解屏密码,再仔细想想当时的细节:"是的,没错,他坐在驾驶座上,一只手把着方向盘,另一只手拿起手机直接拍照,并没有任何输入解屏密码的动作。"

　　"难道当时是指纹解锁,我没有注意到?"

　　于大虎正琢磨着,突然听到三楼走廊传来了激烈的争吵声。

　　"怎么回事儿?难道留在宾馆里的不只有丁凝,还有其他人?"

想到这里，于大虎赶紧屏住呼吸，仔细倾听。那争吵声似乎从三楼来到了二楼，越发清晰，争吵的两个人不是别人，正是住在三楼的田丰大和韩国栋。

"他们两个人，好像一个手包被偷，而另一个则被怀疑成小偷，这才一直纠缠不休，甚至还把我错当成警察，一再要求破案呢。"

这时，两人的争吵声刚好从门前经过，然后没走两步又驻足，随即传来敲门声。

伴随着敲门声一起传来的还有韩国栋的一声声叫门："于警官，开门啊！这个小偷遛进我客房行窃被我抓个正着。"此时的于大虎不敢发出一丝响声，生怕对方发现自己在201薛警官屋里，再来缠着自己破案。

那敲门声响了一阵，终于停息，而争执声从201门前经过后也渐渐远去，似乎是顺着楼梯往一楼大堂去了。

于大虎不敢再耽搁下去，赶紧拿起薛警官的右手拇指，往手机屏幕上的指纹解锁键按去。

"解锁失败？难道是左手？"

于大虎又拿着手机绕到床的另一侧，拿起薛警官的左手拇指按向手机屏幕上的指纹解锁键。

"还是没有反应，怎么回事儿？难道不是拇指，是其他手指？"于大虎慌忙地拿起薛警官的其他手指去试，他心里清楚，只有解开手机屏锁才能找到卖肾人的联系电话，否则一切都是白费。

于大虎正手忙脚乱地拿着薛警官的手指解屏，突然来电音乐响起。

于大虎大惊失色，生怕手机铃声将薛警官吵醒，所以看也不看赶紧将来电挂断。同时，"砰"的一声，丁凝从外面推开房门，一脸狐疑地走了进来。

她警觉地看看于大虎，又看看他手里的手机，质问道："你拿我手机干什么？"

于大虎一愣，这才反应过来，支支吾吾道："这是你的手机？不是薛警官的？"

丁凝似乎开始有点怀疑于大虎了，她一边走近，一边问道："你和薛警官是同事，却不认识他的手机？"

于大虎讪笑了两声："你俩手机同款嘛，认错了哈。对了，薛警官的手机放哪儿了？"

丁凝道："没看到他手机。"

"没看到他手机？难不成这个警察的手机还遗落在车祸现场？"

丁凝走到正在思考的于大虎面前，伸出手来索要自己的手机："刚才我听到了手机铃声，是不是来电话了？你给挂了？"

"是，是，我误当成薛警官的手机了。"于大虎解释道。还没仔细看清未接来电的号码，手机就被丁凝夺了过去。

"奇了怪了，你既然把我手机错当成了薛警官的手机，那刚才的来电你又为什么要去挂断呢？"

面对丁凝的咄咄逼人，于大虎几乎无力招架。

"这个，这个，怎么说呢……"

就在于大虎无法自圆其说的时候，韩国栋的声音突然在门口响起。

"于警官，可找到你了，我跟你说，这个田丰大刚才偷偷溜进我房间行窃，被我抓了个正着。"

"哦哦，这么大胆，敢在警察眼皮子底下作案！"于大虎瞪了一眼被韩国栋反扣双臂的田丰大。

"可不是吗？于警官，我希望你能彻查他的客房，我手包肯定就是被他偷的。"

"必须的，走，咱们现在就去他房间搜查！"

在田丰大房间搜找手包的时候，于大虎心里只挂念着一件事，那就是如何与卖肾人取得联系。万万没想到的是，他通缉犯的身份会因为一张逮捕令而暴露无遗。

宾馆老板唐天从丁凝手里接过手铐，反铐住于大虎的双手。身为通缉犯的于大虎忍不住望向了丁凝，对方也正在看着他。

"是的，当初在薛警官房间里，错拿手机并且挂断来电这个异常行为，恐怕早就引起了丁医生的怀疑，如果那个时候，自己能果断一点，立刻逃跑，又怎么会落到现在这个下场。"

于大虎心中有些懊悔，这时候，他耳边响起了丁凝的声音。

"早就觉得你有问题，想不到你竟然是通缉犯！"

身后的唐天推了于大虎一下："伪装成警察以为就能瞒天过海了？哼哼，想不到吧，法网恢恢，疏而不漏。"

于大虎被这么一推，朝前跟跄了几步，站住脚步后，他幽幽道："是啊，就像秋后的蚂蚱，不论怎么蹦跶，都蹦跶不了几天，更何况是在十月。"

说这句话的时候，于大虎脸上露出了苦涩的笑。

诚然，他是一名通缉犯，可他还是一名父亲。此时此刻，被铐上手铐押往地下室的他，心里会想些什么呢？恐怕最念念不忘的还是卖肾人的那颗肾脏，以及他那患有重病等待救治的儿子。

如果给于大虎一次机会，让他挣脱手铐的束缚，从地下室里逃脱出来，他会选择做什么？

答案毋庸置疑，他肯定会在第一时间返回车祸现场，从那辆被撞得面目全非的警车里找出薛警官的手机。

天遂人意，于大虎不但逃脱了出来，而且还到了车祸现场。就在眼前不远处，他看到一个人钻进了警车里，当那个人再钻出来时，正手拿手机在听电话。

那个男人不只接听了手机来电，好像还查看了手机里的信息。

于大虎从地上摸起一块石头，然后弯着腰悄悄接近。

雨，越下越大，噼里啪啦的雨声正好盖过了于大虎的脚步声。当距离那个男人还有五六步的时候，透过密集的雨帘，他终于认出了对方的身份。

"七彩毛寸，戴着耳钉，这不就是那个叫刘力勇的吉他手吗？"

就在于大虎辨认出刘力勇身份的同时，刘力勇似乎也觉察到了身后有人接近，正要回看时，于大虎抄起手中的石头，冲着对方的脑袋就是一下。

伴随着"啊"的一声惨叫，刘力勇猝不及防，手里的手机掉落在地。他捂着额头连连后退，直退了四五步才站住。鲜血已经顺着刘力勇手指的缝隙流淌出来，和雨水混在一起。

于大虎本以为自己这一下，必然能将对方撂倒，没想到一个玩音乐的吉他手脑袋会这么硬，非但没被撂倒在地，倒退了几步后竟然还反扑上来。

于大虎发愣的工夫，对方已然冲到面前，一手抓住他的衣领，另一手攥拳欲打。

按理说这一拳是挨定了，于大虎下意识闭上眼睛，没想到刘力勇"咦"了一声，随即道了句："我还以为是谁呢，原来是你啊！"说话间，于大虎的衣领已然被松开。

于大虎又是一愣，再次睁开眼睛，只见对方倒退了两步，回身去捡地上薛警官的手机。

刘力勇一手捡起手机，另一只手去擦拭额头的鲜血，道："哥们，你太莽撞了，怎么不问清我的身份就打我呢？"说着，看到于大虎一脸茫然，又道："得了，我也不埋怨你了，其实以前我跟你一样莽撞，不问青红皂白，上来就干架。结果呢，一失手背上一条人命。唉，哥们，你肯定也是因莽撞犯案而被通缉吧？"

于大虎听得不耐烦，忍不住问道："你谁啊？"

"哦，哦，忘了自我介绍，我是毒贩。"

"毒贩？卖毒品的？"

"是啊，其实呢，咱俩是一帮的……啊！"刘力勇话没说完，额头又挨了一石头，原本止住的鲜血又开始流。

"谁跟你一帮？"于大虎一边说着，一边抓着手中的石头再次砸下去。

"喂，你这个人怎么不听我把话说完啊！我是毒贩，你是通缉犯，咱俩共同的敌人是警察，应该一起弄死那个警察，而不是在这儿自相残杀！你说是不是这个理儿？"刘力勇狠狠抓住于大虎高举石头的手腕，尽量心平气和地解释。

于大虎甩开刘力勇，抓着石头又是一下。

掺和着雨水的鲜血渐渐遮住刘力勇的视线，额头的连续撞击，已经让他头脑轰鸣。以刘力勇以往的性格，他早就翻脸跟于大虎玩命了。

可是现在，老大那张慈祥和蔼的脸一直在自己眼前闪现，而老大的谆谆教诲也不断地在耳边回响："勇啊，你已经不是马仔了，遇到事情一定好好说话，不要上来就动手，要稳重冷静，要胸怀大格局！记住，开创皇图霸业，靠的不是打打杀杀，而是人情世故！"

"哥，哥们，你能好好听我说话吗？能不能别这么莽撞，咱俩都是犯罪分子，讲点人情世故好吧，别上来就互相打打杀杀，应该合伙对付警察……"

显然，于大虎并不想跟刘力勇合伙对付警察，就看他呸了一口唾沫，道了句："去你妈的！谁跟你一样？我是为了救我儿子才犯罪的！"他一边用手中石头一下下砸向刘力勇，一边在嘴里不停念叨着："我勒索的是无良地产商，骗的是他的黑心钱，我杀的是和我一起参加绑架的同伙。我伤害的每一个人都是罪有应得的坏人。我虽然也是罪犯，但我们不一样！我们不一样！"

伴随着于大虎的一下下重击，刘力勇的脑海里突然想起了大壮的歌声。

"我们不一样，每个人都有不同的境遇，我们在这里，在这里等你；我们不一样，虽然会经历不同的事情，我们都希望，来生还能相遇……"

在模糊的回忆里，刘力勇回忆起来，几年前他捅人的那个夜晚，对方美发店的音响里似乎放着的就是这首歌曲。一瞬间，刘力勇感觉自己又回到了那个夜晚，他被别人痛殴，他奋起反抗，于是他随手抓起地上的一样东西，狠狠地刺向揍他的人。

于大虎感到腹部一阵剧痛，拿石头的手停了一停，随即改成双手高举石头，拼尽所有力气朝刘力勇的脑袋砸去。就听"咔嚓"一声，似乎是头骨碎裂的声音，鲜血飞溅而出，如红色的花一般在雨里绽放。

也就在刘力勇头颅破裂的一瞬间，那一晚他捅人的画面在片刻间消散殆尽，只看到老大那张和蔼可亲的脸在对着自己憨笑。

"老大，这家伙不跟我讲人情世故，上来就干架，我没办法才还手的！"

随着意识的渐渐消失，带着这句解释，刘力勇终于停止了呼吸。

用石头砸死刘力勇之后，于大虎从泛着水花的泥地里拾起了薛警官的手机，他打开信息栏看了一遍，然后将手机扔到地上，抬起脚狠狠地踩了下去。

这部生命力极其顽强的华为手机，没有在车祸中损坏，也没有被雨水淋坏，更没有在打斗中摔坏，最后却被于大虎用鞋一下下踩坏。

即便如此，于大虎仍不放心，又把手机卡从支离破碎的手机里取出，用力掰断。

直到做完这一切，于大虎才长吁了口气，也就在这时，他终于觉察到自己腹部撕裂般的疼痛，低头一看，一根钢条直插进自己的小腹，鲜血顺着伤口流淌了一地。

"这钢条应该是汽车相撞时飞落下来的部件，刚才和毒贩搏斗时，被这小子随手抓起，捅了一下。"

于大虎想到这里，脸上不由露出了一丝苦笑，整个人也似乎放松下来。本来他还为怎么离开这里而犯愁呢，现在则完全没有这样的顾虑了。

确实，自从犯了绑架杀人案后，这两年他一直在跑、在逃。此时此刻，他终于不用再跑再逃了，因为他哪里都不用去了。

不知道从什么时候起，天上的雨已经停了，四周静悄悄的，没有一丝声响，也没有人来打扰。于大虎忍着腹部的剧痛，艰难地来到刘力勇的尸体前，他蹲坐下来，看到死者口袋里的烟盒。

于大虎把烟盒掏出来，从里面捏出一根香烟，然后用打火机点燃，慢慢地吸着。

烟，是好烟，南京九五之尊。可惜只吸了两口，腹部的疼痛就让他忍不住躺倒在地。于大虎捏着烟，吸不下去，又舍不得扔掉，他就这么捏着，平躺在刘力勇的尸体旁，睁大眼睛看着雨后的天空，看来明天会是个晴朗的日子。

于大虎这样想着，慢慢合上了双眼。他忽然回忆起，在警车里薛警官曾经对他的质问。

"如果有一天，你儿子长大了，他知道你为了救他而犯下的这些罪恶，他会怎么看你，又会怎么看他自己？"

其实，这些年来，同样的问题，于大虎也一直在问自己。身为通缉犯，法律的制裁也许可以逃避，但是这个问题却是如何也逃避不了的。于大虎真的害怕那一天的来临，他不知道该如何面对自己的儿子。

而现在，于大虎终于不用再害怕这个问题了，因为他马上就要死了。

揣着这个念想，通缉犯咽下了最后一口气。在他死的那一刻，他脸上挂着安详的笑容。

第 8 章：助手，要会察言观色

身为侦探助手，最害怕什么？

毋庸赘述，答案肯定是：害怕被侦探解雇啊！

而现在，罗小梅似乎就面临着这样尴尬的处境。

虽然给田丰大这样穷困潦倒的侦探当助手没有任何金钱报酬，但是罗小梅时刻牢记着初中班主任的教诲：跟随优秀的人学习经验，乃是人生最宝贵的财富。

而作为名侦探的田丰大本来就不给助手金钱报酬，现在甚至连经验这种虚无的人生财富都要收回。

"侦探大叔，你到底在查什么案子，不要瞒着我啦！"罗小梅一脸茫然地质问田丰大。

田丰大一脸不屑地解释道："小妹妹，你真的误会了，我没有要瞒你的意思，我就是不想告诉你而已啊！"

"你为什么不想告诉我？是因为案子很危险，你担心我的安危吗？"

"正好相反，我是担心自己的安危！"每次案子只要有罗小梅参与，田丰大就必然会被当成凶手逮捕归案。所以，坊间都戏称田丰大为"把自己推理成凶手的笨侦探"。"这哪里是自己'推理'的，明明就是罗小梅瞎捣乱之后，自己被人'陷害'的。"一想到这里，田丰大就气得牙根痒痒。

"果然是很危险的案子，不然你怎么会担心自己的安危？"

"小妹妹，我这边确实不需要你，如果你真的很想破案，麻烦你去帮薛警官好吗？做事儿不能总坑一个人，对吧？"田丰大不由分说地把罗小梅推出了自己的客房。

被推到走廊的罗小梅看着紧闭的房门，无奈地叹了口气，就在她不知所措的时候，一楼大堂突然传来薛警官的大呼小叫。

"这种声音，肯定是发生意外了。难道，难道又有人被杀了？"一想到凶杀案，原本萎靡的罗小梅突然神采飞扬起来。

这时，楼梯口传来一阵急促的脚步声，邵斌一脸沮丧地奔跑上来。

"出什么事了，邵斌？"罗小梅隔着七八步的距离，对站在楼梯口的邵斌问道。

"班长，大事不好了，那个通缉犯逃跑了！"邵斌一边说着，一边朝最近的 302 客房走去。

"通缉犯跑了？"罗小梅脸上现出一丝失望，随即又问，"他不是被关在地下室，还铐着手铐吗？"

"鬼知道他怎么挣脱的，哎呀，不跟你说了，薛警官发脾气了，要我通知大家到一楼大堂集合呢。"说话间，邵斌抬手去敲面前 302 房间的房门。

"我帮你一起通知！"说着，罗小梅回身又开始敲田丰大的房门。

"又是谁啊？"房间里传出田丰大不耐烦的声音。

"侦探大叔，是我，罗小梅。"

"呼啦"一下，门被从里面用力拉开，露出田丰大满是烦躁和厌恶的脸。

"说了多少遍了，让你去帮薛警官破案，能不能别来烦我！"

"就是薛警官的意思，通知大家到一楼大堂集合。"

田丰大闻听此言，警觉道："怎么？又出什么事了？跟你说，我可是一直在屋里待着，哪里都没去……"

田丰大话还没说完，就被邵斌不耐烦地打断。

"这些话你都留着和薛警官说吧，我只负责通知。"说完，就看邵斌又去敲韩国栋的房门。

很快,大家都到了一楼大堂,有郝美、韩国栋、田丰大、罗小梅、姜鑫、邵斌,还有画家李小佳、医生丁凝以及宾馆老板唐天。

薛警官正一脸愁容地站在大堂中央,手里拿着一副手铐。

田丰大眼尖,先看到薛警官手中的手铐,奇道:"咦,这不是用来铐通缉犯的那副手铐吗?难不成是通缉犯跑了?"

薛警官瞪了田丰大一眼,冷冷道:"看不出来,你知道的还不少!"

田丰大突然有一种撞枪口的不祥预感,连连摆手道:"刚才分开后,我一直都待在屋里,我什么都不知道。"

"你一直待在屋里?"没等薛警官找茬,旁边的郝美却先发难,她眉毛一挑,质问道,"你现在不是应该前往车祸现场帮薛警官找手机吗?"

"哎呀,外面下雨了啊!"

"这么重要的东西,因为下雨就不去了?我看你就是存心拖延!"

"手机落在车祸现场,都已经一天了,早一会儿去找,晚一会儿去找,又会有什么关系呢?"

"你就不怕雨水把手机淋坏吗?或者这就是你的企图!"

面对郝美的咄咄逼人,田丰大赶紧缴械投降:"姑奶奶啊,我服了你了,我现在就去找手机,好吧!"说着,准备朝外面走去。

"回来!"薛警官一声喝止,冷冷道,"现在是通缉犯跑了,怎么逃脱的还没搞明白呢,谁也不准离开这里!"

大家你看看我,我看看你,薛警官的言下之意再清楚不过,他怀疑宾馆里有人是于大虎的内应,故意放走了他。

大家想到此处,又不约而同地把目光停留在田丰大身上。

"喂!喂!你们都盯着我看干嘛?又不是我把他放跑的。"

"好了,当初是谁把于大虎关押进地下室的?"薛警官提问道。

唐天迟疑了片刻,举手道:"我、刘力勇,还有这个叫邵斌的男生。"

邵斌在旁边赶紧道:"称呼我'红领巾'就行。"

薛警官显然没有把邵斌列入嫌疑人行列,盯着唐天道:"只有你和刘力勇？"

"是啊！"唐天被警察盯得心虚，怯怯懦懦道。

薛警官颇有些失望地指着田丰大，问唐天道："没有这个侦探吗？"

唐天重重地叹了口气，也显得很失望："唉，没有，要是有就好了！"

田丰大愣了一愣，抗议道："什么叫'没有这个侦探'？什么叫'要是有好了'？你俩这是什么心思？"

薛警官对田丰大的抗议置若罔闻，叹息道："哎吆，这样就有点扑朔迷离了。"

唐天已经别无退路，只得道："一定是刘力勇搞的鬼，是他打开地下室的门，放走了通缉犯。大家想想看，他是毒贩，又是杀人犯……"

"等等，你说什么？"薛警官打断唐天的话，质问道，"你说刘力勇是毒贩，你是怎么知道的？"

唐天自知说漏了嘴，后悔不已，但事到临头还是向警察老实交代的好，于是拿出刘力勇写给自己的小便条，递给薛警官看。

"薛警官，你看，这是刘力勇留给我的小便条，我刚看到。"

薛警官轻声阅读完上面的内容，回看唐天，道："刘力勇的毒品箱在你这儿？"

唐天赶紧返身回到自己的小屋，再出来时，怀里抱着那个被砸坏密码锁的行李箱。

"一看完便条，我就赶紧把这个行李箱砸开，薛警官，你看一下，这些应该就是毒品吧？"

薛警官探过头去，看到行李箱里果然装着一袋袋白色粉包，他怔了一怔，赶紧伸手拿过一袋，撕开小口，嗅了嗅，惊喜道："真的是毒品！"

众所周知，贩毒乃是大案。那些缉毒警察又是安排线人又是卧底潜伏，费尽千辛万苦都不一定能侦破的案子，如今却像是天上掉的馅饼，落在了薛警官的面前。

"塞翁失马，焉知非福！焉知非福啊！"薛警官手里捧着毒品袋，激动得几乎颤抖。显然，之前让通缉犯逃脱的不快，立刻被无意中缴获毒品的欣喜所取代。

薛警官激动之余，想摸手机向领导汇报自己的收获，结果摸了半天才想起手机落在车祸现场了，于是"拉不出屎怨茅房"地指着田丰大，道："让你去帮我把手机找回来，不去，净耽误事儿！"

田丰大则"哪壶不开提哪壶"地问道："薛警官，你不是要追查通缉犯逃跑的事情吗？"

薛警官面色一红，正要辩解，却被唐天在旁边抢白道："之前我不是说了吗，通缉犯很可能就是毒贩放走的，像他们这些犯罪分子，向来都与警察为敌，关键时候联手也是很正常的！"

薛警官顺着台阶赶紧往下下，拿着那张便条，道："所以，抓到毒贩，很可能也就能抓着了通缉犯！"

田丰大呸了口唾沫，不屑一顾道："你们当犯罪分子是玩过家家，联手对付警察？闹呢！还'抓到毒贩也就能抓到了通缉犯'。哼，到了车祸现场等着被啪啪打脸吧！"

到了车祸现场，确实是被"啪啪"打脸了，只不过被打脸的又是倒霉的名侦探田丰大。伴随着罗小梅的一声低呼，只见一个人血肉模糊地躺在地上一动不动，看那头上的七彩毛寸，应该是毒贩刘力勇。很快，她又看到倒在刘力勇旁边的于大虎，忙拉了拉薛警官的衣袖，道："看，通缉犯也倒在那里，正躺着抽烟呢！"

薛警官没想到自己料事如神，两个犯罪分子果然在一起。他用像看吉祥物一样的眼光深深地望了唐大一眼，随即掏出腰间的手枪，弯着身子悄悄摸上去。身为侦探助手的罗小梅，见到血案就跟打了鸡血似的，精神抖擞地也要跟着上，却被薛警官拉住。再看其他人，都在后面驻足屏息，不敢发出一点声音。

薛警官走到距离于大虎还有三四步远时，只见对方两指间的香烟一闪一灭，点点火星随风飘散开来。显然是那香烟快燃到了尽头，而于大虎却丝毫没有反应。

薛警官愣了一愣，直起腰来探望，这才注意到于大虎的腹部插着一根钢条，已经死了。

抓捕通缉犯的同时又无意中破获了贩毒案，对于警察来说，这无疑是双喜临门的好事。眼下的情形不难看出两个人应该是发生了矛盾，互殴致死。薛警官瞅了瞅躺在泥水里的两具尸体，生出一种"警察还没出手，坏人就死了"的英雄无用武之地的无力感，他叹了口气，收起手枪，对后面跟来的住客们招了招手，道了句："都死了，过来吧！"

众人闻言，起先还都忐忑，待走过来看清眼前的一幕，这才吁了口气。尤其是唐天，本来一直担心自己会遭到毒贩的报复，现在通缉犯和毒贩互殴致死，心中一块石头总算落了地。

然而，唐天还是挂念着杨师傅捎给他的那一箱子义乌名表，见尸体周围没有，就钻进大巴车里找寻，过不了片刻，终于找到，仿佛是见了失散多年的亲人，亲切地抱在怀里久久不放。

薛警官见唐天钻进大巴车，自己也跟了过来，却不上车，只立在车外高喊："唐老板，找什么呢？"

唐天听到这一声呼叫，叹了口气，对着箱子摸了又摸后，才拎着走出大巴车。

薛警官见唐天手里拎着行李箱，随即醒悟，问道："这就是毒贩拿错的那个箱子啊？"

"对，对，刘力勇正是错把杨师傅的箱子当成他自己的行李箱，才勒死杨师傅的。"唐天忙不迭地回答，他颇有些不情愿地把手中的行李箱递给薛警官。

薛警官打开一看，居然是一箱子的名表，他愣了一愣，道："这个大巴车司机不会是个走私犯吧？"

唐天忍着痛说："我什么都不知道，哎呦，真是知人知面不知心，没想到那杨师傅看着忠厚老实，竟然背地里还违法走私。"

薛警官合上箱盖，心满意足道："抓通缉犯的同时缴获了毒品，还牵连出走私案，这趟差出得值啊！"

薛警官高兴的同时又不忘自己遗落的手机，于是对田丰大喊道："名侦探，你找到我的手机了吗？"连叫了几声对方都没有反应，只好回身看去。只见田丰大正出神地盯着一个方向发愣，像是没有听到他说话一般。

反倒是女医生丁凝从尸体不远处的地方找到一部支离破碎的手机,拿给薛警官,道:"这个是你的吗?"

薛警官接过一看,正是自己的宝贝手机,摔成这样显然不能用了。他不死心,又去翻手机背壳,想取出电话卡。

丁凝道:"不用看了,手机卡肯定早就浸水,废了。"

薛警官想到自己胜利的喜悦不能立刻汇报给局长大人,不由狠狠瞪了田丰大一眼,埋怨道:"你早过来找手机,也许就淋不坏了!"说着,将那破碎的手机装回口袋里。

此时此刻,所有人都围了上来,有的不忍直视,有的则唏嘘不已。而姜鑫则在旁边"啧啧"惊道:"哇靠,竟然是双死,像不像白狼王自爆带人的节奏啊?"

姜鑫这句话本是说给罗小梅听的,不想站在旁边的郝美听在耳中,忍不住问道:"什么'白狼王自爆带人',难道又是狼人杀里的游戏板子吗?"

姜鑫点点头道:"白狼王也是狼人杀里的角色,属于狼人阵营,其实是最强的狼人。"

"最强狼人?"郝美瞅了姜鑫一眼。

"是的,白狼王的角色技能不仅仅是晚上可以刀①人,还可以在白天随时选择自爆,他的自爆不但能打断好人的发言,让白天直接结束,进入黑夜,还具备带走任意一名玩家的功能!"

"自爆,还能带走人?就是说他自杀,还可以再拉一个场上的角色同归于尽?"

姜鑫"嗯"了一声,接着道:"所以,抽到白狼王角色的玩家,通常都不会担心自己身份被暴露,他会瞅准时机选择自爆,带走好人阵营的某个重要角色。"

说到这里时,罗小梅突然插言道:"姜鑫,别说了,这是现实中的

---

① 刀,是狼人杀游戏中的术语。刀即是杀。

凶杀案,又不是狼人杀游戏,根本不一样。"

"怎么不一样啊?大家一上来就识破了于大虎的通缉犯身份,他不就相当于暴露身份的白狼王嘛!而且,于大虎本来已经挣脱开手铐从地下室逃跑了,可他却没有走,而是选择和毒贩同归于尽,我就问你像不像白狼王自爆带人?"

"你也说,于大虎是和毒贩同归于尽。可是在游戏里,白狼王自爆只会带走好人,你见过白狼王带走狼同伴的板子吗?"

"哎呀,狼人阵营闹掰了呗!再说了,白狼王自爆通常都是为了隐藏重要的秘密。小梅,你看,这毒贩和通缉犯都死在这里,说不准这里真藏着什么见不得人的秘密呢?"

听着这两个女生关于狼人杀的争执,在旁边默然不语的郝美又想起了王三喜临死前对她说的那半句话。

"对了,小姐姐,我跟你说,那个韩国栋也很有问题,他刚才一脸凶相地跑来跟我打听……"

如果真的把王三喜比作狼人杀里的预言家,把于大虎当作是白狼王,在游戏里,白狼王自爆通常都是为了让预言家报不出验人结果,那么在现实中,于大虎和毒贩自相残杀所要掩盖的秘密,会不会和王三喜没说出口的那半句话有关?

郝美不禁倒吸了口气,她又联想到了今天下午在自己房间被人打晕这件事,这会不会都与同一个秘密有关呢?

郝美想到这里,不自觉地多看了韩国栋一眼,也就是这不经意的一瞥,让她看到了意想不到的一幕。只见韩国栋探头探脑地围着刘力勇的尸体走来走去,像在寻找什么,却又不走近了找,两只眼睛只在死者的裤兜、手边的位置瞄来瞄去。

"为什么一直围着刘力勇看来看去,难不成韩国栋跟毒贩还有什么交集吗?"

就在这时,韩国栋眼前一亮,像是发现了什么重要的东西,脸上露出惊喜的神色。

郝美忙顺着韩国栋的目光看去,看到于大虎右手指间夹着的烟蒂。

"难道韩国栋找来找去,找的就是这枚烟蒂?可是,这么一枚烟蒂会有什么问题呢？"正疑惑间，郝美忽然注意到了烟蒂上的花纹，"那花纹，我好像在哪儿见过？对，我应该抽过同牌子的香烟！到底是什么烟呢？"

郝美猛地注意到于大虎手边不远处的烟盒，是南京九五之尊的香烟！

"这不是我从王三喜那里拿的那盒烟吗？怎么会出现在这儿？哦，对了，是我不小心落在刘力勇房间了。这样看来，刘力勇又把这盒香烟带到了车祸现场，然后才会出现在于大虎手边。"郝美想到这里，突然发现韩国栋也正注视着那盒香烟，而且还一步步朝烟盒的位置悄悄靠近。

"难道，韩国栋在找的是这盒香烟？奇怪，他找王三喜的香烟做什么？"一瞬间，郝美忽然意识到，"不对！王三喜怎么可能抽得起这么名贵的香烟，所以一定是偷韩国栋的！"

"如此看来，王三喜临死前说的那半句话很可能就是和这香烟有关，莫非有什么重大秘密藏在烟盒里？那么自己被打晕这件事，也一定是韩国栋干的，他是想打晕自己逼问烟盒的下落，只是不巧被那个半吊子侦探撞破！"想到这里，似乎一切的疑问都得到了解答。也就在捋清头绪的下一刻，郝美突然看到韩国栋的手已经伸向了那盒南京九五之尊。

"喂！案发现场的东西不要乱碰！"

韩国栋伸出的手颤抖了一下，赶紧又缩回去，随口胡诌道："我瞅着什么东西从他口袋里掉出来了，想看一下。"

被郝美这一吼，薛警官也从胜利的喜悦中醒过神来，他一边往这走，一边道："对，对，大家都不要乱碰案发现场的任何东西。"

薛警官来到于大虎尸体旁蹲下来，戴上手套后拿起那盒南京九五之尊，问韩国栋："是从这个口袋掉出来的吗？"

"是！是！"

薛警官想都不想就把那盒香烟塞回于大虎的口袋里，然后问唐天借了手机，拍了几张案发现场的照片，对大家道："你们几个男的，过来帮忙把这两具尸体抬回宾馆。"

"对,总不能就这么晾在路边吧。明天山路一通,这场面多吓人啊!"韩国栋说着,快步上前准备去抬于大虎的尸体,却被郝美挡了下来:"你这么壮,当然去抬刘力勇了,怎么还找瘦弱的抬?"说完,郝美又朝唐天努了努嘴,道:"唐老板,你帮韩国栋一起抬刘力勇。"

这下,田丰大急了眼:"那我怎么办?薛警官身体还未痊愈,我一个人可抬不了于大虎。"

这时,身为医生的丁凝走过来,抬起于大虎的双脚,道:"我是医生,不忌讳死人,我来跟你一起。"

于是,韩国栋和唐天合力抬着刘力勇的尸体,而田丰大和丁凝一起抬着于大虎的尸体,其余人走在前面,一行人深一脚浅一脚地往山顶宾馆走去。

大约用了不到一个小时的时间,众人回到来乐客山庄。薛警官先让大家把尸体抬进宾馆旁边的地下室,然后自己拎着刚缴获的走私手表的箱子和毒品箱返回房间。

在走向楼梯的过程中,唐天跟在后面请示道:"薛警官,那个,王三喜的尸体放在301半天了,还有杨师傅的尸体,能不能也一起都抬到地下室去?"

薛警官驻足,回看了唐天一眼,道了句:"也是,你们开宾馆的最忌讳客房里死人。那这样吧,我随你先去案发现场拍几张照片,然后你再把尸体抬到地下室去。"。

于是,两人先往杨师傅陈尸的205客房走去。

田丰大原本也跟在薛警官身后上楼,但听到他和唐天的对话,生怕自己又被叫去抬尸体,忙埋着头自顾自地继续往三楼走。

不只是田丰大,还有韩国栋、丁凝、李小佳、姜鑫以及邵斌,也都返回了各自的房间。毕竟这一天发生了太多离奇可怕的事情,所有人都筋疲力尽,想赶紧回房间睡上一觉。

当然,除了罗小梅。

"喂,小妹妹,折腾了一天你不累吗?你不累我还累呢,麻烦请你回屋去，好吧？"躺在床上的田丰大一脸倦容地下了逐客令。

"侦探大叔，发生了这么多案子，你居然还睡得着？"罗小梅坐在床边瞪大眼睛盯着田丰大，不可思议地惊叹道。

"能！"田丰大用被蒙住头，他实在不想面对眼前这个女生。

罗小梅腾地站起身来，一把掀开田丰大蒙头的被子，纠缠不休道："侦探大叔，你别睡了，赶紧起来好好想想。"

田丰大无奈地坐起身来，道："想？案子都破了，想什么想啊！"

"不是啊，大叔，我问你，你就这么肯定是毒贩放跑通缉犯？"

"刚才你也看到了，他俩确实在一起，不是毒贩放走通缉犯，还能是谁？"

"好吧，我问你，毒贩是什么时候放走通缉犯的？"

"小妹妹，你忘了吗？最先发现杨师傅被害时，刘力勇曾怀疑是于大虎干的，独自跑去地下室查看于大虎有没有逃脱。我估计，就是那个时候放走的。"说着，田丰大突然又想起了什么，对拍双手道，"刘力勇那个时候打开地下室的门放跑于大虎，肯定是想把杨师傅的死嫁祸给于大虎。这样也就解释了，为什么在车祸现场他俩会互殴致死，因为于大虎发现了刘力勇放走自己的真实意图，气愤之下和刘力勇打起来了。哈哈哈哈，你看，我这么一捋，所有问题都清楚了吧！"

"好，就算是刘力勇打开地下室的门放走了于大虎，可是，你别忘了，于大虎当时是被铐着手铐的。又是谁打开于大虎的手铐的呢？"

"哎呀，小妹妹，你这个问题根本不能算问题啊。听薛警官说，于大虎当初被押进警车时，也是铐着手铐的。车祸发生后，他不是自己打开手铐了吗？所以啊，像开手铐这种小事，都是通缉犯的必备技能，没必要深究！"

"喂，侦探大叔，什么叫'必备技能，没必要深究'，你这回答太敷衍了，身为名侦探，你能拿出激昂的斗志与犯罪分子决一胜负吗？"

"好啦，小妹妹，就算是名侦探也是要打盹睡觉的，破案这种事情还是留着明天再说吧！"田丰大一边打着哈欠，一边不由分说地将罗小梅推出屋去。

"这里面肯定有问题，不行，我要去找薛警官问个明白！"

"对对对,这本来就是薛警官的案子,有什么问题你都去问他,别来烦我了。"

"好的,侦探大叔,你放心,等我问清楚关于手铐的细节后,我肯定会回来跟你汇报的。"

"喂!喂!小妹妹,你听不到我说话吗?还是你一直活在自己的频道里?我什么时候要求你跟我汇报了?"

"等我回来!"话音未落,罗小梅便转身跑出房间。

"别回来了!我要睡觉了!"田丰大站在门口,探出身子对着罗小梅远去的身影喊道,然而回答他的只是"噔噔噔"的脚步声。

"管他的,老子现在就睡觉!"田丰大嘟囔了一句,故意打了个大大的哈欠,然后"砰"地一下关上房门。

就在田丰大关上房门的那一秒,原本挂在他脸上的倦容一扫而光,那双蒙胧的睡眼变得炯炯有神。

如果明天盘山公路真的能顺利疏通的话,那么今晚就是抓住韩国栋婚外情的最后机会。身为名侦探的田丰大,不论自己处于什么样的环境,无时无刻牢记在心的,永远都是客户委托给他的调查任务!

"上午,那个潜入韩国栋房间消失不见的穿白鞋的女人,必然就是他的情妇。"田丰大非常自信自己没有看走眼,并且很确定那个女人就在宾馆里。

名侦探又回想起:下午韩国栋潜入郝美房间,将郝美打晕并且绑住双手。他开始误以为韩国栋是要伤害郝美,直到郝美反咬袭击者是自己并且百般包庇韩国栋时,田丰大才隐隐觉得这次袭击事件里藏着猫腻。

他回到房间浏览了一些国外比较开放的小网站,这才明白,原来捆绑也是一种男女情趣。怪不得郝美一直诬陷自己是袭击者,她一定是想掩盖她和韩国栋之间的那种见不得人的男女关系。

明白这一切后,身为名侦探的田丰大叹了口气,没吃过猪肉,光看猪跑确实不行啊!不过还好,调查还没有沦落到无可挽回的地步,只要在这最后一个晚上盯死韩国栋和郝美,定然能找到他俩偷情的证据。

想到这里,田丰大重新打起精神,他走到墙边,贴耳偷听隔壁韩国栋客房的一举一动。也就在这时,他似乎听到了韩国栋的脚步声,一下一下像是在朝门口接近。

　　田丰大不敢有丝毫懈怠,贴着墙也慢慢朝门口挪动。

　　果然,是开门的声音,虽然很轻微,但还是被田丰大敏锐地捕捉到。接下来是脚步声,韩国栋似乎从屋里走了出来,沿着走廊而行。

　　田丰大不敢怠慢,忙将自己房门拉开些许缝隙,探出脑袋窥视,正巧看到韩国栋拐向楼梯口的身影。

　　"这么晚了还离开房间肯定有问题!是私会情人吗?郝美不就住在他隔壁吗?又何必下楼去偷情?"田丰大心中纳闷。

　　这时,郝美突然从自己客房里偷偷探出头来,她一转头忽然看到探头探脑的田丰大,于是瞪了名侦探一眼,道了句:"死变态!"说着,"啪"的一声又把门关上了。

　　"呀呀呀,果然,他俩是想出去私会。哎呀,没想到机会转瞬即逝,就差一点儿,又功亏一篑了!"田丰大站在走廊上,气得捶胸顿足,可是转念又一想,"这也没办法啊,对方是两个人,自己只是一个人,一个人看两个人,怎么看也看不住的!这时候,要是能出现个帮手,帮自己一起盯人就好了。"

　　想到这里,田丰大不由重重叹了口气。也许正是这一声长叹引起了上天的怜悯,就在名侦探感慨自己缺少一名帮手时,走廊尽头306客房的门突然开了,邵斌从客房里走出来。

　　田丰大愣了一下,就见邵斌站在门口的走廊上做起了伸展运动。

　　"喂,少年,你在干什么?"

　　"我睡不着,出来活动一下。"

　　"要活动回屋里活动,在走廊上活动什么?"

　　"大叔,不知道为什么,一在屋里就闷得慌,内心像燃烧着一团火,狂躁得很。"

　　"少年,你,你是到了躁动的青春期了吧?既然睡不着,帮我个忙呗!"

　　"不帮,我活动一会儿就要回去睡觉了。"

"少年,你是不是一直在找人给你们学校写表扬信?"

听到这句话,邵斌的眼睛里散发出奇异的光芒,随即又灭了下来,道:"算了,不差你这一封。"

田丰大"嘿嘿"一笑:"少年,你可能不知道吧,我有一个私刻公章的朋友。"

邵斌愣了一下,停下正在进行的伸展运动,问道:"表扬信和私刻公章有什么关系?"

"我可以刻很多公章啊,比如街道居委会,比如某某公司,比如什么单位。以这些公司、单位、居委会的名义给你们学校寄的表扬信,是不是要比以个人名义寄的表扬信效果更大呢?"

邵斌脸上现出惊喜的表情,连连点头:"哇,大叔,你还有这本事啊!快告诉我,你需要我帮你什么忙?"

田丰大朝邵斌招招手,把他叫到跟前,小声道:"刚才,住在303的那个胖大叔出门了,他很可疑,你帮我盯住他,但凡看到他跟哪个女人接触,立刻回来告诉我!"

"哦,就干这事儿啊,我最擅长了。"

"什么?你最擅长了?你经常帮大人抓婚外恋吗?"

"婚外恋什么的我没抓过,但是我帮我们副班长抓过早恋。"

"副班长?就是那个姜鑫?少年,她是学霸,你是学渣,你俩还能玩到一起?"

"什么玩到一起,大叔,你太单纯了,这叫'人在学校,身不由己',再说副班长怎么了,副班长也需要眼线帮她盯住那些不听话的学生,对吧?"

"好吧!少年,听你这么说,我就放心多了。以你在学校的经历,我相信社会上这点事儿根本难不住你,你肯定能圆满完成任务的。"

田丰大拍了拍邵斌的肩膀,对他寄以厚望。看着少年远去的身影,他心里默默地琢磨着,找侦探助手还是要找少年这种接地气的,像罗小梅那样凡事都要打破砂锅问到底的,就很烦人。毕竟,当领导的都喜欢只做不问的员工,侦探也是一样。

揣着这样的想法,田丰大返回自己的屋中,他刻意用力地关上自己的房门，营造出自己已回屋睡觉的假象，以此麻痹郝美。

在田丰大的认知里，委托人委托他调查的那个和韩国栋有私情的女人，就是郝美了。现在有少年暗中帮自己盯住韩国栋，自己的压力顿时减轻了很多。聪明机智的名侦探甚至还施展出蒲松龄小说里狼假寐的套路，让郝美放松警惕，借此诱他俩上钩。

就在田丰大脑补自己各种神机妙算之际，只听302的门似乎开了，接着又听到走廊里隐约传出细碎的脚步声。

田丰大料想是郝美耐不住性子开始行动了，因为自己的偷窥行为已经被郝美注意到了，所以任何轻举妄动都可能打草惊蛇，田丰大只能继续装成蒲松龄小说里的假寐狼，窝在客房里潜伏不出。

确实如田丰大所想，郝美从房间里蹑手蹑脚地溜出来时，一直留意着田丰大房间的动静，毕竟那个变态的男人总是虚掩着门伺机偷窥，何况，郝美要做的事又非常隐秘，不想让任何人知道。因此，郝美拐到楼梯口时，并没有直接下楼，而是隐身在那里偷偷观察走廊上的动静，见田丰大并没有跟出来，这才略微放心地沿着楼梯下来。

郝美直接来到一楼大堂，她看四周没人，赶紧快步走到前台后面的小屋前，用手指轻轻敲击门板。

屋里的人似乎早就在等郝美来，那敲门声只响了两下，门便被人从里面打开。唐天探出头来，低声道："怎么才来？"

"哎呀，你不知道，那个变态侦探成天躲在门缝里偷窥，我这不是不想被他发现嘛！"说话间，郝美已经快速闪入屋里，唐天随即把门关上。

郝美一进屋就看到桌子上放着的那盒南京九五之尊香烟。

"怎么样，有什么发现吗？"

唐天点点头，摊开手掌，露出掌心里的芯片，对郝美说："真让你说中了，这烟盒里确实藏着秘密。"

郝美将芯片捏在手中，冷笑道："哼，男人那点儿心思，一举一动，都逃不过我的法眼。我早就觉得那胖子心里有事儿！"

唐天点点头，道："还是你电话打的及时，我一放下你的电话，就去地下室找这烟盒。跟你说，我刚回来，就看到韩国栋从楼上下来，想来也是去找它。"

郝美"嗯"了一声，道："先别说这个了，芯片里的内容你看了吗？"

"刚才用电脑看了，都是药名，还有化学公式，看不懂。要不，郝美，你看看。"

郝美大手一挥，颇有自知之明地说："得了吧，你高中学历都看不懂，我一个小学五年级文化的怎么能看懂？"说着，她又反复把玩着手里的芯片，喃喃自语道："要是咱俩能搞明白这玩意儿里面的道道就好了，说不定可以狠狠勒索那胖子一下。"

唐天想到那一箱走私手表白白落到警察手里，不无感慨道："谁说不是啊！至少可以弥补一下我的损失。"

两个人正在嘀咕芯片内容的时候，屋里的电话突然响了起来。

唐天凑过去一看，是内线电话，来自薛警官所在的201客房。这唐老板早已经被人民警察的庄重威严所震慑，见来电显示如见薛警官本人，下意识地颤抖了一下，不由自主地问郝美："那警察打电话来做什么？"

郝美说："肯定找你有什么事呗，接来听听。"

唐天点点头，对郝美做了个噤声的动作，同时又先打开电视机，这才去接听电话。

"喂？薛警官，这么晚了有什么事吗？"

"哎呀，唐老板，王三喜的东西是不是在你那儿保管着呢？"

"哦，是啊！"

"麻烦你跑个腿，帮我送过来好吗？"

"好，没问题。"

挂断电话后，唐天从保险柜里拿出王三喜被抓时从他身上搜到的东西，对郝美道："我先把小偷的东西给薛警官送去，回来咱俩再研究芯片的事儿！"

郝美瞅了一眼曾经和自己共眠过的客户的遗物，完全没有睹物思人的伤感，只见她对唐天挥挥手，道："快去吧！我在这儿等你。"

唐天"嗯"了一声，拿着王三喜的东西，离开小屋直往二楼走去，把郝美独留在屋里。

也就在郝美对手中的芯片翻来覆去看个不停的时候，电视机里传出的话语引起了她的注意。

"近日发生的傅姓男子遇害一案，犯罪嫌疑人基本可以锁定为其直属上司韩某某。据警方透露，受害人遇害地点正是其直属上司韩某某办公室，而案发后韩某某一直不知所踪，所以警方初步判定其极有可能畏罪潜逃。另悉，韩某某又是最近轰动一时的X制药集团违规操作一案的主要负责人，而傅姓男子遇害可能也与此有关……"

起先，郝美并没有在意新闻播报的内容，只是不经意间的抬头一瞥，却让她惊骇不已。因为，在眼前的电视屏幕上，郝美清楚地看到韩国栋的照片出现在新闻画面里。

"难道，难道这芯片里的内容，和X制药集团的违规操作有关？"郝美想到这里，不由倒吸了一口凉气，她下意识地想，"这个新闻可千万不能让薛警官看到，如果他看到的话，那么用芯片勒索韩国栋的计划可就泡汤了！"

"阿嚏！阿嚏！"薛警官突然连打了两个喷嚏，然后他揉着自己的鼻子道："同学，你看我都感冒了，什么事不能明天再说吗？"

"警察叔叔，你有没有点常识啊？打一个喷嚏是有人在想你，打两个是有人在说你坏话，打三个才是感冒！"

薛警官张了张嘴，想酝酿出第三个喷嚏，结果却没成功，只能道："都这么晚了，我也该休息睡觉了。"

"警察叔叔，休息不急于这一时，你再好好想想，于大虎是怎么打开手铐逃脱的？"

"同学，我当时押于大虎进警车时，他也是铐着手铐的。车祸发生后，他不是也自己打开手铐了吗？所以啊，像开手铐这种小事儿，都是通缉犯的必备技能，没必要深究！"

"哇，警察叔叔，怎么你对待问题的态度和侦探大叔一样敷衍啊？"

"什么？把我和那个人相提并论？喂，同学，你怎么能骂人呢？"

"可是,我问侦探大叔这个问题时,他的回答几乎和你一字不差啊!"

"你看,于大虎都已经死了,鬼知道他是怎么打开手铐的。"薛警官说到这里一顿,又补充道,"也许,当初发生车祸,他偷偷打开手铐之后就把手铐钥匙留在自己身上了。"

"可是,手铐钥匙呢?并没有看到啊!"

"随手扔了呗!"

"那也应该是打开手铐后和手铐一起随手扔在地下室里啊,都已经是随手扔了,就没必要分两次随手扔,对不对啊,警察叔叔?"

"哇!同学,你到底想怎么样?"

就在薛警官抓着头发悲叹不已的时候,敲门声突然响起。

听到敲门声,薛警官像是来了救星,隔着门就叫道:"是唐老板来送王三喜的遗物和赃物是吧?快进来,快进来!"

说话间,唐天已经捧着王三喜的东西走进屋来。在薛警官的指示下,他把东西放到面前的桌子上,然后和薛警官打了声招呼就转身离开了。

薛警官目送唐天出门,又用饱含深意的目光看着罗小梅道:"同学,不好意思啊,我要开始工作了。"

"警察叔叔,你刚才不是说要睡觉吗,怎么现在又要开始工作了?"

薛警官故作无奈地叹了口气,道:"没办法,一天之内发生三起命案,死了四个人,他们的遗物证物我都要归类整理。唉,身为警察啊,就是要有这种废寝忘食、为人民服务的精神。"

罗小梅敬佩地看向薛警官,随后又把注意力放到桌子上的那堆东西上:"这些都是王三喜的遗物?"

"是啊,不光有他自己的,还包括他偷别人的赃物,像这块江诗丹顿的手表肯定是赃物。唉,这些东西我都要区分好,还要想方设法联系到失主,会很辛苦!"薛警官说到这里,话锋一转,开始直奔主题道,"同学,你提到的那个手铐钥匙的问题,确实非常关键,我也很想和你一起把这个疑点搞清楚。可是你看我现在手头还有这么多工作要做。要不这样,你先回去,等明天有时间咱俩再一起探讨?"

"哦，要不，警察叔叔，我帮你一起整理归类这些东西吧！"

"不用！不用！这都是案件的重要物证，你一个学生哪能随便乱碰?！"说着，薛警官又从储物柜里抱出一个纸箱，里面装的是每个死者的随身携带物件，每一件都用透明袋子套着。薛警官把这些东西摊开铺到桌子上，让自己显出很忙的样子。

"哦。"罗小梅脸上露出失望的表情，她也不转身离去，就站在薛警官身旁静静地看着他归类物品。

薛警官一边煞有介事地归类物品，一边说："同学，你站在我旁边很令我分心，会影响我正常工作。要不你先回屋睡觉，好吗?"

"咦？警察叔叔，有问题呐！"

"真是服了，同学，你又有什么问题，请你放到明天可以吗？"薛警官猛地抬起头来，一脸不快地看着罗小梅。

罗小梅却丝毫没有觉察到薛警官的不满，她的注意力完全被铺开在桌子上的物品所吸引。

"警察叔叔，真的有问题呀，王三喜的手机不在这里。"

"那，一部联想手机，一部碎屏的 iPhone 6，两部都在这儿啊！"

"这两部是和手表放在一起的，应该是他偷的赃物。我指的是他自己用的手机，在这里我没看到。"

"你眼大漏神是吧？"薛警官从桌上众多物品里捡出一部红色的三星手机，在罗小梅眼前晃了晃，"这么艳的手机你看不到？"

"这不是王三喜平时使用的手机！"

"怎么不是？刚才我和唐老板把王三喜尸体抬到地下室时，亲自从他口袋里摸出来的。"

"不对！王三喜用的手机是诺基亚，不是这部三星手机！奇怪，那部诺基亚手机呢？"罗小梅一边喃喃自语，一边扒拉着桌子上的证物。

虽然物品上都套着透明袋子，但薛警官还是赶紧制止了罗小梅的行为。

"喂！同学，你再这么毫无规矩地碰涉案物品，我可要给你们学校写批评信了！"

罗小梅似乎毫不在乎损害荣誉，她瞪大眼睛瞅了半天，自言自语道:"那部诺基亚手机真的不在这里啊?"她又问薛警官:"警察叔叔,你确定王三喜的口袋都被掏干净了?"

"那么件单衣,又不是里三层外三层,当然被掏得干干净净。"薛警官不耐烦地回应道。

"总不至于不翼而飞啊!"罗小梅沉吟片刻,突然抬起头来对薛警官说,"警察叔叔,奇了怪了,王三喜的诺基亚手机……"

"走走走,你的问题我没法回答你,我还要工作呢,你赶紧走!"不待罗小梅说完,薛警官已经不由分说地把她推出了门外。

"砰"的一声关门响,罗小梅像是被菩提祖师逐出师门的孙猴子,一脸疑惑地站在走廊上不知所措。

"我记得王三喜的手机就是诺基亚啊,为什么警察叔叔非说是三星呢?难道是我记错了?不对,当时邵斌和姜鑫也在场,他们还嘲笑过那部诺基亚手机来着,这些细节我不可能记错!"

就当罗小梅喃喃自语时,突然传来了一阵急促的脚步声。她好奇地探头看去,只见满头大汗的邵斌一脸惊恐地沿着楼梯跑了上来。

罗小梅见邵斌忙大声喊道:"邵斌,等等,我有事儿问你。"

结果就听邵斌回了句:"班长,有什么事儿回头再说!我的妈呀,太可怕了,吓死本宝宝了!"说话间,便见他头也不回地朝三楼跑去。

"等一下啊!我就问你关于王三喜诺基亚手机的事儿!你怎么还跑呢?奇怪了!"罗小梅跺了跺脚,上楼梯追了过去。

"噔噔噔",在一阵急促的脚步声之后,邵斌和罗小梅两人一前一后来到了三楼。

邵斌穿过三楼走廊,直接往名侦探所在的304客房奔去。那脚步声早就引起了田丰大的注意,未等邵斌跑到,田丰大已然打开房门从里面迎了出来。

"少年,看你这么激动,是不是有重大发现?"

"太,太,太可怕了,好恶心啊!"邵斌气喘吁吁道。

"可怕?恶心?"田丰大隐隐觉察出话风不对,催问道,"你看到了什么?"

"那个韩国栋溜到地下室,在通缉犯的尸体上摸来摸去!"

"在通缉犯的尸体上摸来摸去?"

邵斌点点头,又道:"他似乎还不过瘾,摸完通缉犯的尸体,又去摸毒贩的,好恶心啊!"

"然后呢?"

"然后我就吓得跑回来了!"

"什么?你吓得跑回来了?没再继续盯着韩国栋啊?"

"有什么好盯的啊,难不成看他把四具尸体都摸完再回来?"邵斌不解道。

田丰大气得直跺脚,道了句:"少年,你做事太不靠谱了!"说完,他转身直接往楼下跑去。

"大叔,我的表扬信呢?"邵斌缓过神来,突然想起正事,对着田丰大的背影高喊道。结果他这声问话并没有得到田丰大的回应,倒把隔壁屋的姜鑫招来了。

"邵斌,你在走廊里喊什么表扬信?你是不是想在表扬信上作假蒙骗学校?"不知什么时候,姜鑫已经双手叉腰,一脸正气地站在了邵斌身后。

"啊!副班长,你什么时候出来的?你不在屋里睡觉吗?"邵斌转过身来,惊慌失措道。

此时,邵斌听到身后又传来了罗小梅的声音。

"姜鑫、邵斌,你们都在这儿,太好了,我正好有事情要问你俩!"罗小梅风风火火地朝这边跑来。

"小梅,你先听我说,邵斌他想弄虚作假坑骗学校的表彰。"姜鑫一边说着,一边冷冷地看着邵斌,脸上露出了"我俩非弄死你不可"的凶恶表情。

结果姜鑫的话还没说完,就被罗小梅打断道:"我问你俩,昨天在大巴车站,那个王三喜撞倒我后,你俩逼他留下手机号码,他当时掏出来的是诺基亚手机吗?"

邵斌一听,赶紧顺着罗小梅的问话转移话题:"是啊,是我从他口袋里摸出来的。你忘了,副班长还嘲笑他手机太落伍了呢!哈哈哈哈!"

罗小梅对姜鑫道："对了，姜鑫，快把你手机给我。"

"这么着急要我手机做什么？"姜鑫一边说着，一边往外掏手机。忽然，她像是想起了什么，惊喜道："是不是突然特别想玩狼人杀了？来来，我给你下载一个……"

结果不等姜鑫说完，罗小梅已从她手里抢过手机，道了句："玩什么狼人杀？！我记得你曾经存下了王三喜的手机号码，我是要找这个。"

说话间，罗小梅已经从姜鑫的手机通讯录里翻出了王三喜的手机号码。

"找到了！"罗小梅一边说着，一边拿着姜鑫的手机顺着走廊右端的楼梯小跑着下去。

"喂，小梅，你拿我手机干吗？"

"拿去给警察叔叔看！"

"看归看，可别打电话，我话费余额不多了啊！"

"姜鑫，你放心，王三喜都已经死了，就是打电话也不会有人接的。"

罗小梅说这句话时，她整个人已经顺着楼梯从三楼来到了二楼。

这是二楼走廊的右端，而薛警官所在的201客房就位于二楼走廊的最左端。

"只要穿过这条长长的走廊，到警察叔叔的房间，把王三喜的手机号和那部三星手机的手机号进行比对，一切事情就由不得警察叔叔不信了。"

罗小梅一边想着，一边攥着姜鑫的手机，三步并作两步朝201客房走去。可是，就在她经过204客房的时候，本来已经从房门前走过去了，但是不经意的一瞥，让她忍不住又退了回来。

204客房的房门并没有关，而是半开着。罗小梅瞥到了屋里的一样东西，忍不住退了回来，在那半开的房门前驻足。

那么，罗小梅到底瞥到了什么？

伴随着些微的紧张，罗小梅轻轻推开房门，走进屋里，看见一部诺基亚直板手机被放在电视机下方的写字台上，正在充电。

"这不是王三喜的手机吗？怎么会出现在这里？对了，这是谁的房间？"

　　罗小梅正纳闷时，忽然感觉身后好像有人。她大惊失色，正准备回身去，就被一块木板劈头盖脸地砸下来，她只觉自己脑袋"嗡"的一声，接着眼前一黑，整个人昏倒在地。

第 9 章：杀手，肯定身不由己

身为杀手，最害怕什么？

可想而知，答案当然是：最害怕意外，尤其是像李小佳这样的女杀手。

也许因为女性特别谨慎小心，所以每次行动前她都会把杀人计划做得尽可能详细完善。毕竟这份工作不同于其他，一次失手不只是有损声誉这么简单，还可能暴露客户给他带来牢狱之灾，甚至使自己也陷入万劫不复之地。

但工作终究是工作，不是你想怎么样就能怎么样的。有时候突然来个急活儿，让你立马赶到某个地方把谁谁杀掉，你能不接吗？你如果不接，同行中大有人在想抢着接活，况且杀手界更是个竞争激烈且又有性别歧视的行业。身为女人，错过一次，以后客户可能都不会再派活给你了。

正是出于这种心理，李小佳百般无奈地接下了杀掉韩国栋这单活儿。客户显然遇上了严重的危机，否则也不可能急匆匆地直接打电话来联系李小佳。

"现在，马上赶到 X 制药集团大厦对面的咖啡店等我，有个人需要你立刻帮我把他解决掉！"

工作大过一切！本来还在家里准备晚饭的李小佳一挂断电话，就马不停蹄地赶往指定地点赴约。

赶到咖啡店时，客户已经坐在不起眼的角落里等候已久。

"怎么才来？"

"这旮旯不熟，整得我五迷三道的，走错了一段，又绕回来的。"

"用手机导航啊！"

"我这手机没有 GPS，也整不了导航 APP。"李小佳亮出她的诺基亚直板手机。

"哎呦，你就不能换个智能机啊？"

"那不安全，现在警察的技术可老厉害了，任何信息都能追踪分析，所以干我们这一行的还是远离智能机比较靠谱。"李小佳无奈地苦笑了两声。

确实，因为职业，她放弃了很多。当然，这份工作也给了她很多回报。

客户满意地点点头，道："就欣赏你这点，仔细谨慎。"说完，对方掏出一张照片递给李小佳。

李小佳接过照片，低头一看，是一个中年胖子，满脸横肉，看着让人恶心。

"韩国栋，你现在就去把他杀掉！"

"现在？"

"对。"客户说着，抬手指向马路对面的 X 制药集团大厦，"我刚才打电话确认过了，他就在位于六楼研发部门的主任办公室里。"

"现在弄死他？去他办公室？"李小佳脸上露出了不可思议的表情。她不是没在大庭广众之下杀过人，只是那次经过了周密的计划，而这次的杀人却是毫无准备。

客户似乎看出了李小佳的顾虑，从口袋里掏出一张临时门禁卡，道："放心，已经过了下班时间，我也确认了，他们部门就剩韩国栋留在办公室里，你把车开进地下停车场，然后用这个临时门禁卡坐电梯直接上六楼，杀完人后，你用车把尸体拉走，找个隐蔽的地方埋了。"

身为客户，永远都是一副"站着说话不腰疼"的态度，杀人移尸这么大的事儿说得就跟取个快递一样容易。

不过抱怨归抱怨，李小佳还是按照客户的指示，把车开进了地下停车场。下车前，李小佳特意戴上口罩，然后才坐电梯直接抵达六楼。在六楼尽头的主任办公室里，她一踏进屋，便看到了那个将死的男人正在弯腰开办公桌的抽屉。

快步上前，迅速拔刀，在男人起身准备打招呼的那一刻，李小佳将手中的刀捅进了对方的胸口。

胸口中刀本该立即死亡，但被捅者似乎有着野草一般顽强的生命力，居然能一直死咬着牙不肯咽气。

像这样的求生者，在她的职业生涯中，李小佳也遇过几次，只是眼下这个人却有些与众不同。众所周知，人在死之前都会有一个意识模糊的过程，而这个家伙似乎为了保持清醒，居然一直喋喋不休地跟她没话找话说。至于聊天内容，则无非围绕着"你是谁？""为什么要杀我？"之类能产生互动的话题展开。

作为杀手，管杀管埋，但绝对没有死前陪聊的义务，何况还要急着回家准备晚饭，李小佳决定对这个话痨再补一刀。

在补刀之前，李小佳突然想起一个问题来。按照杀手的工作流程，应该在动手杀人前先核实目标人物的身份。由于这次行动比较紧急匆忙，是在毫无规划的情况下贸然动手的，她本来打算等人死后再核实身份。既然如此，不如趁现在就核实。

李小佳边想边拿出目标人物的照片。她先看了眼照片上目标人物的样貌，又瞅了瞅眼前中刀人的长相，然后……

李小佳，愣住了！

一脸不可思议的李小佳快步走到中刀者面前，蹲下身子凝视着对方的脸，全神贯注，目不转睛。

终于，李小佳意识到一个问题，一个非常严重的问题。

她，她应该是杀错人了！

"这旮旯不是你办公室吗？"

"这，这，是我们主任的办公室！你要杀的人是，是，我们主任，对不对？"

对于被杀之人来说，世上最大的痛苦莫过于自己是被杀手错杀的。利刃扎心仍坚持不肯咽气的男人受不住真相的残酷打击，最终还是撒手人寰，气绝身亡。

"喂？我，我好像杀错人了！"

"什么？杀错了？你是猪吗？人就在办公室里，照片也给你了，你进办公室一刀捅死就OK了，多简单的事儿这还能杀错？"

"我是一进办公室就把人捅死了，可办公室里的这个人和你给我的照片上的目标人物不是同一个人。"

"你进的是主任办公室？"

"不扒瞎，整层六楼，就这么一间主任办公室。"

"那不能错啊！我听他们部门傅义聪说的，韩国栋就在办公室等着文件盖章呢！"

"等等，你说傅什么聪？"

"傅义聪。"

拿着手机通话的李小佳突然看到了死者胸前的工牌，上面赫然写着"研发部 傅义聪"六个字。

"被我弄死的那个人，工牌上写着'傅义聪'的名字。"

"好啊，这傅义聪在骗我，其实韩国栋根本就不在办公室，盖章的事儿是他替他们主任来办的！"说到这里，就听客户话锋一转，"哎呀，你说说，你这杀手是怎么当的，杀人前不确认好身份，凭白多背上一条人命，净给我添麻烦！"

所谓客户，不论哪个行业的都是一个德行，只要出点儿问题，都会不由分说地推卸责任。李小佳显然已经见怪不怪了，她赶紧回复道："有什么好急眼的，你放心，我一定会处理好，不给你惹麻烦。"

"行吧！你一定把现场处理好，我现在就去打听韩国栋的去向，一会儿给你电话。"

"好的，好的，你放心，我手机24小时开机。"

挂断电话后，李小佳本来打算和傅义聪说声"对不起"，结果对方没能坚持等到她道歉就已经没有了呼吸。

李小佳叹了口气，开始处理傅义聪的尸体。她先回到地下停车场，从自己车里拖出一个行李箱。这是她专门用来转移尸体的，箱子的大小正好能装下一个成年男子。

李小佳拖着行李箱返回到案发现场，打开箱盖，先将死者的身体侧塞进去，然后再把腿蜷起来。咦，死者这两只手为什么会握在一起了？这样正好，可以做出抱腿的动作，整个人蜷成一团，恰好能装满行李箱。李小佳最后合上箱盖，拉上拉链。

做完这一切，李小佳拖着行李箱搭着电梯直下到地下停车场，把行李箱塞进汽车后备厢，然后她自己开着车若无其事地从杀人现场离开。

在开车的过程中，李小佳又接到了客户来电。

"今天下午，韩国栋在旅行社报了个越南自由行，估计已经回家收拾行李了。"

"那我现在赶到他家去弄死他？"

"不，让他死在家里不如让他死在境外。我打听到他报的那个散客团后天出发，我把旅行社地址发给你，你现在……呃，这么晚估计也下班了，你明天一早赶紧也去那家旅行社报名，反正是落地签，有护照就行。"

"啊？明天就报团，后天直接前往越南？得嘞，谁让咱干杀手这一行呢？有时候说出差就出差，没办法。"李小佳在心里这么琢磨的时候，客户又说话了。

"那个傅义聪的尸体，你处理好了吗？"

"正在整呢。"

"我不管你怎么处理，就一点，别给我再惹麻烦！"

"你放心吧，老板，处理尸体也是我们杀手服务的一部分。我有数，不会让他被发现的。"

挂断电话后，李小佳不由一阵惆怅，本来打算尸体先放车里，先回家吃饭，等明天再找时间抛尸，可现在看来，今晚的晚饭是吃不上了。

她这样想着，随即把方向盘一打，改道驶上了另外一条道路。

所谓"兔子不吃窝边草"，当杀手的自然也不会在家门口抛尸，再加上客户一再叮嘱不要惹麻烦,李小佳思来想去,突然记起在城东有一处荒山,平时罕有人至,尸体埋到那里应该是比较保险的。

于是,李小佳驱车前往那里,在快到抛尸地点的时候,她看了下时间,才晚上九点半左右。

"这个时间去山上挖坑埋尸太早了,很容易被发现。既然这样,自己没吃晚饭,不如趁现在在附近找个小饭店先把肚子填饱?"想到这里,李小佳刻意放慢了车速,一边继续朝抛尸地点驶去,一边环顾路边寻找能吃饭的地方。很快,一家拉面馆出现在她眼前。

在路边停好车后,李小佳便下车走向拉面馆。在往里进的时候,她突然注意到,面馆门口有一个男生正蹲着手拿排骨逗一只萨摩耶。

当看到这只狗时,李小佳不由回头看了一眼自己停在路边的汽车。

"都说狗有灵性,这只萨摩耶会不会发现我车里藏着尸体呢?电视里不是经常有这样的桥段吗?狗对着藏尸的地方不停狂吠!"李小佳越想越担心,不禁多看了那狗一眼。

只见萨摩耶正对着男生手中的排骨伸长了舌头,那男生显然不是真的要喂狗,而是学着抖音电摆舞的姿势,拿着排骨上摇下晃地戏弄它。

"嗯,萨摩耶不愧是第一蠢狗,被戏弄了半天居然还没反应过来。就它这智商,注意力全在眼前的排骨上,应该不会察觉到我车上的尸体。何况,就算察觉到了,对着我车吠两声,又能怎样?大不了我把车开走。"

想通这一点,李小佳心里顿时安稳了许多,当即大踏步走进拉面馆。她找了个靠门口的位置坐下,点了一碗毛细,然后慢慢地吃起来。

就在李小佳吃到一半的时候,忽然听到门外不远处传来几声激烈的犬吠,接着就听那男生"哎呀妈呀"一声大叫,最后是"噔噔噔"奔跑的声音。

李小佳好奇,偏头看向门外,只见萨摩耶正蹲在门口舔那块排骨,而刚才戏弄狗的男生却不见了。她心中纳闷男生的去向时,便听激烈的犬吠声由远及近,再一抬头,见一只拉布拉多犬从拉面馆门口咆哮而过,显然是去追咬那男生去了。

"这熊孩子,欺负萨摩耶智商低,动不动就爱过来戏弄它。这不,拉布拉多看不下去,过来打抱不平了。"面馆老板笑嘻嘻地对李小佳解释道。

"哦!哦!这样啊!"李小佳敷衍地笑了两声,这时她注意到,门口那只萨摩耶吃完排骨后,开始慢慢朝自己停车的位置踱去。

"它不会是嗅出了藏在车里的尸体吧?也是,这萨摩耶笨归笨,但嗅觉却很灵敏。"李小佳正寻思时,果然听到店外自己停车的位置传来了犬吠声。

那萨摩耶一叫,原先追去咬男生的拉布拉多犬也跑了回来,和萨摩耶一起对着自己的汽车狂吠。

"坏了,这样下去,非引人怀疑不可。"李小佳不敢再继续吃下去,当即和面馆老板结账。

"哎呀,美女,怎么这就不吃了,是不是狗叫吓着你了?"老板说完,走到门口,对着那两只狗吼道,"别叫了,赶紧走,一边玩儿去。"

萨摩耶被老板这么一吼,乖乖地走开了。但拉布拉多犬却纹丝不动,反倒吠得更厉害。

"呀,跟我装听不见是吧?"老板算和狗置上了气,拉布拉多犬体型庞大,他不敢上前驱赶,只得仰头对楼上喊道,"小梅,赶紧下来管管你家小欧,叫个不停都影响我做生意了。"

李小佳故作镇定地对老板说:"我是真吃饱了,结账吧,老板!"

付完钱,李小佳从店里出来,走到车边开车门。她还虚情假意地摸了摸拉布拉多犬的头,对老板笑笑:"它可真调皮!哈哈!"然后钻进车里,赶紧发动车子离开。

"唉,唉,美女,前面是荒山,车开不过去,你就在这调头吧!"

李小佳却装听不见,只顾继续往前开车。结果那面馆老板热心过了头,跟在车后面小跑着,高喊:"喂!美女,你没听见吗?前面是死路,没有人,你自己开过去很危险的。"但见李小佳非但没有停车,还加起速来,又扯着嗓子道:"咋这么倔呢?不信是吧?"

老板的呼声之间,又夹杂着几声激烈的犬吠。李小佳不管不顾,又是一踩油门。所有的声音都被甩在身后的黑夜里。

四五分钟后，便到了荒山山脚。李小佳停好车，从后备厢里取出小铁锹，背在身上，然后又抱出盛放着傅义聪尸体的行李箱，连拖带拽地往山上走去。

　　又走了大约十分钟，李小佳找到一个背阴的地角，土质特别松软，非常适合挖坑，这才算选定了埋尸地点。于是，挖坑、抛尸、掩埋，做完这一切后已经快深夜十二点了。

　　李小佳拿着铁锹和空行李箱，拖着疲惫的身躯返回到山脚的停车地点。在开车回家的途中，她注意到那家面馆还亮着灯，却没看到老板。

　　"现在面馆也都是24小时营业了吗？"李小佳这样嘀咕着。

　　李小佳回到家中，洗完澡后赶紧休息。等到次日一早，她就前往客户指定的那家名叫"不三之旅"的旅行社，报了一个越南岘港自由行的散客团。为了谨慎起见，李小佳还特意问旅行社要了同团游客的名单，确定里面有韩国栋才放心。

　　虽然在任务一开始的时候，发生了一点儿小意外，错杀了一个名叫傅义聪的小角色。但话又说回来，像这种无关紧要的跑龙套人物，死就死吧，应该不会影响大局。更何况，现在一切都已步入正轨，目标人物确认无误，且自己也已经混进了目标人物所在的旅行团。只要不错过旅游大巴的发车，杀死目标人物，不过是早晚问题。

　　然而，就在李小佳觉得所有事情尽在掌控之中时，各种料想不到的小意外却层出不穷。先是因为天气，旅行社的大巴车迟迟不肯发车。紧接着，就在前去询问发车情况的时候，又碰到了一个超级热情的女生一再和自己搭讪。像这种过分的热情，让李小佳不由想起那晚抛尸时遇到的拉面店老板。显然，如果自己过于冷淡反倒会引起他人注意，所以只好敷衍地应和着。

　　由于执行的是杀人任务，李小佳并没有透露过多信息，只是简单说了目的地是越南岘港，结果那女生就非要拉着自己来认识她的同伴，说什么将来到了岘港可以互相照顾。就这样莫名其妙地，李小佳被女生拉着去见了她的同伴，另外两个学生，一男一女。

当李小佳把目光落到那个男生脸上时,她就像在电影里看到了彩蛋一样惊讶不已:"这不就是那晚在拉面馆门口逗狗,被狗追着咬的熊孩子吗?"虽然男生没有认出自己,但对杀手来说,这显然不是什么好事。

就在李小佳琢磨找个合适的借口脱身离开时,更大的意外发生了:她的手机,就是那部诺基亚直板手机,伴随着自己职业生涯多年存储着无数客户电话号码的手机不见了!

当时,那个叫罗小梅的女生非要和自己互留电话号码,李小佳拗不过,只得翻包去找手机,结果发现自己背包的拉链是打开的,接着她翻遍了包里的角角落落,始终没有找到手机。

被偷了!肯定是被偷了!但什么时候被偷的呢?应该是来国际大巴车站前被偷的!可恶,现在执着于手机何时何地被偷已经于事无补了,还是想想后面的事情该怎么办吧!

对于生性谨慎的李小佳来说,与客户联络的唯一工具就是那部诺基亚手机。如今手机被盗,客户联系不到自己,会不会产生误解,把自己当成骗取定金的大骗子?毕竟像雇凶杀人这种业务,雇主和杀手之间本来就是信任度极低的。若是手机落到小偷手里,那么自己的杀手身份很可能就此暴露。不仅如此,大量客户信息也会泄露出去,这样一来,不仅仅是自己的职业生涯就此终结,恐怕连自己的性命也难以保全。

想到这里,李小佳不由出了一身冷汗。

现在该怎么办?

她抬眼看到目标人物韩国栋走进大巴车,迟疑了片刻,咬了咬牙,最后还是硬着头皮跟了上去。

对于李小佳来说,她现在确实已经别无选择。她能做的,就是赶紧到境外杀掉目标人物,然后返回国内补办手机卡,通过通信公司恢复之前的通话记录,联系通知客户……

目前也只能这么办了。

所谓"计划没有变化快",而根据变化所制订的新计划又马上会被更新的变化所打乱。

突如其来的车祸，令大家被困在山顶宾馆，终于让李小佳起了在境内动手杀人的念头。而动手的时间则定在了车祸发生后的第二天上午，因为那个时候，大部分住客都会在司机的带领下回到车祸现场寻找遗落的行李，而韩国栋却选择待在屋里。哼哼，他既然选择自己待在屋里，那就是自寻死路，对于杀手来说，这无疑是最好的时机。

正当在大堂集合的住客们一起离开宾馆之际，李小佳回到自己房间，她从随身携带的包裹里找出一套新的衣服换上。

一名优秀的杀手在杀人时，都会穿上专门的工作服，这样就不必担心死者的鲜血会飞溅到身上。而身为女杀手的李小佳，在杀人前不仅会另换工作服，甚至连鞋子都会穿新的。因为根据鞋印判断凶手的身高以及走路习惯，是警察破案的惯用方法。而穿新鞋杀人，则可以让警察毫无头绪。当然，具有多年从业经验的李小佳，她的谨慎不止于此。你们可能想不到，她所有的新鞋买完后都会先放上一两年，之后才会在杀人时拿出来穿。这样警察即便想从新鞋销售渠道上调查，也同样会徒劳无功。

这个时候，李小佳已经换好了衣服。她脚上穿的白鞋，是三年前在西藏买的，一放三年，直到今天才第一次穿出来杀人。只一眨眼的工夫，原本文艺的女画家，就变成了利落的女杀手。恢复本职身份的她，将利刃藏在手中，蹑手蹑脚地潜入韩国栋的房间。

一进入 303 客房，李小佳并没有往里走，而是直接贴身藏在门后。她在等，等目标人物开门进屋的一刹那，就直接用利刃划破他的咽喉。面对这种猝不及防的袭击，寻常人通常会像小白兔一样毫无反抗之力，直接被一刀割喉。

李小佳正这么寻思时，隔着门板忽然听到走廊里传来了脚步声。那声响虽然很轻，但作为杀手的她还是能辨析得很清楚。随着脚步声渐渐逼近，藏在门后的李小佳不由屏住了呼吸。果然，如她所想，脚步声在门外停下。李小佳悄悄掏出画笔，拔出笔头，露出藏在画笔里的利刃。可是，这时门外却没了声音。

奇怪，这时候，目标人物不是该掏钥匙开门吗？然而，李小佳非但没有听到掏钥匙开门的声音,甚至连人的呼吸声都听不到。

愣了一愣后,李小佳悄悄把脸贴到门板上,透过猫眼朝外窥视。不看不要紧,她这一看倒是吓了自己一跳,只见那个住在304客房的侦探田丰大正在门口鬼鬼祟祟地站着,在他手中还拿着一部手机。

"怎么回事儿?是我进错屋了?之前已经误杀了傅义聪,难道这次又进错屋了?不会啊,我进来之前,门牌号瞧得很清楚,绝对不会错!"

李小佳心里想着,再次透过猫眼朝外窥视,这次她看到田丰大正弯着腰,似乎透过门缝也在朝里窥视。

"没进错,这应该就是韩国栋的房间,那个田丰大鬼鬼祟祟,肯定另有目的!之前听韩国栋说,他不是一直在跟踪韩国栋吗?不知道他是何方的神圣,唉,要是手机没丢就好了,还能把这个情况报告给客户。"李小佳边想边悄悄朝阳台走去。

显然,这次入屋刺杀是没法进行了,对杀手来说,现在首要的事情是要从这间屋子溜走。

从303客房的阳台翻进304客房阳台,再从304客房阳台翻进305客房。305客房住的是两个女生,她俩都随着司机前往车祸现场找行李了,所以可以在305客房避一避风头,再找机会离开。这条逃跑路线,是李小佳决定潜入目标人物客房实施杀人之前就已经设计好的。

一次刺杀失败并没有让李小佳气馁,及时总结经验教训是每个行业的从业人员都必不可少的行为准则,杀手尤其如此。

但现在的情形在李小佳看来并不乐观:首先,韩国栋认定自己的手包是被田丰大所偷,所以一直缠着那个叫于大虎的警察进行调查。目标人物总是和警察混在一起,杀手不好行动。其次,侦探田丰大已经看过了白鞋,虽然他不知道穿白鞋的人的身份,也没人相信他说的话,但这毕竟像一枚定时炸弹就埋在自己身边,随时随地都可能爆炸。再加上之前手机莫名其妙被偷,李小佳的心情突然变得非常低落。

就在她为这次杀人任务能否顺利完成而忧心忡忡之际,上帝之手似乎开始让天平向有利于李小佳的方向倾斜。一如影视剧里惯用的套路，当主角身陷绝境走投无路之际，编剧们总会绞尽脑汁编出各种剧情来令情节峰回路转。而现实显然比影视剧更离奇，先是那个于大虎，居然不是警察！他非但不是警察，甚至还是通缉犯。这样一来，整个宾馆就只剩那个姓薛的警察了，而他还躺在床上昏迷不醒。

没有警察的庇护，韩国栋就如同砧板上的小五花，要杀要剐随时都可以。正当李小佳为此暗暗窃喜之时，第二个喜讯接踵而来。最初杨师傅被害的时候，身为杀手的她因做贼心虚而隐隐有些不安。结果，杀人凶手很快被确定为301客房的小黄毛，随后大家又从他房间里找到了杨师傅的行李箱。

而最让李小佳意想不到的是，那部诺基亚手机竟然也从小黄毛背包的副包里找到了。看来，偷自己手机的小偷就是眼前这个小黄毛了。哼哼，大千世界无奇不有，这个可恶的小偷行窃后转了一圈，又被上帝送了回来。

更幸运的是，当李小佳无意中从失窃的物品里发现自己的诺基亚手机时，屋里所有人的注意力都被韩国栋和他的手包所吸引，根本没有人在意其他。正因此，李小佳才得以将诺基亚手机偷偷放进自己的口袋。所以，在旁人看来，那背包里的赃物，除了韩国栋的手包，就只有一块手表和两部手机了。

拿回自己手机的李小佳一回到客房就赶紧开机，紧接着诺基亚特有的开机画面之后而来的是数十条未接来电显示，全都来自同一个号码。

李小佳当然知道那个号码的机主正是雇佣自己杀害韩国栋的客户，所以她想都不想就赶紧回拨过去。

短暂的等候音后，是客户暴躁的怒吼。

"什么意思？关机玩失联？我合作过那么多杀手，你是服务最差的！"

"对不起！对不起！我这边出了点儿状况！"

李小佳正考虑该不该把手机失窃的事情告诉给客户，但又怕有损自己的职业声誉，杀手被小偷偷了毕竟不是什么光彩的事，何况又牵扯到客户们的信息安全问题。

就在李小佳犹豫不决之际,听筒里又传出客户的声音。

"你也知道出状况了?哼,你之前怎么向我保证的?你说你会处理好傅义聪的尸体!结果呢,人家警方昨天就找到我们公司了!"

"咋回事?尸体给发现了?"李小佳有点丈二和尚摸不着头脑。

"你以为呢?"

"不能啊,我埋尸那旮旯,荒无人烟的,根本没有人会去注意。"

"得了吧,还在这儿自以为是呢,没人注意?你前脚刚把尸体埋好,后脚就被狗给刨出来了。"

"狗?什么狗?"

"一只萨摩耶,还有个拉面店老板。"

"萨摩耶?拉面店老板?他们怎么会去那儿的?"

"呵呵,你不看新闻吗?"

"新闻?我坐的这辆旅游大巴昨天发生车祸了,刚折腾完事儿。"

"什么?发生车祸了?那个韩国栋死了没?"

"那倒没有,"李小佳说到这儿,赶紧补充道,"不过你放心,准教他瞅不见明天的太阳!"

"哼哼,你的话,我还能信吗?"

"对不起!真的对不起!傅义聪的事儿给你整差撇了,这次我给你免单好吗?"

"笑话!我们能雇凶杀人,还在乎这点儿钱吗?"客户重重叹了口气,"傅义聪被杀,警方那边暂时怀疑是韩国栋干的。你吧,顺顺利利地帮我把韩国栋解决掉,比什么都强!行不行?能不能做到?"

"能!"

"我听不到,你大点儿声,让我感受到你的决心和气势!"

"能!能!能!"

客户显然是干传销出身的,李小佳没办法,只能通过喊口号表决心。

挂断手机后,李小佳重新捋了一下头绪:"韩国栋肯定要杀,那么小黄毛呢？他偷了自己的手机，难免不会知道自己的职业身份。像杀手这种高危职业，不允许有一丝一毫的隐患存在，因为任何一个疏漏和仁慈都可能威胁到自身的安全，威胁到客户的利益。之前错杀傅义聪已经给客户带来了很多不必要的麻烦，现在更不能因为自己手机失窃，再给客户带去任何危险。"

李小佳此时已下定了决心，不光要杀死韩国栋，更要除掉王三喜。然而杀手，不光有勇，还要有谋。杀死一个人很简单，如何能在杀人之后顺利脱身则很难。尤其像现在这种处境，山体滑坡，大家被困在山顶宾馆根本无处可逃，那么杀人之后，找人背锅则显得非常重要。韩国栋好说，杀了他之后，大家最先怀疑的肯定就是那个住在304客房的田丰大。难就难在王三喜，他是杀害杨师傅的凶手，如果把他杀死，嫁祸给谁都不妥当。

算了，与其自己闷在屋里埋头苦想，不如出去走走。李小佳揣着这样的想法，走出自己的客房。也许是因为她要杀的人都住在三楼，所以不知不觉间，李小佳就顺着楼梯来到了三楼走廊。

就在李小佳为此一筹莫展之际，又出现了意想不到的转机。郝美，也就是那个导游，突然告诉自己，杀害杨师傅的真凶并非王三喜，而是住在206客房的刘力勇，所有的一切都是一场误会。

当郝美告诉李小佳这个消息时，身为杀手的她立刻决定先杀王三喜灭口。因为杀了他，所有人都会下意识以为凶手是刘力勇。然后趁大家把注意力都放在刘力勇身上之时，再找机会杀掉韩国栋。

李小佳当即把郝美支回房间，而自己则以找剪刀帮王二喜松绑为借口返回自己所在的204客房。

她回到204找出画笔——那不是普通的画笔，笔腹里藏着一把小巧的利刃。李小佳手持这么一把笔刀，走出客房，顺着楼梯直往王三喜的房间而去。

来到301客房，推门而入，李小佳最先看到的是王三喜那张充满惊喜和希望的脸。

"画家姐姐，你是导游姐姐派来救我的吗？"

李小佳并不言语，只是点了点头，然后一步一步往前走。

"看来导游姐姐已经告诉你了,我是被冤枉的,杀死杨师傅的凶手是住在二楼的那个杀马特。"

李小佳轻笑道:"杀人的确是被冤枉,但偷东西却不是被冤枉吧!"当杀手说这句话时,她整个人已经走到了王三喜的面前。

"哎呀,现在大敌当前,就不拘小节了懂吗?"王三喜说着,瞅了李小佳一眼,奇道,"导游姐姐没要你找剪刀吗?"

李小佳微微一笑,拿出一支笔。

"不是,小姐姐,你画画画愚了吗?让你找剪刀,不是找画笔!"

李小佳不答,只是用手扭开了笔尖。于是,藏在里面的利刃便露了出来。

"想不到还有这种操作。"王三喜惊喜道。

李小佳依旧不语,她一手拿刀,另一手则在王三喜的胸前比量,似乎是在找心脏的位置。

王三喜一愣,好像意识到了什么,但又不肯相信,急道:"别闹!别闹!"

"没跟你闹。"李小佳柔声道。说话间,她的手已经摸到了王三喜心跳的位置,接着她持刀对准了那里。

"你要干吗?"王三喜紧张得几乎要惊叫,可惜声音未及出口,他的嘴已经被李小佳的手捂住。

"干吗?干你啊!"说话间,李小佳已经把利刃插进了王三喜的胸口。

她这一刀插进去极慢,往外拔时也很慢,这样一来鲜血就不会飞溅喷涌,而是缓缓地流淌出来。

王三喜并没有立刻死去,他拼命地挣扎着。李小佳似乎早已料到对方的反应,她用手使劲按住王三喜的嘴,不让他发出一丝声响。

"老铁,扎心不?忍忍就过去了!"李小佳笑在王三喜的耳边轻语。果然,也就过了几十秒,这个被五花大绑的小黄毛就停止了呼吸。

杀完王三喜的李小佳赶紧收起笔刀,她略微调整了一下自己的情绪,就在她准备离开的时候,隔壁郝美的房间忽然传来了激烈的打斗声。仔细一听,似乎是韩国栋和那个叫田丰大的侦探又开始对打了。

"怎么回事儿？他俩怎么又打起来了。"李小佳不由皱起了眉头，但听那打斗声越来越激烈，她被困在杀人现场不敢轻举妄动。

"他俩要是再这么打下去，把其他住客招来，那可就真麻烦了，不如趁现在冒险离开。"

女杀手边想边伸手去开门。就在手碰到门把手的那一刻，她最担心的事情发生了。

只听"哗啦"一声，隔壁房门像是突然被人从里面拉开，想来是对打的一方势力太弱被打得准备夺门而逃。再往下听声音，夺门而逃者似乎并没有得逞，而是被对方又揪回屋里胖揍。

就在同时，走廊楼梯口传来了一阵急促的脚步声，像是两人同行，走到郝美房间门口便停了下来。短暂的安静后，响起了一个女生的声音。

"呀，他俩怎么又打起来了，啊，郝美姐姐这是怎么了？邵斌，你在这儿看着，我去叫薛警官来！"是姜鑫的声音。

藏在王三喜屋里的李小佳隔着门板听到姜鑫的这声喊叫时，心像是掉进了无底深渊。

"那两个不省心的男人，打来打去到底是要把其他人都招来了。等等，那个女生刚才说去叫谁？叫薛警官？难不成那个在车祸中昏迷的警察已经醒过来了？"

果然，没过多久，走廊上再次传来纷杂的脚步声，紧接着是薛警官义正辞严的喝止声，对打的两个人终于停下了。

与众人仅一门之隔的李小佳原本是惴惴不安的，所幸大家都追随着薛警官的步伐，拥进了郝美的房间，一时之间走廊上竟然没了人。

利用这短暂的时机，李小佳赶紧离开301客房，然后顺着房间旁边的楼梯下到二楼，穿过二楼走廊径直回到自己所在的204客房。

李小佳回到自己房间，原本只是为了藏匿凶器并打算置身事外，远离三楼，但是薛警官的介入让她不由产生了一丝顾虑。当警察的向来都很敏锐，王三喜的尸体一旦被发现，所有人肯定都会接受刨根问底的询问。虽然最有嫌疑的是刘力勇，但由于自己刚才并没有和大家待在一起，势必也会被薛警官怀疑。所以一定要想办法摆脱嫌疑。

这时,李小佳突然想起了剪刀。是啊,她之前是答应郝美找剪刀帮王三喜剪开绳索的,怎么把这茬给忘了?

想到这里,李小佳赶紧翻出剪刀,然后悄悄返回王三喜的房间,她手持剪刀进入客房,像是第一次发现王三喜被害一般,惊慌失措地丢掉手中的剪刀,慌慌张张地从凶杀现场奔跑出来。

她举手投足间无不展现出极高的演技,那演技高超得连她自己都相信了——她不是凶手,而只是尸体的发现者。

果然,一切如李小佳所料,王三喜的遇害,所有人下意识都认为是刘力勇所为。然而更让人意想不到的是,几个小时之后,大家在车祸现场发现了刘力勇的尸体。

"刘力勇一死,王三喜被杀的真相就彻底被掩盖下来了,恐怕再也没有人会知道诺基亚手机这件事了。"

回到宾馆客房的李小佳一边这样想着,一边从背包里找出充电器给诺基亚手机充电。

就在她为此暗自窃喜的时候,忽然门外走廊的尽头传来了一个女生的声音。

"邵斌,等等,我有事儿问你。"

女生话音刚落,便是男生的回复。

"班长,有什么事儿回头再说!我的妈呀,太可怕了,吓死本宝宝了!"

听到这两句对话,李小佳立刻听出是罗小梅和邵斌的声音。

罗小梅,一个话痨女生,总是热情过头,很烦人。还有那个叫邵斌的男生,在自己抛尸的夜晚曾和自己有过一面之缘,虽然他可能不记得自己,但毕竟是个隐患。总之,对这两个学生还是敬而远之为好。

李小佳这样想着,走到写字台前,准备检查一下诺基亚手机有没有充进去电。

可就在这一刻,李小佳拿起诺基亚手机的手突然停在半空中,一动不动。她整个人都像是被点了穴一般,凝固在空气里,脸色渐渐变得苍白。

为什么会这样？

因为她听到了一句话，门外走廊尽头罗小梅对邵斌喊的一句话。

"等一下啊！我就问你关于王三喜诺基亚手机的事儿！你怎么还跑呢？"

乍听到这句话时，李小佳愣了半晌，等她回过神来开门跑到走廊上查看时，刚才还在对话的罗小梅和邵斌两个人早已没了踪影。

"怎么回事儿？难道刚才自己听错了？不能吧！但是话又说回来，那个叫罗小梅的女生不应该知道王三喜偷诺基亚手机的事儿啊！"

原本还觉得一切尽在掌控之中的李小佳，突然惶恐不安起来，从事杀手工作多年的她从来没有像这次这样意外层出不穷。

"不论如何，先把韩国栋干掉，完成客户交给的任务才是正事儿！"李小佳心里虽然明白此番道理，但罗小梅知道诺基亚手机这件事儿却一直在她的心头萦绕。

就在这时，走廊右侧的楼梯口再次传来"噔噔噔"的脚步声，接着又是罗小梅的声音。

"姜鑫，你放心，王三喜都已经死了，就是打电话也不会有人接的。"

李小佳听出是罗小梅跑下楼的声音，她赶紧返回自己的客房，但却没有关紧门，而是把房门半开着，敞开的门缝正好能让人从外面看到电视机下方写字台上的诺基亚手机。

这是李小佳刻意为之，因为她知道当罗小梅从204客房前跑过时，一定会注意到自己半敞开的房门，也能透过门缝看到放在写字台上的诺基亚手机。李小佳做这一切就是想知道罗小梅到底能不能认出自己的诺基亚手机。

果然如杀手所担心的，罗小梅认出了诺基亚手机。

"这不是王三喜的手机吗？怎么会出现在这里？对了，这是谁的房间？"

就在罗小梅意识到这个问题的一刹那，原本躲在卫生间里的李小佳已站在了她身后。

不等罗小梅回头看清身后之人，李小佳抡起手中的画板直接将她打晕在地。

"接下来怎么办？杀她灭口吗？不行，不行，怎么可以让人死在自己的房间里，万一被警察发现蛛丝马迹怎么办？况且把她杀了，处理尸体会是个大麻烦。可是，如果不杀她，她醒来更麻烦！"

一时之间，李小佳感觉好烦。也许是杀手这个职业干得太久了，到了职业瓶颈期，再加上她本人习惯工作计划性强，每一步行动都要深思熟虑斟酌再三，这样就会更累，导致身心疲惫。

李小佳深吸了口气，努力平复内心的烦躁。她想冷静下来，好好考虑接下来该怎么办。

可是，上帝似乎偏偏要和她作对，故意不给她思考的时间。

就在这个时候，走廊右侧的楼梯又传来了脚步声。

李小佳这才发现自己的房门没关，赶紧反手关上房门。就在她合上房门的下一刻，门外的走廊上传来了邵斌的声音。

"副班长，你走这么急干吗啊？"

"废话，你手机被人拿走了，你能不急吗？"

"你是在追班长吗？哎呀，她又不会拿你手机不还你，急什么啊？"

"我是怕她用我手机打电话！"

"你都叮嘱过她你话费余额不足了，她也答应过你不会打电话。"

"女人的话也能信？"

说话间，两个人已经从自己门前走了过去，听脚步声，应该是朝薛警官所在的201客房去了。果然，伴随着短促的敲门声，走廊里传来了薛警官不耐烦的声音。

"工作呢！工作呢！什么事儿？明天再说！"

"警察叔叔，我是姜鑫，来找罗小梅！"

"她不在我这儿，你们大晚上的不睡觉瞎串溜什么？赶紧回屋睡觉去！"

过了一会儿，就听那姜鑫又道："看，怎么样，那个罗小梅搞鬼了吧，哼，不知道她拿我手机做什么去了！邵斌，把你手机给我！"

"干吗？"

"瞧你紧张的，我又不用你手机打电话！"

"哦,你不用我手机打电话啊?好吧,给你。咦,你在干什么?你不是说不用我手机打电话吗?呀呀,别往外拨啊!女人的话真的不能信!"

伴随着走廊上邵斌的吱哇乱叫,悦耳的手机铃声突然从罗小梅身下传出。

突如其来的手机铃声吓了李小佳一跳,她翻过罗小梅的身体,一部手机出现在眼前,而来电显示上写着"傻子斌"。

"坏了,没注意到这女生是拿着手机进来的,刚才把她打晕时,手机又正好压在了身下。"

李小佳懊悔不已的同时,姜鑫似乎已经听到了自己的手机铃音,并循着声音朝这边走来。

李小佳赶紧抬脚将那部手机踩碎,手机铃声也戛然而止,但这一切已经于事无补。

"罗小梅?罗小梅?你不要闹了,快出来吧!我刚才都听见手机铃声了。"

伴随着姜鑫的一声声呼唤,她和邵斌正一步步朝李小佳房间走来。再低头看眼下的罗小梅,她居然有即将苏醒的迹象!

这怎么可能呢?!身为杀手的李小佳,自然知道刚才那一击的力度。按照以往的经验,成年人至少应该昏迷两三个小时,可眼下这个女学生才被打晕不到几分钟,竟开始无意识地呻吟起来。

这完全不合常理啊!

就在李小佳百思不得其解的时候,她突然看到了罗小梅的脸,忽然明白了对方快速苏醒的原因。

是脸大!不错,刚才自己拿画板一下子砸到了罗小梅脸上,而这个女生就是占了脸大的优势,画板凌厉的攻势因面积均摊而被削弱了。

意外!意外!真是各种意外!怎么办?现在该怎么办?

一向心思缜密的李小佳,这个时候已经完全乱了阵脚。接下来该做什么,她彻底没了头绪。

杀了罗小梅?尸体没法处理!不杀她,等她醒来,自己打晕她的事情必然暴露。不仅如此,由于诺基亚手机,自己是杀王三喜的真凶也会被揭露！就算罗小梅不醒，她同学姜鑫和邵斌就在门外的走廊上到处寻找，找到这里只是时间早晚问题！

各种问题纠缠到一起，让李小佳不知所措。一瞬间，她突然感觉杀手这项工作也许真的只适合男人来做，因为他们果断决绝，很多时候做事不计后果反倒是一件好事！

当然，这个念头只是一闪而过，已经选择了这份工作，自然是不能临阵退缩。

既然如此，李小佳反倒静下心来，想想自己的初衷，想想自己的职业，想想自己来这里的目的。

想到这里，身为杀手的她终于明白自己接下来需要做什么了。杀掉韩国栋，是她的工作，也是她最该做却一直没做的事。

李小佳突然站起身来，抓起画笔藏于袖中，她没有时间换衣服，更没时间换鞋，她直接来到阳台，从自己的客房翻进隔壁205的阳台。

这原本是杨师傅住的客房，现在杨师傅已经变成了一具冰冷的尸体，躺在地下室里，所以205是空的。

李小佳在205客房没有做任何停留，直接又翻身跳进了206客房的阳台。

这原本是刘力勇的客房，现在刘力勇也已经变成了一具冰冷的尸体，躺在地下室里，所以206也是空的。

206客房位于走廊的最右端，李小佳无处可翻，只得蹑手蹑脚来到房门边。她轻拉开一条门缝，窥探走廊上的动静。

姜鑫和邵斌似乎在走廊最左端的楼梯口遇到了那个叫田丰大的男人，三个人不知道在聊些什么，李小佳就趁着这个空当，悄悄从走廊另一端的206客房溜出来，然后直接拐上楼梯，往三楼的韩国栋房间快步走去。

一个人一旦坚定了目标，那么她的心思就会变得很纯粹，不会被外界任何事情所干扰。

而现在，身为杀手的李小佳就处于这种状态。她一路快步前往303客房，她一心只想赶紧杀死韩国栋，所以她现在最关心的问题只有一个：韩国栋在哪里？

"那么，现在韩国栋在哪里呢？"

当郝美把刚才电视里的新闻报道复述完后，身为宾馆老板的唐天最先想到的就是韩国栋的去向。

在新闻报道里，韩国栋是杀人潜逃的杀人犯，可在唐天看来，有芯片在手，那个胖子就是摇钱树。

"我不知道，可能已经回房间了吧！"

唐天找出备用钥匙，道："走，去他房间等他。"

"真要勒索他？新闻上说他可杀过人呢，会不会有危险啊？"

"怕什么，咱们是两个人，何况警察就住在楼下。你就放心吧，他除了乖乖给钱，不敢怎么样的。"

见郝美还有些迟疑，唐天上前抓住她的双肩道："你想想，这次竹杠敲成功了，你就有大把的钞票往家里寄，再也不用干那些勾当了。"

"好吧！"郝美咬着牙，点点头。

事不宜迟，两个人拿着芯片就从前台后面的小屋出来，沿着大堂左端的楼梯直往三楼走去。

当路过二楼楼梯口时，突然听到走廊传来那个叫姜鑫的女生的声音。

"废话，你手机被人拿走了，你能不急吗？"

又听那个叫邵斌的男生回复说："你是在追班长吗？哎呀，她又不会拿你手机不还你，急什么啊？"

他俩的对话声越来越近，似乎正从二楼走廊最右端朝这边走来。

唐天赶紧做了个嘘声的手势，然后压低脚步快速往三楼走去。郝美也不敢怠慢，紧随其后。

抵达三楼走廊，二人直接走向韩国栋所在的303客房，所幸这一路下来并没有被其他人看到。来到门前，唐天仗着宾馆老板的身份，门也不敲，直接用备用钥匙打开房门。

走进屋里，居然没人。

"韩国栋恐怕还没回来？"郝美迟疑道。说话间，她已经反手关上了房门。

"没回来更好，趁现在还可以布置一下。"唐天一边说着，一边掏出自己的手机。他打开摄像功能,然后把手机隐藏在电视机后面,摄像头正对准屋子中央。

郝美见状,惊道:"你是要把咱们和他的谈话过程录下来?"

"废话,勒索这事儿哪有一锤子买卖的?咱们把芯片给他,万一后面再缺钱了怎么办?起码还有这个录像可以要求他续费,对吧?"

"这么做,是不是有些太过分了?"

"这年头,不论什么事,要么不做,要做就别嫌过分,懂吗?"唐天说教完后,开始分配任务,对郝美道,"你别跟我在一起,先躲卫生间里去。"

"为什么啊?芯片可是我先发现的,勒索还背着我?"

"哎呦,你想哪里去了?让你藏卫生间里是为了留个后手,那个韩国栋毕竟是杀过人的。一会儿他回来了,我把他往屋里引。他能乖乖地接受勒索最好,如果要是敢妄动,你就从卫生间出来。"

郝美恍然大悟道:"明白了,到时我站在门口的位置,随时都能跑出去呼救,他就会有顾忌,对不对?"

唐天满意地点点头。

这时,门外的走廊上传来了鬼鬼祟祟的脚步声。

郝美赶紧躲进卫生间,唐天也回坐到客房中央的床铺上,静静地等待韩国栋开门进来。

来者确实在门前驻足,但却并没有直接开门,而是轻敲房门。

"敲门?难道来人不是韩国栋?不是韩国栋,又会是谁呢?深夜偷偷跑来敲门,肯定是有见不得人的事儿,说不准还和这芯片有关!"唐天想到这里,当即悄悄起身来到门前,把脸贴到门板上,透过猫眼往外窥视。

奇了怪了,门外居然没人!

"难道是自己听错了?还是进别的屋里了?"

唐天正要转身返回床边时,敲门的轻响又起。

"不对,没听错!是有人在敲门!"

唐天来不及多想,当即伸手抓住门把手,直接把门拉开。

就在房门打开的一瞬间,寒光一闪,一把利刃突然划了过来。

唐天只觉自己喉间一凉,鲜血喷洒出来。他下意识用手捂住自己咽喉的伤口,身体不由自主地向后倒去。

"噗通"一声,唐天仰躺在地。他一只手捂住咽喉,也许是因为疼痛,另一只手则不停地往四周抓来抓去。他手能够到的,正好是卫生间的门,在那门上镶嵌的毛玻璃上留下了一道道血色的指印。

就在唐天快死的时候,他终于看清了杀人者的脸。

"居然是李小佳!用刀刃划破自己咽喉的人,居然是那个叫李小佳的女画家!她为什么会对自己痛下杀手?"

当唐天看清李小佳的脸时,他生出了满腹的狐疑。他显然不想带着这些疑问死去,他多么想在临死前亲口问明白,可他的咽喉已被划破,发不出一丝声音,他只能用眼睛死盯着她。

也许是杀人者读懂了自己的眼神,就在唐天即将咽气的一刹那,他隐约听到女画家懊悔地嘟囔了一句:"真是够了,又杀错了!"

"什么?杀错了?杀我的理由就这么简单吗?有没有搞错啊!"

如果还有一口气,唐天多么希望自己能跳起来怼她!可是,显然他已经没有这个机会了!

终于,唐天停止了呼吸,但他的眼睛仍死死地盯着旁边的卫生间,那里仿佛藏着替自己报仇的希望。

卫生间里藏着什么?

当然是藏着郝美。

本来就对勒索杀人犯心怀顾虑的她,做梦也没想到唐天一开门就被人杀死了。

是的,一开门就被杀死了,杀人犯根本没打算进屋!

当唐天的血手抓到卫生间的门,在毛玻璃上留下一道道血印时,郝美几乎吓得魂飞魄散。她缩在卫生间的一角,捂着眼睛簌簌发抖。

很快,唐天就咽气了,因为郝美已听不到手抓毛玻璃发出的吱吱声。

接着,脚步声响起,应该是杀人凶手走进来了,听那走路的声音,想来是跨过唐天的尸体直接往屋子中央走去。

郝美一刻也待不下去了，她咬咬牙，睁开眼睛就推开卫生间的门，冲了出去，然后大喊大叫地在门外的走廊上奔跑。

"杀人啦！杀人啦！"

郝美刚喊了两声，就跌跌撞撞地撞到一个男人的怀里。她不及抬头看所撞之人，只回指身后303客房，连连道："唐老板被杀了！"

"唐老板被杀了？被谁杀的？"

"韩，韩，住在303的韩国栋！"郝美惊魂未定地说道。

"胡说八道！你疯了，在这儿乱造谣！"

郝美听这声音耳熟，忙抬头看去，只见自己所撞之人正是韩国栋，她整个心似乎都跳到了嗓子眼里，当即把韩国栋用力一推，然后头也不回，反向朝走廊左侧的楼梯口跑去。

她这一跑，自然是向着二楼的薛警官客房而去。结果，她刚到楼梯口，顺着阶梯下了几级，便与拾阶而上的田丰大迎面相遇。

虽然对这个总是藏在门缝后偷窥自己的大变态没有好感，但想到此人一直与韩国栋不合，郝美立刻停下脚步，想向田丰大求助。

结果没想到田丰大一见郝美，反倒自己慌张起来，就像是做坏事被人当场抓现行似的，原本拾阶而上的他突然转身朝楼下走去。

郝美顾不得许多，一边喊着"等等"，一边追着去拉田丰大的手。

本来是跟踪偷拍目标人物出轨的名侦探，突然被疑似的出轨对象强行牵手，田丰大立刻警觉起来。他拼命地甩开郝美的手，急道："干吗？偷情被我发现了，想跟我玩感情碰瓷是不是？跟捉奸的人玩仙人跳，不好使！我跟你说不好使！别碰我！别碰我！"

郝美一愣，问："什么偷情？"

"和韩国栋偷情啊！"

"哎呀，你胡说八道什么?！我跟你说，韩国栋杀人了！他把唐老板给杀了！"

"呵呵！编！接着编！你以为你编个杀人的故事，我就会转移注意力了，是吧？告诉你，我田丰大是名侦探，没那么好糊弄！"

"傻缺！跟你说了也是白说！纯脑子有病！"郝美呸了口唾沫，终于放弃了和田丰大沟通，转而继续去找薛警官求助。

眼见郝美下楼转进二楼，田丰大不屑地冷笑了两声，脸上带着"休想骗我"的得意神情，洋洋自得地往三楼走去。

　　等来到三楼走廊，眼前的一幕却让田丰大大吃一惊。

　　韩国栋居然和李小佳翻滚在一起。两个人，一会儿男的在上，一会儿女的在上，相互较着劲儿，都是满头大汗、气喘吁吁。

　　田丰大愣了一愣，他做梦也没想到和韩国栋偷情的竟然另有其人，他更没有想到他一直绞尽脑汁想偷拍的画面居然会唾手可得。

　　田丰大赶紧掏出手机，打开摄像功能，然后把镜头对准走廊上翻滚的两人，录起像来。

　　为了能更清晰地录到两位当事人的脸，田丰大还特意走近了些，直接把手机摄像头对着韩国栋和李小佳的脸猛拍。这期间，他娴熟地运用了一镜到底的拍摄技巧，通过长镜头捕捉了眼前发生的一切。

　　"什么玩意，别拍了，赶紧叫薛警官啊！"韩国栋瞪了田丰大一眼，怒斥道。

　　他这一开口，力气就弱了一些。李小佳抓住机会顿时挣脱开韩国栋双臂的困锁，用手里拿着的画笔一样的东西突然扎向韩国栋的小腹。

　　韩国栋吃痛地"啊"了一声，非但没有后退，反而上前一步，双手扼住李小佳的咽喉。

　　眼见如此，田丰大隐隐觉得有些不对劲儿，就看他俩这行为举止，不像是男女间的小嬉戏，而更像是殊死搏斗。不过，夫妻之间都会翻脸，更何况这种露水夫妻。哎呀，这就把自己弄得很尴尬了，到底该不该上前拉架呢？不拉吧，照这个情况发展下去，非要出事儿不可；拉架吧，感觉又对不起委托人。

　　就在田丰大为此踌躇不定时，他忽然看到了门口流淌出来的血迹，接着又看到仰躺在303门口的尸体——唐天的尸体！

　　难道是拉架死的？不对！脖子上有刀口，分明是被割喉的！

　　刹那间，田丰大想起了郝美刚才说的话。

　　"我跟你说，韩国栋杀人了！他把唐老板给杀了！"

　　田丰大想到这里，赶紧回看韩国栋，只见他一脸横肉、面目可憎，再望向李小佳，便看她楚楚可怜、气若游丝，显然马上就要被掐死了。

眼见如此,想都不用想,田丰大冲了上去,朝着韩国栋的侧肋飞起就是一脚。

韩国栋"啊"的一声,顿时松开双手,翻身摔倒在地。他捂着自己的小腹,指着田丰大,道了句:"狗东西,原来你俩是一伙的!"

他话音未落,就见李小佳缓过气来,快步走到韩国栋面前,蹲下身子,伸手拔出插在他小腹的画笔,马上又高举过头,似乎又要朝咽喉扎去。

田丰大见状,忙上前拉住,好心劝道:"可以了,可以了,再冲动就防卫过当了。"

李小佳瞥了田丰大一眼,反手挣脱开他的拉扯,喝道:"滚犊子,谁跟你防卫过当?"说着,握住画笔继续向韩国栋咽喉扎去。

此时,田丰大这才注意到那画笔的与众不同——笔尖竟然是一把利刃。

这,这分明是特制的武器啊!

名侦探心念电转,回想起唐天咽喉上的伤口,再看李小佳运笔的娴熟程度,以及她刀刺韩国栋的部位,立刻意识到一个问题:他可能帮错人了,真正的杀人凶手不是韩国栋,而是画家李小佳。

与此同时,突然响起的充满正义的喝止声,让整个空气都瞬间凝固了。

"不许动!我是警察!"

喝止者不是别人,正是伟大的人民警察——薛飞薛警官!跟在他后面的还有罗小梅、邵斌、姜鑫、丁凝以及郝美。

就在刚刚,姜鑫和邵斌在李小佳房间里发现了倒地昏迷的罗小梅,以及被李小佳踩碎的姜鑫的手机。姜鑫看到自己手机就这么报废了,赶紧摇醒罗小梅要她赔自己手机,可刚刚苏醒的罗小梅根本顾不上搭理她,就赶紧起身去找薛警官,想要向他汇报诺基亚直板手机的事情。

三人刚出204客房的门,就听到楼上传来激烈的打斗声,薛警官和丁凝也听到打斗声而跑出房间,正巧又遇到下楼求援的郝美,众人这才一起来到三楼。

此时此刻,只见薛警官握着手枪,那黑漆漆的枪口正是对着李小佳。

李小佳被手枪这么一指，杀人的动作戛然而止。

韩国栋当自己已经脱险，他记恨起田丰大那一脚，对薛警官道："还有这个田丰大，他俩一伙的！"

"喂！大哥，误会啊！我错了！"田丰大当时就急眼了，赶紧走过来解释。

"你别动！就站在原地！"

显然，薛警官这句话是在警告田丰大，他不仅仅是口头警告，还特意用枪比画了一下，意思是要求田丰大不准靠近受伤的韩国栋。

然而，让所有人想不到的是，薛警官枪口偏移的那一秒钟，却给了杀手可乘之机。

但凡是杀手，必然都身怀杀人绝技。尤其是像李小佳这样的女杀手，在力气不如男人的情况下，更讲究一技傍身。

那么，李小佳的杀人绝技是什么？

难道就是把刀藏在画笔里，乘人不备一击致命？

当然不仅仅如此，她还有更厉害的杀招！

什么杀招？

杀招当然在刀上，如果你仔细看，就能看到刀锋上刻着的那个"李"字！

不错，是小李飞刀！

可是，小李飞刀不是已成绝响了吗？

拜托，那是武侠小说，这是悬疑小说，两个世界，不要弄混了好吧！

管你们读者出不出戏，反正李小佳姓"李"，而且她的笔刀上也刻着蝇头"李"字。当薛警官把枪口偏向田丰大的瞬间，李小佳就立刻掷出了她手中的笔刀。

天上地下，从来也没有人知道她的笔刀在哪里，也没有人知道是怎么发出来的。就听"啪"的一声，等薛警官反应过来时，他手中的枪已被打掉在地。

薛警官一愣，赶紧弯腰去拾手枪，可就在那一刻，李小佳手中又变出一把小刀。

作为杀手，身上当然不可能只有一把刀。

李小佳根本不顾旁边弯腰捡枪的薛警官，也顾不上自己的生死，双手握刀，举过头顶，好像要用尽所有力气置韩国栋于死地。

怎么办？怎么办？薛警官正在弯腰捡枪，无暇他顾。田丰大虽然离得近，但面对这猝不及防的事情，他根本还没有反应过来。至于其他人，更是陷入惊慌，皆不知所措。

难道，就任由杀手在众目睽睽之下，行凶杀人吗？

就在利刃快要落下的一瞬间，走廊里突然传来了一个响亮的声音，振聋发聩！

"勇斗歹徒者，礼贤高中一年级新生，邵斌！"

伴随着这一声自我介绍，一个男生飞扑了过去，他用自己强壮的身体硬生生将李小佳撞开！

李小佳始料不及，被邵斌撞倒在地。虽然她已倒地，但刀子却扎进了韩国栋的腰间。

"嗷"的一声，腰间中刀的韩国栋发出杀猪一般的惨呼。

那李小佳不放弃，她猛地推开邵斌，准备拔刀再捅韩国栋。

这个时候，就听"嘭"的一下枪响！

一溜鲜血顺着李小佳的眉心缓缓流淌下来，女杀手的身子如风中落叶一般摇晃了几下，直接摔倒在地。

眼见女杀手殒命，在场的所有人几乎都长吁了一口气。

尤其是韩国栋，作为被女杀手拼命追杀的目标人物，他已经身中两刀，一在小腹，一在腰间，血水像复涌的趵突泉汩汩而出。

刚才他处于生死存亡的紧要关头，根本无暇顾及伤口。此时保全了性命，这才发现自己的血流了一地，不由急火攻心起来。

"啊！快点救我！"韩国栋大叫了一声，便觉眼前一黑，马上就要昏厥过去。

在韩国栋即将失去意识的时候，他隐约听到了郝美的声音。

"薛警官,你千万别掉以轻心,这个韩国栋可不是什么好人。"

"死娘们,这是想趁我昏过去,说我坏话啊!"韩国栋想。

"我跟你说,最近闹得沸沸扬扬的 X 制药集团的案子,他可是主要责任人。他这次出境,搞不好就是畏罪潜逃。"

"可恶,她怎么知道我身份的?"韩国栋想。

"而且啊,不止如此,他还是杀人嫌犯!"

"什么?说我是杀人嫌犯,这可就有些过分了吧!"韩国栋想。

"你们别不信啊!新闻上都报道了,近期遇害的傅姓男子隶属于 X 制药集团的研发部门,而他的直属领导韩姓男子具有重大杀人嫌疑!那韩姓男子,说的不正是他韩国栋吗?"

"傅姓男子?什么傅姓男子,难不成是傅义聪被害了?这到底是怎么回事?我怎么莫名其妙地变成杀人嫌疑犯了?不行!我不能就这么昏过去,我必须要澄清事实!"韩国栋这样想着,可他的身体却不听指挥,无论他怎么张嘴,都发不出一点声音。不仅如此,他连睁眼的力气都没了。

渐渐地,他的眼前看不到光亮,整个人就像是掉进了无尽的深渊,片刻间便失去了所有的意识。

不知过了多久,韩国栋慢慢从昏迷中苏醒过来。他睁开眼睛,屋子里一片漆黑,什么都看不见。他伸手去摸自己的伤口,都已经被包扎好了。

显然是那个叫丁凝的女医生,又施展出救死扶伤的职业技能。

想到这里,韩国栋略微放下心来。在黑暗中,他咳嗽了两声,感觉到自己的喉咙好痛,于是生出了想喝水的念头,就下意识伸手往床头柜摸去。

果然摸到了水杯。

当他伸长胳膊去够水杯的时候,腰间伤口撕裂的疼痛让他猝不及防,肥胖的身躯失去了平衡,整个人一下子从床上摔了下来。

"他妈的,喝个水都不得安生。"

韩国栋恨恨地嘟囔了一句,想扶着床头柜爬起来。可就在他手掌抓住床头柜的时候，突然发现有水渍从柜子里面渗出来。

奇了怪了，水杯没倒，还好好地放在床头柜上，这水渍又是从哪里来的？

韩国栋好奇地打开床头柜，隐约看到了放在床头柜里的医药箱。

他自然见过这个医药箱，它是女医生丁凝随身携带的。

韩国栋伸手去摸医药箱，它不仅冰凉，还湿湿的，弄得人一手的水。

"这医药箱里装的是什么啊？"

韩国栋突然萌生出好奇心，然后将医药箱拿出来，打开。

有冰渣，再往里摸，是一个袋子。他不知道那是无菌袋，只觉得里面装的东西肉乎乎的。

漆黑之中，根本看不分明，韩国栋把手探进医药箱里，撕开袋子，将袋子里的东西拿了出来。

就在这一刻，房门突然被人从外面推开。随着房门的开启，走廊上的光亮照了进来，正好落在韩国栋手中的东西上。

刹那间，韩国栋看清了那个肉乎乎的东西。

腰子，他手里拿着的是一个腰子。

准确地说，是人的腰子！

肾脏！

当韩国栋意识到这一点时，他整个人惊骇不已，赶紧将手中的肾脏丢到一边。几乎在同一时刻，走廊上的光线被一个人影遮住了。

韩国栋一愣，赶紧抬头。

于是，他看到丁凝面无表情地站在门口。

她手里提着一个冰桶，一步步朝自己走来。

第10章：地下医生，一样尽心尽责

身为医生，最害怕什么？

可想而知，答案当然是：最害怕被吊销医生执业资格证。

通常，如果不是出了重大医疗事故，很少有医生会落到如此下场。然而，丁凝还是失去了继续当医生的资格。

那是发生在两个月前的事情，患者在手术之后，身为主治医生的丁凝本来可以用更稳妥的药物治疗方案，但她却激进地选择了刚上市的新药。然而，患者在服用完新药之后立刻就产生了不良反应，虽然丁凝在第一时间组织了抢救工作，但患者最后还是不幸身亡。

为此，患者家属在医院里不依不饶地要讨个说法，还请了医闹静坐拉横幅。万不得已之下，院方只得先暂停了丁凝手头的工作，着手调查用药问题。

不查不要紧，这一查竟然发现制药方 X 集团在新药研制上存在严重的违规操作。

按理说，药的质量问题属于药厂的责任，和医生牵扯不大，那么丁凝应该很快就能恢复工作了。但没想到的是，倒霉的事情并没就此止住。不知道是哪个同事在背后使绊，竟然把丁凝收受 X 制药集团医药代表回扣的事情捅到了院长那里。

当医生的，最忌讳被人发现吃回扣。单是吃患者的回扣也就罢了，还吃医药代表的回扣，更糟的是随意用药致使病患死亡。

于是，丁凝医生的职业生涯算是走到了尽头。

被吊销了从医资格证的丁凝，从受人尊敬一下子变成了被人唾弃。一开始的时候，她不论走到哪里，都会被人指指点点，吃回扣、乱用药导致病患死亡这件事成了她一生的污点。也就在那段时间，丁凝变得特别消沉颓废，她不爱出门，就把自己关在家里，一关就是一天。不是睡觉，就是打手游，如此浑浑噩噩，连她自己都觉得这辈子算完了。

直到有一天，丁凝突然接到了曲悦的电话。

曲悦，曾经也是医生，和丁凝同科室，后来因为一次医患纠纷，失控动手打人而被迫离职。曲悦离职后，并没有去别的医院当医生，而是销声匿迹了，直到去年才听到关于她的一些传言。传言说，曲悦做起了地下医生，专给那些黑帮成员和犯罪分子处理刀伤枪伤，不仅如此，她还在黑市贩卖人体器官。

所以在这个时候，突然接到曲悦的电话，丁凝是有些戒备的。

果然不出所料，电话里寒暄了几句，曲悦便直奔主题，她问丁凝有没有兴趣帮忙往境外捎样东西。

丁凝不敢贸然答应，问："捎什么？"

"肾脏。"

丁凝倒吸了口冷气，对着话筒道："那不就是贩卖人体器官吗？这种遭天谴的事儿，我可做不来。"

"不是遭天谴，是救人！"

"把别人的肾脏摘了，也叫救人？"

"人家是自愿卖肾，我们又没强迫。而且，买肾的人是一个父亲，他给自己儿子换肾，小男孩年纪轻轻的，我想你应该也不希望看到他死吧！"

呵呵，这个曲悦真会打感情牌，明明是违法犯罪的事儿却说得这么冠冕堂皇。

丁凝一边寻思着，一边道："当爸爸的如果真想救自己儿子，就应该通过正规渠道,借助医院联系肾源,而不是在黑市买肾!"

"他人在国外,你也知道,医院里那些繁琐的手续,患者根本等不及。"曲悦说到这里,顿了一下,决定不再和丁凝兜圈子,直接开门见山道,"先给你五万,事成之后再给你十万,怎么样?"

说实话,对于没有工作的丁凝来说,这样的价格确实很诱人。但是,就这么被拖下水去犯罪,也实在很不甘心。

曲悦笑了笑,忽然道:"你已经被吊销了医生执照,现在除了跟着我干,还有别的出路吗?"

不错,这才是问题的症结所在。想到这儿,丁凝叹了口气。

"你自己可以去的,为什么要我去?"

曲悦在电话里幽幽道:"这些年我一直在处理刀伤枪伤,像肾脏摘除手术我早就已经生疏了。虽然我是地下医生,但地下医生也是医生。是医生,就要讲职业道德。所以这单生意,我本来是不想接的,无奈那个当爸爸的苦苦哀求,正巧又听到了你的遭遇,所以才抱着试一试的想法给你打这通电话。"

曲悦顿了一下,接着道:"匹配的肾脏,我们在网上已经找到了,一会儿我把网址发给你。那是一个专门贩卖人体器官的网上交易平台,你先去注册个账号,到时我会把卖家和买家都推送给你。"

挂断电话后,丁凝的手机里很快就收到了曲悦发来的网址。注册账户,设定昵称,丁凝特意取了"十月"这个名字,因为她的生日在十月。而曲悦在网站的用户名则是"愣头青"。也是,记得当初医患纠纷时,这个女人正是因为受不了患者家属的无理取闹和谩骂诋毁而愤然动手打人,她这行为也够愣头青的。

丁凝正瞎想时,曲悦把卖家和买家的账号推送过来了:卖家昵称叫Mr.Q,买家叫蚂蚱。

蚂蚱?好不吉利的名字,感觉活不到秋后就会死掉。至于那个Mr.Q,一看就是因为特别缺钱要卖肾,还反复询问自己什么时候可以摘肾。

一颗新鲜的肾脏被从人体摘下来后,只要朝里面注入含氧的冰冷液体进行急速冷却，就可以保存 72 小时。因此，丁凝必须在摘除肾脏之后立刻前往交易地点，把肾脏交给买家，然后由买家带回去再由那边的医生完成移植手术。

正因此，丁凝把 Mr.Q 安排在自己所在的小城进行肾脏摘除手术。手术一结束，她就马上携带肾脏前往大巴车站，她并不是直接去乘坐国际大巴出境，而是在曲悦的安排下报了一家旅行社的自由行，跟着旅行社的大巴车出行。

当然，为了避免海关检查，丁凝把交易地点更换到了境内。那个昵称叫蚂蚱的男人一直支支吾吾，似乎很不愿意入境，但最后还是拗不过丁凝的一再坚持。

根据旅行社的行程安排，国际大巴发车后，第一晚会在一个山顶宾馆停歇；第二天一早从山顶宾馆出发，中午在山下一处饭店用餐，下午才会到达海关，然后过关出境。于是，第二天中午用餐的那个饭店便成了丁凝和蚂蚱约定交易肾脏的地点。不等到达海关就已经把肾脏交给了买家，这对丁凝来说，风险最低。

也许是第一次做这种事的缘故，从到大巴站的那一刻起，丁凝心里就一直忐忑不安，而事情进展得也确实没有想象的顺利。先是因为天气原因，所有大巴车都暂停发车，而肾脏保存的时间只有 72 小时，每一秒每一分都耽搁不起。

就在丁凝为此焦急不安的时候，更大的危机接踵而来。大巴站外的特警车里突然下来好多特警，那些特警像是接到任务指令一般径直往大巴车站走来，他们封住了所有的出口，每一个离开的乘客都要接受开箱开包检查。

"完了，大巴站不发车，出口又被特警封住，自己携带的这颗肾脏铁定会被发现的！怎么办？实在不行，先把肾脏藏起来，等这阵风头过去再回来取？可是，还回来取吗？这走私人体器官太危险了，要不就干脆扔了吧！"丁凝心里这么盘算着，耳边忽然响起了蚂蚱的苦苦的哀求。

"如果，我把肾脏找个地方一扔，确实能保证自己的安全，可是那个等待救治的小男孩就会死掉！还有他的父亲，也肯定会伤心难过的。"

正彷徨时,丁凝想起了曲悦在电话里说过的一句话:"地下医生也是医生。是医生,就要讲职业道德。"

"那我是什么?我是走私人体器官的贩子吗?是!可我也是医生!我虽然被吊销了医生资格证,但现在在救一个小男孩的生命!医生,就要救人。是医生,就不能枉顾患者的生命。"

想到这里,丁凝突然坚定起来,她抓着盛放肾脏的医药箱,宁死也不会舍弃。也许正是这份坚定感动了上苍,就在特警们封住出口的下一刻,旅行社的大巴车终于准备发车了。

坐上大巴车的丁凝,望着车窗外那些搜查行李的特警们随着汽车的行驶而越来越远,她一颗紧张的心总算安定下来。然而,就当丁凝误以为难关已经过去,后面会一帆风顺的时候,车祸发生了。两个男人在车上打闹,致使大巴车与一辆警车迎面相撞。虽然没有人在车祸里丧生,用来盛放肾脏的医药箱也被丁凝第一时间抢救出来,但不幸的是:医药箱的内置保温设备被撞坏了。

车祸发生后,在司机和导游的带领下,一行人前往山顶宾馆暂住避难。路途中,丁凝就察觉出她手里的医药箱在滴水,等她回到自己的客房,打开医药箱一看,果然是保温设备出了问题。

其实,这根本不是医药箱,而是用来保存肾脏,防止注入肾脏内含氧冷冻液挥发的保温箱,为了不引人注意故意做成医药箱的样子。

此时,正值盛夏,保温箱的保温设备损坏,如果肾脏保存不当,即便在指定时间里送到买家的手中,也无法救治患者。所以,对丁凝来说,首先要做的就是源源不断地往保温箱里补充冰块,以此维持肾脏的活性。所幸,宾馆的唐老板可以提供冰块,而薛警官的昏迷不醒,正好成为医生索取冰块的借口。

保温箱故障的问题暂时是解决了,接下来该做的是赶紧和蚂蚱取得联系。发生车祸后,旅行社的行程肯定作废,之前和买家约定在山下饭店移交肾脏的计划也必须要做出调整,最好能让他来这家宾馆取肾。

揣着这个念头,丁凝用手机拨打了蚂蚱的联络号码,结果让她意想不到的是，对方的手机居然关机。

"之前在网上说好的，手机不是应该24小时保持畅通吗？怎么能关机呢？"

丁凝过了一会儿再打，还是关机。她不放弃，接连又拨打了十几通，依旧如此。

"有没有搞错啊？这时候失联！"

起先是抱怨，接着是咒骂，然后是焦急，但慢慢冷静下来后，丁凝隐隐觉察出有些不对劲。

"之前和蚂蚱通过几次电话，他一直很在意这颗肾脏，毕竟关系到他儿子的生命，明天就要交易了，按理说他怎么也不该失去联系啊！肯定是出了什么事！能出什么事呢？连救自己儿子的性命都不顾了？"

丁凝不仅是医生，而且也是女人，所谓女人都爱胡思乱想，丁凝也是如此，她沉吟片刻，突然惊呼道："难不成，他儿子病情恶化，用不上这颗肾了？"

一想到这里，丁凝的心情立刻沉下来，其实她并不在乎手上的肾卖不卖得出去，而是担心那个小男孩的生死。

还是打电话给曲悦吧，把发生的情况告诉她，她毕竟是中间人，应该有办法联系到蚂蚱。

丁凝这样想着，先看了眼手机上的时间，夜里11点15分。

"这么晚了，要不等明天再打？可是，那样就太晚了！不管了，现在就打！"

当医生的，从来没有关机的习惯，不论时间多晚，手机响不过五秒必然会被接听。曲悦虽然从医院辞职多年，但她依然保持着这个习惯。

很快，手机就接通了。在电话里，丁凝将发生车祸和蚂蚱失联的事情一并告诉了曲悦。

"丁凝，你别着急，我联系他试试，你等我消息好了。"

等挂断曲悦的电话，丁凝终于意识到，她所能做的都已经做了，剩下的只有等待。于是，在处理完自己的事情之后，她拿着手机回到了薛警官所在的201客房。确实，丁凝心里挂念着那个身在远方等

229

待换肾救治的小男孩,但身为医生的她还要担负起照顾薛警官的责任。

然而,就在丁凝回到薛警官客房不久,那个叫于大虎的警官也过来了。他是想替自己值夜,照看薛警官。

"想不到警察之间的情义这么深厚,毕竟是一起拼命的兄弟。不像医生,同一个科室为了职位勾心斗角!唉,不知道是谁告的我吃回扣的黑状,害得我沦落到这种下场!"丁凝边想边委婉地拒绝了于警官的好意。

一边照顾薛警官,一边等待曲悦的回信,身心疲惫的丁凝在不知不觉中睡了过去。

直到杨师傅通知大家去车祸现场寻找行李的电话铃声响起,丁凝才惊醒过来。她先去看自己的手机有没有未接来电,结果整整一宿,她既没有收到曲悦的来电回复,也没有等到蚂蚱的电话。

"唉!这到底是怎么了?"丁凝嘟囔了两句,正考虑用不用再拨打曲悦的手机询问进展时,她忽然记起保温箱的冰块该补充了。

于是,她下楼去找唐老板索要冰块,也就在那个时候,救援队打来电话,表示山路堵塞,最快要一天后才能疏通。

还要等一天啊!这意味着那颗肾脏还要靠冰块维持低温24个小时!对身为医生的丁凝来说,这是非常有难度的事情。虽然唐老板立刻去取冰块了,但回到薛警官客房的丁凝却始终坐立不安。

"哎呀,这个唐老板怎么还没拿过来啊?"等了半天的丁凝终于决定自己去取冰,于是她抱着用来装冰的空桶往外走去。

来到门口,一开门,竟看到于警官就站在门外。

虽然出于救人的目的,但贩卖人体器官毕竟是违法犯罪行为。也许正因此,丁凝乍一看到于警官,内心深处还是免不了紧张和胆怯。几句简单的寒暄之后,她就做贼心虚地抱着空桶匆匆离开了房间。

当丁凝从薛警官房间走出来时,站在房间门口的于大虎侧身相让,就在他俩擦身而过的一瞬间,丁凝隐隐觉得自己好像有什么重要的东西落在了房间里。她还下意识地回身去看,这一看正好对上了于警官投来的目光。惊慌失措之下,丁凝像一只胆小的兔子头也不回赶紧顺着楼梯走了下去。

在一楼大堂,正巧遇到唐老板,他果然还没去拿冰块。于是,他俩一起前往冰柜取冰块。等装完冰块再回来时,遇到之前在车上打闹的那两个男子。住在303的韩国栋反扣住住在304的田丰大,气势汹汹地问丁凝有没有看到于警官。

"于警官啊,他应该在薛警官屋里。"

韩国栋押着田丰大道:"薛警官的屋不就和于警官客房隔了一间吗?奇了怪了,我刚才敲于警官房门时,于警官如果在薛警官房间,不可能听不到啊!"

韩国栋的话,瞬间引起了丁凝的警觉。

"是啊,不可能听不到,难不成,是……"

一瞬间,丁凝忽然意识到自己把什么东西落在薛警官屋里了。手机!就遗落在薛警官房间电视机下方的写字台上!

"万一,这个时候曲悦来电回复,或是买肾的蚂蚱打来电话,于警官无意中接听了,怎么办?虽然自己的手机会自动锁屏,但是接听来电根本不需要解屏密码!"

一念至此,不及多想,丁凝赶紧抬腿沿着楼梯往薛警官客房跑去。

来到二楼走廊,左首第一间客房便是。这个时候,丁凝似乎听到了自己手机铃声刚刚响起就戛然而止。

"不会是接起电话来了吧?"

丁凝想也不想,当即推门而入,果然看到于警官就立在薛警官床边,手里拿着自己的手机。

"你拿我手机干什么?"

"这是你的手机?不是薛警官的?"

对于于警官认错手机这件事,丁凝将信将疑,但她还是在第一时间从于警官手里把手机拿了回来。

低头一看,屏幕上是曲悦手机号码的来电显示,值得庆幸的是那通电话并没有被于警官接通,而是被直接挂断。

"奇了怪了,你既然把我手机错当成了薛警官的手机,那刚才的来电你又为什么要挂断呢?"

丁凝确实有这个疑问,可是她并没有等到于警官的解释,因为韩国栋跑进来又开始纠缠手包被偷的事情了,然后几个人吵吵嚷嚷地离开了201客房。

不管怎么说,丁凝还是长吁了一口气,她等于警官等人走远了才慌慌张张地关上房门,她先确认了一下薛警官的昏迷状态,这才拿起手机回拨了过去。

"喂,曲悦,联系到那个人了吗?"

"没有,打电话一直关机,在网站私信他,也不回复。"

"会不会出什么问题啊?"

"难说,这种情况下,你先顾好自己的安全吧!"

"顾好自己的安全"是什么意思?难道是让丁凝把肾脏扔掉?确实,车祸发生后,只要山路一通,警察很快就会介入进来,到时候谁都走不了。要想顾好自己的安全,就只有在警察赶来之前扔掉那颗肾脏!可是,这一扔,那个小男孩要想再找到匹配的肾源可就几乎没有可能了。

怎么办?怎么办?那个叫蚂蚱的买家到底在哪里啊?

就在丁凝为此不知所措的时候,让人意想不到的事情发生了,于大虎居然不是警察,而是一名通缉犯。

当知道真相的住客们合伙将于大虎按倒在地时,丁凝立刻接到楼上的电话,让她找出手铐送上去。

手铐在哪儿?自然是在薛警官的口袋里,那里不只装着手铐,还装着手铐的钥匙。

丁凝按要求找出手铐,跑上楼去,将手铐递给唐天。

在于大虎被唐天用手铐反铐住双手的时候,这个身份被揭穿的通缉犯突然看了自己一眼。

丁凝被他这么一看,吓得忍不住后退。

"早就觉得你有问题,想不到你竟然是通缉犯!"

这本来是事后诸葛亮的一句感慨,没想到于大虎接下来的一句话,却让丁凝深思起来。

她听于大虎说道:"是啊,就像秋后的蚂蚱,不论怎么蹦跶,都蹦跶不了几天,更何况是在十月。"

这句话表面上是对唐天说的,但是当通缉犯说出"蚂蚱"这个词时,却被丁凝听进去了。

"蚂蚱?难道于大虎就是蚂蚱?"

丁凝不敢相信,自己一直在找的蚂蚱,其实就住在隔壁。

"也许是巧合吧,是自己想多了,毕竟像'秋后的蚂蚱'这样的话,谁都可能随时拿出来打比喻,对不对?"

丁凝努力说服自己于大虎不可能是蚂蚱,但对方后半句话却让她无从辩白。

他说:"秋后的蚂蚱,蹦跶不了几天,更何况是在十月。"不错,后半句,他特意提到了"十月",而丁凝在那个交易平台上注册的用户名就叫"十月"。

"错不了,于大虎就是蚂蚱,而且还知道自己是十月。奇怪,他是怎么知道我的身份的?"

想到这里,丁凝把目光落在了自己的手机上。

"是的,曲悦打来电话的时候,于大虎正拿着自己的手机。他看到了来电显示,自然认出那是中间人的手机号码。他之所以挂断,一定是误把我的手机当成了薛警官的手机。当他从我口中得知自己认错手机之后,才反应过来,我就是来跟他交易肾脏的十月。只是可惜,没等表明身份,韩国栋他们就进来了。"

终于,事情的来龙去脉都捋清楚了,可丁凝的心里却没有丝毫的轻松。

这是她第一次出来交易人体器官,做梦也没想到的是,买家居然是一名通缉犯。

一提起通缉犯,在丁凝的脑海里,最先闪现出来的,是那些杀人放火、为非作歹的穷凶极恶之徒。可是,蚂蚱似乎只是一位深爱着自己儿子的父亲,无论如何也无法把他和穷凶极恶的通缉犯联系到一起。

"算了,不管了,自己前来贩卖人体器官,要救的是那个小男孩,又不是于大虎，想那么多干吗啊！"

揣着这种想法，丁凝趁大家不注意，偷偷来到地下室见于大虎。她这次来，只带了手铐钥匙，并没有带那颗肾脏。毕竟，她还没有当面确认过对方的身份，怎么可能贸然将一颗肾脏带在身上？

一如她之前的猜测，于大虎正是前来接头买肾的蚂蚱。短暂的迟疑之后，丁凝还是用钥匙打开了于大虎的手铐。

"你稍等我一下，我去给你拿那颗肾脏。"

当丁凝转身准备回客房去拿肾脏的时候，于大虎却拉住了她。

"越南那边已经知道我是通缉犯了，我很难再回去了。"

"你什么意思？肾脏不要了？儿子不救了？"

"儿子当然要救，只是需要你帮我把肾脏带到我儿子所在的医院。"

"我去？不行！不行！我是第一次干这种事儿，海关我都过不去。"

"不一定非要过海关，我知道有一条小路，能绕过边境线。"

"那也不行。"丁凝连连摆手，只是不能直面于大虎恳切的目光。

"求你了，肾脏只有你能带过去。"于大虎苦苦哀求，他几乎要跪下来了。

这样的画面让丁凝想起了，自己当医生时，每次在手术室外宣布自己无能为力的时候，那些患者家属不也这样一遍一遍地苦苦哀求吗？

同样，都是一条生命，以前自己在手术里确实是无能为力，可是，此时此刻面对这名父亲的哀求，真的无能为力吗？

一次次扪心自问，丁凝终于勉强点头答应。

"那你怎么办？你不回去找你儿子，你要去哪儿？"

"我还有更重要的事儿去做！"于大虎惨然一笑，抬步朝地下室外走去，当他走到门口时，突然回头道，"丁医生，如果有可能，这次出来后，你就待在越南，别回国了。"

丁凝一愣，觉得对方话中有话，赶紧道："怎么，出什么事了吗？"

于大虎叹了口气，幽幽道："那个姓薛的警察知道我是出来买肾的，他正在到处查和我接头的卖肾人的身份！"

丁凝身子晃了一下，她感到一阵眩晕。

"他查出我了吗？"

"暂时没有，可是应该快了。"于大虎犹豫了一下，接着道，"我被逮捕的时候，薛警官把我手机通话记录发给他同事了，估计是想通过手机号码查出卖肾人的身份。"

"坏了！我是用我自己的手机和你联系的。哎呀，我怎么那么大意啊？真应该办个新卡。"

"办新卡也没用，他们警察会追查到你买卡的时间和地点，然后直接到售卡处查监控录像。"于大虎苦笑着摇摇头，"普通人要想摆脱警方的追查，是很难的。"

"这么说来，我身份暴露也是迟早的事儿了？"

一瞬间，丁凝像是落入到无底深渊，永世不得翻身。

"这些日子我都经历了什么？先是被取消医生执业资格，然后莫名其妙地卷进了贩卖人体器官的案件中，如今又马上要变成通缉犯，流亡国外，不能回家？"

丁凝悲伤地蹲下了身子，她抓狂地揪着自己的头发借此发泄。

于大虎走上前来，拍拍丁凝的肩膀，像是安慰道："人生就是这样，一夜之间可能就会发生翻天覆地的变化，自己有时候都不认识自己了。"

丁凝不言语，只是在发愣。

"放心吧，我会竭尽全力保护你的身份，让你安全过境，只希望你能救活我儿子。"这是于大虎对丁凝说的最后一句话，也是"蚂蚱"对"十月"最后一次嘱托。

因为……

因为当丁凝再见到于大虎时，他已经变成了一具尸体，他和毒贩互殴而死。在临死的时候，他点燃了一根烟，他的生命就像那根烟一样，在雨后的天空下缓缓燃尽。

也就在这个时候，丁凝才明白于大虎最后那句"保护你的身份"的话的含义，因为她看到薛警官的手机已经被严重损坏，甚至连里面的手机卡都给掰断了。

没错，这肯定是于大虎干的，他从地下室逃脱后并没有离开，而是来到车祸现场，来寻找薛警官的手机，他毁坏手机就是不想让薛警官查看到能揭露自己身份的信息。

现在，于大虎死了，他用自己的生命掩护了丁凝，他这么做就是在祈求丁凝能救一下自己的儿子。

对丁凝来说，她已经别无选择，她只能带着那颗肾脏去完成于大虎的嘱托。

然而，就在丁凝下定决心这么做的时候，意想不到的事情发生了。

韩国栋发现了这颗肾脏——在伤醒之后伸手够水杯的时候无意中发现的。

韩国栋被女画家刺伤而昏迷不醒，是薛警官非要丁凝救活他。由于韩国栋客房里躺着唐天的尸体，是案发现场，所以必须换个客房救治包扎。说实话，自己屋里藏着肾脏，丁凝本不想把韩国栋弄到202客房救治包扎。

然而，当郝美告诉大家韩国栋就是X制药集团违规操作的主要责任人时，身为人民警察的薛飞当即不顾自己身体抱恙，像对待贵宾一样，不由分说直接把韩国栋背进了丁凝的房间。

这可怎么办？伤者已经被背进了自己房间，总不能再背出去吧！没办法，包扎完伤口后，丁凝只能守在韩国栋床边，寸步不敢离开。可是，保温箱里的冰块又化得差不多了，必须要去补充。

丁凝看了一眼躺在床上的韩国栋，对方一直处于昏迷中，离开一会儿去取冰块，应该不会有什么意外发生吧。

她这样想着，也这样去做了，往返不过七八分钟。可是当她提着冰桶再回来时，韩国栋已经翻滚到了床下，在他身边不远处是扔在地上的肾脏。

丁凝先看到地上的肾脏，肾脏是裸露在外面的，血肉模糊，而离肾脏不远处是无菌袋，已经被撕破了。

完了，无菌袋一旦被撕破，这颗肾脏无论如何就保存不住了，更别提带出境做移植手术了。

那个小男孩唯一的希望,破灭了!

那个身为通缉犯的父亲,做了那么多努力,最后都徒劳无功了。

"对不起了,蚂蚱。"

本以为自己会惊慌失措,本以为自己会悲痛难受,本以为自己会怒不可遏,然而当不幸的事情真的发生时,丁凝却显得异常平静。

她走进屋子,反手掩门,整间客房顿时暗了下来。借着窗外微弱的月光,她放下手中的冰桶,一步步朝韩国栋走去。

"你,你,你要干吗?"

韩国栋想从地上爬起来,但不知为什么,他双腿发软,根本不听使唤。

"你是贩卖人体器官的?放心,我什么都没看到,也不会和薛警官说的。"

"你,你说话啊!别不说话,好吗?"

"我明白了,这个肾脏没法卖了是吧?没事儿,多少钱,我赔给你!"

当韩国栋说这句话的时候,丁凝已经来到了他的面前。

她蹲下身子,盯着他的眼睛,缓缓开口。

"因为你,一个男孩活不成了。"

"我懂了!我懂了!不是一颗肾脏,是一条命,对不对?你,你开个价吧,一条人命多少钱?"

"人命,也能用钱买?"丁凝发出这声质问的时候,她忽然想起了,曾经的自己吃回扣致人死亡。这个想法一闪而过,很快又被自己否定。回扣是那些病患和医药代表强塞过来的,并不是自己主动索取的,至于致人死亡那件事,是药厂的责任,和自己也没有多大关系。

一个人能说服自己没有犯错,却不能容忍他人的错误,尤其是韩国栋说出下面那席话时,丁凝再也忍无可忍了。

韩国栋说:"怎么不能?只要你放过我,多少钱都好说。"他怕丁凝不相信,又补充道:"我跟你说,我是X制药集团的,他们集团的制药黑幕我都知道,所以,别杀我,给你钱……"

"X制药集团?你知道吗,我沦落到今天这个下场,就是被你们制药集团生产的破药给害的。"

说这句话时,丁凝已经戴上了手套,并把手伸向了韩国栋。

韩国栋想起身反抗,但腰间伤口撕裂般的疼痛让他动弹不得;他又想开口大声呼救,然而他的嘴又立刻被戴手套的手捂上。临死之人总会竭尽全力进行挣扎,韩国栋也不例外,当丁凝用手捂住他嘴巴的时候,他用牙齿狠狠咬向对方虎口。

钻心的疼痛,让丁凝险些叫出声来,但是她没有叫,也没有松手。

这个时候,她听到门外传来了轻微的脚步声。

"怎么办?来人了!不会是薛警官吧?不管怎么说,绝对不能让任何人知道韩国栋已经醒了!"丁凝正寻思的时候,忽然想起藏在口袋里的钥匙。

那是手铐的钥匙。当初打开于大虎手铐时,丁凝本来想第一时间把钥匙放回薛警官身上,没想到薛警官醒了过来,于是钥匙就一直藏在女医生的口袋里。

现在丁凝想起了口袋里的钥匙,她别无他法,只能一只手继续捂着韩国栋的嘴,另一只手去摸那把钥匙。

很快,她摸出了那把钥匙,想都不想就直接往韩国栋嘴里塞去……

躺在床上的田丰大辗转反侧,他睡不着的原因很简单:委托人交给他调查目标人物婚外情的案子至今仍是毫无头绪。韩国栋涉嫌 X 制药集团违规操作一事已经暴露,不仅如此,他还可能是杀害傅姓男了的凶手,换句话说,明天山路一通,他肯定会被薛警官带回警局迅问。这样一来,自己恐怕永远也无法完成曹宇交给自己的调查委托了。

田丰大急得像热锅上的蚂蚁,他从床上下来,不停地在屋子里踱步。

怎么办?难道调查就因为警方的介入戛然而止吗?难道区区医疗事故和杀人案就要妨碍自己婚外情的调查吗?

显然,胳膊拧不过大腿,身为侦探的田丰大无论如何也不能因为自己的个人调查,而阻碍警方办案。

虽然调查是进行不下去了，但田丰大仍抱着一丝希望，他想通过推心置腹的方式感化目标人物，对方说不准会主动交代私会女子的身份。

但费了好几天工夫都调查不出来的结果，难道能指望韩国栋主动交代吗？

仔细想想，其实也不是天方夜谭。首先，韩国栋身受重伤，刚从鬼门关捡回一条命，所谓"人之将死，其言也善"。韩国栋虽然又活了过来，但其言应该也会善吧！其次，韩国栋连制药集团违规操作的事情都默认了，那么，小小的婚外情完全没必要不承认啊。更何况，他马上就要坐牢了，出于良心也该向自己的结发妻子道个歉，对不对？

田丰大越往下琢磨，越觉得自己能说服韩国栋主动交代婚外情的事儿，何况事到如今，他也没有别的指望了。名侦探终于拿定主意，往丁凝的房间走去。

从304客房出来，沿着走廊左边的楼梯走下，韩国栋就躺在202客房。在经过薛警官所在的201客房时，田丰大特意放轻了脚步，毕竟他不想自己的调查被警察阻碍。

来到202客房门口，田丰大抬手轻敲房门。在敲门前，名侦探似乎听到了客房里发出的轻微声音，在他看来，韩国栋可能已经从昏迷中清醒过来。可令人惊奇的是，当田丰大轻轻叩击门板时，屋里轻微的声音却突然消失了。然后过了好一会儿，门才被从里面拉开。

丁凝出现在了田丰大面前，而她的身子正好将打开的门缝挡住。

"你有什么事吗？"

"丁医生，我有点事儿要找韩国栋。"

"什么事儿啊？明天说不行吗？"

"明天？来不及啊！你也知道，我和韩国栋有些误会，所以我想趁现在和他解释清楚。"

"这样啊！他可是薛警官重要看管的人啊！"丁凝说这句话时，眼光特意飘向薛警官的房间。

"哎呀，这个事儿你可千万别告诉薛警官啊！"

丁凝警觉道："为什么？"

"就是个私事儿，说完就走了。"说罢，田丰大还双手抱拳做出哀求的姿势，"求求你了。"

"好吧！只是他现在还没醒！"

"没醒？不能吧，我刚才听到屋里有声音传出来啊！"田丰大一边说着，一边翘着脚往里窥望。

不望不要紧，这一望他好像看到床上的韩国栋两只脚挣扎似的蹬了一下。

丁凝却赶紧把田丰大往走廊上推。

"说了没醒就没醒，不相信我啊！不相信的话，你就直接去找薛警官。"

身为侦探，像田丰大这样怕警察如老鼠怕猫的，世上恐怕不会再有第二个了。

"相信！相信！丁医生，你说没醒就没醒！"

"嗯嗯，这不就成了吗？你先回屋，等韩国栋醒了，我就给你客房打内线电话，到时你再下来，可以吧？"

"好好好，一旦韩国栋醒来，丁医生可一定给我电话哦！"田丰大边说边往回走，走的过程中，还时不时回身做打电话的手势，显然是怕丁凝忘了。

回到自己房间的田丰大更加坐立不安，他就直直地盯着床头柜上的内线电话，一刻都不敢放松。幸亏没有等太久，过了不到十分钟，田丰大就接到丁凝打来的内线电话。

放下话筒的名侦探，二话不说便蹑手蹑脚地溜出房间，直往202客房摸去。

再次来到丁凝房间门口，本准备抬手敲门的田丰大忽然发现房门是虚掩的，并没有关紧。田丰大愣了一愣，伸手去推门，门开了。屋里没有开灯，一片漆黑，只有窗外的隐隐月光散落进来。

"丁医生，我来了。"

田丰大一边往屋里进，一边小声呼唤，但始终没人回应。

显然丁凝不在屋里。

单纯的田丰大在心里窃喜："真是善解人意的女医生啊，知道我和韩国栋的聊天内容私密，就特意躲了出去。"

田丰大这样想着，反手合上房门，接着去按墙边灯的开关。

便听"吧嗒"一声，客房里顿时大亮起来。田丰大站在门口按灯开关的位置，正好能看到床尾韩国栋的脚。

他当即三步并作两步直往客房里走去。

从门口到房间内，是一段不足两米的过道，田丰大仗着腿长，几步就跨了进来。来到屋里，一张大床摆放在屋里靠阳台的位置，朝里紧挨着床头柜，至于盛放衣服的储物柜和穿衣镜则在床另一侧的墙边。

当然，这些摆设每间客房都一模一样，差别也仅仅在于左右方向上，所以根本不值一提。

田丰大跨进屋里的时候，本来打算直接走到床边，可是他刚往前走了两步，忽然觉得有人影在动。

屋里不是没有其他人吗？怎么会有人影在动？

田丰大下意识朝人影晃动的方向望去。他这一望，先是一惊，随即安心下来，原来田丰大看到的不是别人，而是穿衣镜里的自己。

"俊美的容颜，削瘦的脸庞，一笑一颦间都带着一股让万千少女无法抵挡的魅力。唉，我这么帅，怎么现在还单身呢？"

短暂的走神之后，田丰大忽然想起自己有正事要做，当即快步走到床前。

"韩国栋，韩国栋，是我，田丰大！"

充耳不闻名侦探的低声呼唤，韩国栋像那被三顾茅庐的诸葛孔明一般，背对着高枕而卧。

田丰大却没有刘玄德的耐心，一叫不应便伸手去摇。结果这一摇，顿感对方身体僵硬，毫无生机。田丰大愣了一下，赶紧把韩国栋的身体翻转过来。

是血！鲜血正从韩国栋腰间和小腹的伤口缓缓流出，染花了半张床。再看他的脸，只见这个满脸横肉的男人双目紧闭，毫无声息。

"不会是死了吧？"田丰大不禁连连后退。

"要赶紧把丁医生叫来救治啊！"

如今这世上很少有人能读取他人心思，但显然丁凝做到了。当田丰大从惊慌失措中回过神来，准备返身去找医生时，身为医生的丁凝已然站在了他身后。

与刚才不同的是，丁凝戴了一副黑边眼镜，显得更加知性和美丽。当然，这不是重点，重点在于和丁凝同来的还有一个人，那就是薛警官。

刚发现韩国栋遇害，医生和警察就双双出现在自己身后，但凡有点戒备心理的人都会立刻意识到自己落入他人圈套了。然而，头脑简单的田丰大并没有想那么多，他心里只有一个想法：韩国栋没交代情妇身份之前，可千万不能死啊！

田丰大上前一步，握住丁凝的手，急切道："丁医生，快，看看，韩国栋怎么了？"

丁凝却甩开田丰大的抓握，先发制人道："田丰大，你把韩国栋怎么了？"

"喂！喂！什么叫'你把韩国栋怎么了'，说得好像我做了什么似的！"

这时，薛警官在一旁冷冷道："你没做什么，怎么会出现在这个屋里？"

"这个……这个……是，是丁医生打电话叫我来的。"

"我是给你打过电话，但我并没有叫你来，我是告诉你，韩国栋伤势还不稳定，有什么事儿明天当着薛警官的面说！"

"啊！丁医生，你刚才可不是这么说的啊？"田丰大大叫道。相比找出韩国栋的偷情对象，洗清自己的杀人嫌疑显然更重要。

丁凝并不搭腔，而是走上前探了一下韩国栋的鼻息，随后回到薛警官的身边，摇摇头，道："人，不行了。"

薛警官怒目瞪视着田丰大，恨恨道："刚才丁凝来我房间找我，说你想背着我私见韩国栋。我当时就觉得有问题，赶紧和丁医生赶过来。唉！到底还是慢了一步。"

"喂！喂！什么叫'慢了一步'？说得就好像是我杀了韩国栋一样！哎呀，不是我杀的！真不是我杀的！我一进来，他就这样了！"说到这儿,田丰大像是明白了什么,伸手指向丁凝,"我知道了,你是凶手,你杀了韩国栋后故意引我前来,是想嫁祸给我,对不对?"

丁凝被田丰大这一指,吓得像惊弓之鸟一般簌簌发抖,直往后面躲去。薛警官则大步上前挡在丁凝和田丰大之间,喝道:"你想干什么?"

就在这个时候,姜鑫、邵斌、罗小梅和郝美四个人听到他们的争吵声,也纷纷赶下楼来,进入202客房。

"又怎么……"郝美是四人中最先进来的,她看到眼前的情景,忍不住捂嘴道,"不会是韩国栋被杀了吧?"

郝美说这句话时,丁凝正好退到她身边,小声道:"是田丰大杀的。"

"你这个女人,就是你杀的,别想诬陷我!"田丰大碍于薛警官挡在身前,无法和丁凝面对面对质,只能蹦着高地强调自己的清白。

"我也觉得侦探大叔不可能是杀人凶手。"

显然,不论何时何地,罗小梅永远是田丰大阵营的一员,虽然有时候她的站队只能起到适得其反的作用。

同样,罗小梅的假闺蜜——姜鑫,在关键问题上总会和罗小梅唱反调。

"小梅,我觉得你说得不对,胖大叔如果被害的话,田大叔完全可能是凶手。"

"姜鑫,你为什么这么说呢?"罗小梅偏着头问道。

"这和狼人杀的道理一样啊!你想啊,从大巴车上开始,胖大叔和田大叔就一直争执不休,到宾馆还是如此。他俩就像是在PK台上似的,互相怼来怼去。那么按照狼人杀的板子,PK台上的两个人要不都留着,要不就都不留;有一个倒在夜里,另一个白天必然被投票出局。所以,现在胖大叔被杀了,那么田大叔完全可能是凶手的。"

田丰大听到这些话,肺都要气炸了。

"喂!你这个女生,能不能别在这儿捣乱啊?这是命案,是现实中的命案,你说什么狼人杀,完全是在瞎胡闹!"

结果田丰大话音刚落,郝美就跳出来打抱不平了,她哼了一声道:

"也不完全是瞎胡闹好吧!大巴车上,韩国栋就说过,你一直在跟踪他。后来住进宾馆,你也总是在偷窥监视韩国栋。包括之前,那个女画家对韩国栋行凶时,你在做什么?你是在帮女画家殴打韩国栋。如果韩国栋被杀了,论起嫌疑来,你恐怕是最大的!"

面对大家的质问,身为名侦探的田丰大几乎抓狂了。是啊,就目前的情形来看,自己显然是凶手的不二人选。

找不出任何理由说服大家的田丰大只能在感情上打动人了:"求求你们相信我,人真不是我杀的啊!"

薛警官则展现出铁面无私的决绝,一棒子打死道:"有哪个凶手会承认自己杀了人?"说话间,他掏出那把丢了钥匙的手铐,一步步朝田丰大逼近。

田丰大在活人身上得不到信任,只能朝死人抱怨,他恨恨地对躺在床上的韩国栋道:"你能不能死得尽职一些,好歹留个死亡遗言,告诉大家凶手是谁啊!这样害得我被冤枉,你当鬼,心不痛吗?"

就在此时此刻,这个已经被医生宣判死亡的胖男人像是从鬼门关赶回人间补交作业一般,忽然睁开了眼睛,左手还动了动,似乎是想揉自己的眼睛。

田丰大见状大喜,一把推开准备给自己铐上手铐的薛警官,大步上前来到韩国栋身旁,情真意切地对他说:"你,赶紧告诉他们,我不是凶手!"

韩国栋张了张嘴,然后用左手指了指自己的嗓子,用力地"啊啊"了几声。

田丰大立刻明白他是说不出话来,又道:"那你告诉他们谁是凶手也行!"

薛警官在旁边着急道:"说不出话,就用手指认。"

"对!就用手指出那个杀害你的人!"田丰大说这句话时,几乎咬牙切齿,他一边说着还一边回看站在屋子走道口的丁凝。那凶狠的眼神似乎在对女医生说:"哼,想嫁祸我,没想到吧?韩国栋没死透,还有一丝清醒的意识,等他指认你是凶手后,看你再怎么狡辩?"

就这样,田丰大面带胜利狠狠地瞪视了丁凝一番,然后才回过头来看韩国栋指认谁是凶手。

结果,田丰大这一回头,可是吓了一跳,那韩国栋手指的竟然是自己!短暂的惊讶之后,田丰大随即明晓:一定是自己站得太近,挡住了方向,于是赶紧朝边上挪了挪。

"别动!"薛警官发觉出田丰大的小动作,第一时间喝止。

"我没动,我怕挡着韩国栋指凶手,稍微靠后一下。"说着,田丰大又偷偷侧移了半步,他一边移,一边装模作样地回头警告其他人,"都不准动啊!"

薛警官"哼"了一声,对韩国栋道:"你能指得再清楚一些吗?到底是谁杀的你?"

韩国栋艰难地点点头,此时此刻,他的眼神已经有些迷离,但作为即将成为死者的被害人,他还是坚决要履行留下死亡遗言的义务。就看韩国栋左手动了动,重新抬起,那手指晃了一下,还是指向原先的位置。

虽然田丰大较之前偏移了半步,但韩国栋手指之人仍是田丰大。

"喂!别闹了好吗?让你指凶手是谁,你老指我干吗?你能听清楚我们的话吗?用手指出杀害你的凶手!"田丰大当时就急了,边说边伸手去扒拉韩国栋手指所指的方向。

结果刚扒拉开,韩国栋又指回来,再扒拉开,还是指回来。这样,搞得田丰大很尴尬,只能在众目睽睽之下抓着韩国栋的手帮他指凶手。

可当田丰大抓着韩国栋的手腕好不容易移向丁凝的时候,那根指人的食指却忽然耷拉了下来。名侦探赶紧回看韩国栋,只见这个从鬼门关折返回来留下死亡遗言的男人,这次真的咽气了。

"喂!有没有搞错啊?马上就要指到丁凝身上了,你却在这时候咽气!"田丰大抱怨道。

结果,他这声抱怨没有引起在场任何人的共鸣,只听薛警官冷冷道:"好玩吗?玩够了吧?玩够了,就把双手伸出来呗。"说话间,他晃了晃手中那副找不到钥匙的手铐。

"啊!薛警官,你真的认为我是杀害韩国栋的凶手吗?拜托你用脑子好好想想啊,我是侦探,怎么可能杀人?"

薛警官叹了口气，道："我本来只是怀疑，并不能确定，但刚才韩国栋临死前用尽所有力气指认你是凶手，那还有什么可狡辩的呢？"说着，便听"咔嚓"一声，那副冰冷的手铐就这么无情地拷在了田丰大的手腕上。

"真是服了，早知道你乱留死亡遗言，还不如不让你留呢！喂！你就这么死了吗？你真的死了吗？拜托，再起来解释一下呀！"

就在田丰大被铐住手铐拖走之前，他都在扯着嗓子对韩国栋的尸体大呼小叫。但是很不幸，这次不论田丰大怎么呼唤，韩国栋都没有再诈尸。

毕竟……

地狱不是你想来，想来就能来。让我回来，让我明白，凶手谁最坏。

伴随着《爱情买卖》的旋律，这次韩国栋真的死透了。

经过这一番折腾，还有不到一个小时就该天亮了。从杨师傅被害开始算起，短短不到一天的时间里，竟然连续发生多起死亡事件，到目前为止已经死掉六个人了。

每次有人遇害时，总能看到田丰大的身影，他就像凶手的小助手，无时无刻不在推波助澜地促成凶案的发生。

如今，这个凶案小助手终于也被绳之以法了。被害人临死前指认凶手，非常明确且不容置疑地一次次把手指向田丰大。有这么铁的铁证，就是狄仁杰在世，包青天重生，恐怕也无法翻案。

薛警官将田丰大铐住后，为了防止再有意外发生，索性把田丰大带到一楼大堂，坐在沙发上，寸步不离地死死盯着他。在薛警官看来，天亮后用不了几个小时山路就疏通了，等救援人员赶到，所有的一切也就顺利完结了。

因为自己房间是韩国栋遇害的案发现场，丁凝无处可去，只得跟着薛警官来到一楼大堂，静静地等待天亮。而导游郝美活这么大，虽然见过很多男人，却没有见过这么多死男人，心惊胆战的她自然不敢独自留在屋里，和警察待在一起才是最安全的。出于这种考量，她也和丁凝一样,来到一楼大堂,倚靠在沙发上小歇。

那三名中学生反倒人小胆大,从202客房出来后,就沿着楼梯上了三楼,径直往各自的房间走去。

在回房间的路上,邵斌心有余悸地抱怨道:"这次出来玩太衰了,啥都没玩着,光经历死人了。"

姜鑫看了邵斌一眼,耿耿于怀道:"得了吧,邵斌,别人抱怨也就罢了,你还好意思抱怨?这两天你出尽了风头,真是最大的赢家。"

"啊?副班长,你为什么这么说啊?"

"我说得不对吗?先是车祸发生时,你张罗着到处救人;然后,制服那个通缉犯,你一马当先冲在最前面;就连女画家对韩国栋痛下杀手时,警察的枪都被打掉了,又是你横冲直撞撞开那个李小佳。"

"哎呀,副班长,我能有今天的觉悟,全是平时受你,还有班长的熏陶呀,你,你说话别醋溜溜的啊!"听着姜鑫阴阳怪气的语气,邵斌突然打从心底不寒而栗起来。

"得了吧,少来这一套,这趟旅游结束,你就等着收表扬信收到手软吧!哼哼,我可沾不着你的光。"这话从姜鑫嘴里说出来,醋味更是重了。

邵斌愈发不知所措起来,不由回身去看走在后面的罗小梅,恰巧与此同时,罗小梅也正在好奇地看他。

"邵斌,我记得你以前挺胆小的啊,什么时候变得这么勇敢了?"罗小梅偏着头,问道。

不待邵斌回话,姜鑫先插嘴道:"是啊!是啊!你以前不是这么勇敢的,怎么突然像变了性格似的!"说到这里,她像是想起了什么,停下脚步,回身对罗小梅道:"小梅,有问题啊!很有问题!我跟你说,一开始发现杨师傅尸体时,邵斌还吓得大叫呢!你说他看见尸体依旧那么胆小,为什么遇到坏人做坏事儿时,却勇猛无比?"

罗小梅也像是想起了什么,补充道:"是啊!姜鑫,你这么一说,我想起来了,在车祸现场发现那张通缉令时,邵斌同样吓得大呼小叫。那才是咱们以前认识的邵斌!"

姜鑫得到罗小梅的附和后,更加坚定了自己的怀疑,她大步上前,目光直视邵斌,逼问道:"老实交代,到底是怎么回事儿?你的胆量为什么忽大忽小?"

"班长,副班长,我,我也不知道怎么回事儿啊!其实,我的胆量还是以前那样,只是不知道为什么,我最近总是有些狂躁。"

"狂躁?"罗小梅和姜鑫忍不住对望了彼此一眼。

"是的,是狂躁,根本无法平复。尤其在遇到坏人的时候,我内心深处仿佛腾地燃起一团火,压都压不住,恨不得上去就是硬磕!"

姜鑫沉吟了片刻,突然目露精光,她满怀期望地追问道:"你不会是嗑药了吧?"

"嗑药?嗑什么药?"邵斌不解地看着姜鑫。

"你就不要和我装了,你肯定是嗑药了,只有嗑药的人才会这么兴奋。"姜鑫说着,脸上现出了欢快的神情。

罗小梅却一本正经地问邵斌:"你是从什么时候起开始这样的?"

"那天,从你家回来后,就这样了。"说到这里,邵斌忽然想起了什么,赶紧弯腰去撸自己的裤腿,边撸边说道,"我想起来了,从你家出来后,我在楼下的拉面馆门口逗狗玩儿,逗着逗着,小欧过来了,上来就追着我咬!"

小欧,是罗小梅养的一只拉布拉多犬,曾咬伤过多名犯罪分子。

说话间,邵斌已经撸起了裤腿。果然,他小腿上有一处模糊的牙印。

"我被小欧咬了,是不是得了狂犬病?"邵斌惊慌失措地叫道。

"不可能!我家小欧是打过疫苗的,不要说咬了一口,就是咬你个十口八口,也不会得狂犬病的,你一定是被拉面馆门口那只狗咬的!你少诬赖我家小欧!"

邵斌不服,还想再说些什么,而这时姜鑫和罗小梅已经来到了自己房间门口。

"好了,我们女生要回屋休息了,你就别跟着来了。"姜鑫故意打了个哈欠,她和罗小梅进到房间里面,然后"啪"的一声把邵斌关到门外。

一关上房门，原本哈欠连连的姜鑫顿时像变了个人似的，精神抖擞地对罗小梅道："那个邵斌，真看不出来竟然有一肚子的心眼，自己逗野狗，被野狗咬了，还想诬赖到你身上，真过分！"

"这个我倒不担心，小欧是有疫苗证的，他想诬赖也诬赖不了。只是……"罗小梅说到这里一顿，一副欲言又止的样子。

"只是，怎么了？"

"只是，我不明白，那个姓韩的胖大叔临死前为什么要诬陷侦探大叔呢？"

"你怎么知道就一定是诬陷啊？那个田大叔也许就是凶手！"

"根本不可能，哪有侦探最后变成凶手的事情？"

"小梅，你这是推理小说的逻辑，如果换成狼人杀的思维，则肯定成立。"

两个女生站在各自擅长的领域，就田丰大有没有可能是凶手展开了别开生面的辩论。

"你说的狼人杀思维，指的就是PK台理论，对吧？"

"是啊，在狼人杀游戏里，两名玩家互相指责对方是狼人。在其他人无法辨明真相的前提下，只能把这两名玩家都推上PK台，他俩之中但凡有一个在夜里被狼人刀死，活着的那个第二天就应该被投票出去。因为他们两个人之间必然有一个是狼人。"

罗小梅就游戏论游戏，反驳道："如果狼人真的上了PK台，他会在晚上刀那个一直怼自己的玩家吗？一旦刀了，狼人第二天也会被投票出去，还是会暴露自己的啊！与其这样，不如去刀别人，留着那个怼自己的玩家一直互怼到最后，岂不是收益更大？"

用游戏思维反驳完后，罗小梅又跳回现实中就案推理："就拿眼下的案子来说，胖大叔和侦探大叔一直在互相争执，尤其是胖大叔始终怀疑侦探大叔居心不良。如果胖大叔一死，大家首先怀疑的对象肯定是侦探大叔。既然这样，侦探大叔怎么可能还会去杀胖大叔？就算是真要杀他，那也该想些杀人诡计掩盖一下好吧！更不可能前脚刚杀完人，后脚就被人撞破，怎么看都更像是被嫁祸陷害的。"

姜鑫不屑道："哎呀，小梅，你想多了。我告诉你，我玩了那么多局狼人杀，PK台上，一个玩家倒在夜里，另一个玩家必然是狼，这个推论几乎从来没错过。"说到这里，她咽了口唾沫，接着道："你讲的那个，什么刀了对方更会招来怀疑，不如去刀别人收益更大的理论，我和你说，狼人有时候就是抓住大家这种心理，反而故意去刀。毕竟，在PK台上，已经是焦点牌了，随时都可能被投票出局，不如刀走对方，拼命一搏呢。"

"姜鑫，你说的那毕竟是游戏，不是现实案件！"

"游戏怎么了？虽然是游戏，但人物心中的想法都是相同的。凶手，杀了人，千方百计嫁祸别人、掩盖自己，这种思维模式和狼人杀里的狼人玩家完全是一模一样的！"

姜鑫的这番话似乎动摇了罗小梅的心，她一时不语，低头沉吟。

见罗小梅不说话，姜鑫继续喋喋不休："我跟你说，这几天发生的这些案子，真的和狼人杀游戏很相似，被杀的人都能和狼人杀里的角色一一对应。"

罗小梅抬头看了姜鑫一眼，问："你是说王三喜是预言家？"

"可不是吗？王三喜先是偷了刘力勇的箱子，这就相当于是预言家验人。当杨师傅被害后，所有人都把他偷的刘力勇的箱子错当成杨师傅的箱子时，他就已经知道凶手是刘力勇了。可惜，他说什么都没有人信，自己反倒被当成凶手关押起来。这样的处境，跟狼人杀里，预言家验人得不到好人信任，最后被当成狼人投票出局，是不是一模一样啊？"

罗小梅点点头，开始尝试着用狼人杀的思维重新审视这些案子。

"那，刘力勇和于大虎互殴致死，姜鑫，我记得你当时把这比喻成白狼王自爆带人？"

"那可不，一次双死，只有三种可能。一种是，猎人吃刀吃票开枪带人；再一种是，夜里狼人刀人，女巫开毒；最后一种就是白狼王白天自爆带人。刘力勇和于大虎都是犯罪分子，他俩先后从宾馆偷溜出来，自然不会是狼人杀里的女巫和猎人，所以只可能是白狼王了。"说到这里，姜鑫刻意停顿了一下，又详解道，"游戏里，白狼王选择自爆，都是为了打断好人发言，自爆后带走的玩家也通常是掌握重要信息的角色。所以简单说来，白狼王自爆就是为了掩盖对狼人阵营不利的信息，让知情者说不出话来。同样啊，你想，刘力勇和于大虎两个人都已经逃离宾馆了，他们俩却不躲起来，反而在车祸现场自相残杀。先动手的杀人者肯定抱着和白狼王一样的念头，那就是隐藏某个秘密，让被杀者不泄露出来。"

"咦，姜鑫，你这么一说，还真有这种可能啊！"

"那么，小梅，你觉得刘力勇和于大虎之间，究竟谁是白狼王？隐藏的又是什么秘密呢？"

罗小梅托着略大的腮，自言自语道："刘力勇是毒贩，根据唐老板之前发现的纸条，他当时躲在车祸现场应该是等着拿回毒品箱。所以说，刘力勇不可能是秘密的隐藏者，而只可能是秘密的发现者。他很可能是在车祸现场，发现了什么秘密，从而遭到于大虎的袭击！"

姜鑫一脸迷茫地说道："车祸现场有那么多零散的东西，谁能知道哪一件里面藏着秘密？"

罗小梅看了眼姜鑫，微微一笑，道："你想啊，刘力勇回到车祸现场是为了约见唐老板拿回毒品箱。可于大虎呢，他为什么要回到车祸现场？他回到车祸现场会不会就是为了掩盖那个秘密呢？而且那个秘密一定就在警车里。"

姜鑫瞪大眼睛，问道："难道，是和通缉令类似的东西？"

"不知道，但这个东西一定比他的生命还重要，否则，他也不可能拼死与刘力勇同归于尽。"说到这里，罗小梅闭上眼睛，在脑海里重现当时的情景，口中低语道，"刚发现于大虎尸体时，他手指间夹着烟。显然是刘力勇先被他杀死，他才能这么放松地去抽烟。他既然能放松下来去点烟，就也说明那个藏着某个秘密的东西也已经被他处理好了。那到底会是什么呢？"

刹那间，一样东西突然异常清晰地在罗小梅的脑海里闪现出来。

"手机！对！就是手机！薛警官的手机！"罗小梅对拍双掌，如同聪明的女一休，大叫道，"一定是薛警官的手机！姜鑫，你想，于大虎和刘力勇对殴，他俩的手机都没有损坏，反倒是薛警官的手机摔得粉碎，这显然是被人特意破坏的。"

经罗小梅这么一提醒,姜鑫似乎也想起了什么,应和道:"小梅,你记不记得,薛警官醒来后,一直想要找回自己的手机,但是,因为那个田大叔怕被雨淋,所以耽误了。咦,小梅,你这是要去哪啊?喂,喂,你回句话啊!你怎么说着说着,就跑了啊?"

原来这个大脸女生早已跑出房间,沿着走廊右端的楼梯直往一楼大堂跑去。

当罗小梅从三楼跑到大堂时,大堂的沙发上只有薛警官和田丰大两个人,郝美和丁凝则不知去向。只见薛警官双目微闭,显然困得很厉害。身为警察的他就算在打盹之际仍不敢放松警惕,一只手牢牢抓住田丰大手腕上的手铐。而田丰大则一脸愁容,毫无困意,只是呆坐在沙发上发愣。

田丰大一看到罗小梅跑下来,这个世上最倒霉的侦探就突然变得神采奕奕起来。

"小妹妹,我终于等到你来看望我了,我就知道你一定会来的!"

"侦探大叔,你是怎么知道的?"

"哎呀,还用说吗?这都成固定套路了!每次我查案的时候,但凡有你掺和,我都会被当成凶手给抓起来。然后,你就会过来看望我,问我一些问题,问完我之后,用不了多久,真凶就会落入法网。"

"咦,经大叔你这么一说,好像每次真的都是这样呀!"

"行了,行了,快别客套了,有什么问题抓紧问吧!问完去把真凶抓来,赶紧把我身上的杀人嫌疑洗干净。"

"可是,大叔,这次我不是来看望你的,也没有问题要问你啊!"

"你说什么?你不是来看我的?那你是看谁?"

面对田丰大一脸的疑惑,罗小梅伸手摇醒了旁边打盹的薛警官。

"警察叔叔,有件事儿,我想请教你一下。"

"请教我?"薛警官揉揉蒙眬的睡眼,一时没反应过来,他看了看面前的罗小梅,又看了看旁边的田丰大,不解地问,"按过去的套路,不是该你向他请教问题吗?怎么问起我来了?"

"警察叔叔,这个问题只能问你啊,问侦探大叔他也回答不了啊!"

"啊！啊！好！好！好！哈哈哈，小妹妹，你终于找对人提问了！"薛警官从来没想到有一天自己能成为案件里的智力小担当，窃喜之余仍不忘保持人民警察的威严，一脸严肃道，"有什么问题，你问吧！"

"警察叔叔，你手机里是不是有于大虎的秘密？"

"哈哈哈哈，那当然，自古正邪不两立，身为人民警察我绝不允许任何一个侵害人民利益的犯罪分子逍遥法外。"

"不是，警察叔叔，咱能不能回答得接地气一些，你就告诉我，你手机里是不是有于大虎特别害怕的秘密？"

"哈哈哈哈，小妹妹，你也说了是秘密，毕竟是案件信息，哎呀，不是我不想告诉你，只是纪律不允许啊！"

"哦，那就是有秘密喽！"

"哈哈哈哈，有没有你自己去猜，反正我没说'没有'。"

"警察叔叔，你能不能再稍微透露一下，那个和于大虎有关的秘密是什么？关于人的，还是关于事儿的？"

"这我更不能告诉你啊，虽然我只是让警局的同事去查了几个电话号码，且不论收没收到回复，但那也是很机密的。"薛警官眨眨眼睛，脸上挂着一副"我可什么都没说"的神情。

"查电话号码？那就是查人了！我明白了，谢谢啊，警察叔叔！"罗小梅说着，深深地鞠了一躬。

薛警官打了个哈欠，像是什么都没看到一样。

罗小梅鞠完躬，转身要走。旁边的田丰大看得一头雾水，赶紧叫住她，道："喂！小妹妹，你这就问完了？"

"问完了。"

"我没太明白，你问那个通缉犯的事儿，和洗清我杀人嫌疑这件事儿有联系吗？"

"好像没有吧！"

"不是，既然和洗清我杀人嫌疑没关系，那你啰啰嗦嗦地问什么啊？"

"侦探大叔，我就是好奇啊！"

"好吧！那你不打算再问我点儿什么吗？"

"问？问什么？"

"哎，我没有杀人啊！"

"侦探大叔，我相信你没有杀人。"

"我是被那个丁凝陷害的！"

田丰大这句话刚说出口，脑袋突然被薛警官用手狠狠拍了一下。

"得了吧，别在这儿胡说八道，受害人明明在临死前指认你是凶手，怎么成丁医生陷害你了？我看倒是你，一而再、再而三地想陷害丁医生！"

田丰大辩解道："那韩国栋可能指错了啊，人临死前不是都会神志不清吗？他神志不清把我错当成了丁凝，也是很有可能的。"

这下，罗小梅也看不下去了，忍不住插言道："侦探大叔，胖大叔临死前连指了两次，都指向你，其间你把人家手指扒拉开，人家还是回指你，就这份坚定和执着，根本不存在什么神志不清。"

"哇！哇！哇！小妹妹，你居然不站在我这一边，只是过了一个暑假，你就背叛我了，太让我伤心了。"

"侦探大叔，我相信你不是凶手，我也知道胖大叔临死前那么坚定地指认你是凶手，一定有什么原因。可是，我现在，真的还有更重要的事儿要做。"

田丰大一愣，问道："有什么事儿比洗清我的杀人嫌疑还重要啊？"

"有！"

"到底是什么事儿啊？"发问的不仅仅有田丰大，就连旁边的薛警官也忍不住好奇起来。

罗小梅莞尔一笑，认真道："钥匙，那个打开于大虎手铐的钥匙还没找到呢！"说完这句话，她转身顺着楼梯朝楼上跑去。

这个时候，天色已经大亮了。

在罗小梅看来，那些隐藏在案件背后的各种脉络已经渐渐清晰起来。薛警官说过，他的手机里确实有于大虎的秘密，那个秘密和电话号码有关。如此说来，在车祸发生前，薛警官让他在警局的同事调查了几个电话号码，也就在等同事回复时，警车与大巴车相撞了，薛警官也昏厥了过去。

照这样推算下去，于大虎前往车祸地点破坏薛警官的手机，必然是为了不让人知道所查的电话号码的机主的身份。他一从宾馆逃脱，就赶往车祸地点破坏手机，莫非薛警官要查的电话号码的机主也在宾馆里？难道说，于大虎不顾生死，不惜与刘力勇同归于尽，豁出自己性命都要隐藏的那个人，就在大家身边？如此看来，当初把于大虎从地下室救出来的，根本就不是刘力勇，而很可能是那个电话号码的机主。

罗小梅想到这里，不由倒吸了一口冷气，她的思绪又落到那个消失的手铐钥匙上。

于大虎被打开手铐后，是直接把手铐扔在地上的，但手铐钥匙却没有被随手扔在一起。这说明什么？说明给于大虎开手铐的人本来是打算把手铐钥匙放回薛警官身上的。可是，这个人最后并没有把钥匙放回去，为什么呢？是因为薛警官从昏迷中清醒过来了？对！一定是这样！

正是因为想到了这一点，罗小梅才返身朝楼上跑去。她跑上楼，是为了找姜鑫和邵斌，并向他俩求证薛警官快醒来之前那段时间，都有谁到过薛警官的客房。

"啊，小梅，正好我有事儿找你，那个唐老板的身份，我在狼人杀里也找到了对应的职业角色……"

姜鑫话还没说完，就被罗小梅无情地打断。

"先不说狼人杀的事儿，我这里有很重要的事情要问你和邵斌！"罗小梅一边说着，一边又去敲邵斌的房门。

一脸焦躁不安的邵斌打开了房门。

"啊，班长，你家小欧真的打疫苗了吗？我被它咬过后感到很燥热很兴奋……"

"好了，邵斌，先不要提被狗咬的事儿，我有很重要的事儿问你和姜鑫。"

"到底是什么事儿啊？"邵斌和姜鑫几乎是异口同声地问道。

"薛警官醒来之前,你俩是不是一直守在他床边?"

"是啊。"

"哎呀,小梅,你听我解释,不是我做好事儿不带你。是……"

"我不是问这个,我想问,在薛警官醒来前后那段时间,有没有人进出过他的客房?"

"没有啊!"姜鑫和邵斌面面相觑,一起摇头。

罗小梅仍不放弃,又细问了一遍。

"真的没有人在薛警官快醒来之前进过他的房间?"

邵斌和姜鑫想了一会儿,还是摇头。

姜鑫说道:"薛警官快醒来之前,除了我俩真的没有人再进过他的房间。"

邵斌补充道:"不过,丁医生离开过。她好像出去补充什么冰块,离开过。再回来时,薛警官恰巧醒过来了。"

"丁医生?丁凝?"罗小梅惊疑道。

"是的,薛警官昏迷的时候,她一直守在薛警官床边照顾呢!"

"难道偷走手铐钥匙放走于大虎的人是丁医生?可是她是医生啊!怎么会和通缉犯纠缠到一起?"

一念至此,罗小梅又想到了田丰大对丁凝的指控。是的,侦探大叔自始至终都一口咬定杀人凶手是丁医生,莫非真有其事?

就在罗小梅陷入深思的时候,旁边的姜鑫不甘寂寞,又开始显摆在狼人杀领域的智慧。

"小梅,你的事儿说完了,该听我说了吧!"

"啊?什么事儿呀?"

"之前咱俩不是说到用狼人杀的思维方式来看待凶杀案吗?结果我还没说完,你就跑了。"

"哦,姜鑫,你刚才说唐老板的身份也能对应狼人杀里的职业角色,是什么意思啊?"

"狼人杀卡牌游戏里,有一种角色叫魔术师。我跟你说,魔术师的职业技能可强大了,每天晚上可以随意调换两名玩家的牌号。"

"调换玩家的牌号?"

"举个例子,魔术师晚上把3号玩家的牌号和5号玩家的牌号对调了,如果当晚狼人刀了3号玩家,那么第二天被宣布死亡的会是5号玩家。"

罗小梅若有所思道:"我明白你的意思了,唐老板拥有所有客房的备用钥匙,他可以随意进入任何房间,这本领就像狼人杀里的魔术师换牌号一样。只是这个魔术师比较倒霉,把自己的牌号和被狼人刀的玩家牌号对换了,狼人本来刀的不是他,结果他却死了。"

姜鑫忙不迭地点头,道:"是啊,你想啊,那个女画家本来是打算杀死303客房的韩国栋的,结果唐老板却跑进了303客房,不幸被女画家误杀死,他这不就是狼人杀里的魔术师角色嘛。"

这个时候,罗小梅突然想起了什么,上前一步,满脸急切地问姜鑫道:"姜鑫,在狼人杀游戏里,有没有那种角色,明明应该是好人,却被变成了狼人?"

"这怎么可能啊!狼人杀里的阵营是很分明的,好人就是好人,狼人就是狼人,如果阵营变来变去,还怎么玩啊?"

"说得也是。"

罗小梅脸上现出了一丝失望,看来狼人杀和现实中的凶案还是不能混为一谈的,拿狼人杀思维来破案,毕竟存在着很大的局限性。

结果罗小梅刚产生这种念头时,身为狼人杀大咖玩家的姜鑫却又开始自我否定了。

"小梅,也不完全是这样,我跟你说,狼人杀的板子可多了,我记得好像有一种角色叫种狼。"

"种狼?"

"是的,种狼的职业技能跟你说的那种情形就很像。它是属于狼人阵营,除了夜晚刀人外,还可以把好人阵营里任意玩家感染成狼人!"

"能把好人感染成狼人?"

"是的,如果种狼感染了猎人,那么猎人就变成了狼猎人,依旧有开枪带人的功能,只不过是属于狼人阵营的猎人。同样,感染了守卫,就是狼守卫……喂,喂,罗小梅,你怎么又不打招呼就跑了?好歹等我把话说完啊!"

一招狼人杀救侦探

姜鑫的叫喊似乎还在耳边隐隐回荡，罗小梅却已经来到了韩国栋遇害的房间里。

如果按照狼人杀的思维逻辑来推理分析，把宾馆里每个人物都与狼人杀的角色一一对应，那么，郝美是小女孩，王三喜是预言家，唐老板是魔术师，刘力勇和李小佳是狼人，于大虎是白狼王。假设白狼王自爆要掩护的人是被种狼感染的好人，那么丁凝会不会就是那个受到感染的好人呢？

丁凝在现实中的职业是医生，对应到狼人杀里的角色应该就是女巫。女巫被种狼感染，自然就是狼女巫。在游戏里，女巫有一瓶解药，还有一瓶毒药。丁凝是狼女巫的话，很显然，她的解药救了薛警官，而毒药却给了韩国栋。

当然这只是套用狼人杀的游戏思维模式，如果放到现实中来，能有机会偷走薛警官钥匙放走通缉犯于大虎的人，就只有丁凝了。这个通缉犯宁可牺牲性命也要掩盖其身份的女医生，她的背后到底藏着什么不可告人的秘密呢？

罗小梅又想到了韩国栋的被杀。说心里话，她从来没有觉得侦探大叔会是杀人凶手。如果真如侦探大叔辩解的那样，是丁凝害死的韩国栋，那么韩国栋临死前为什么要一而再再而三地指认侦探大叔是凶手呢？

只要破解了韩国栋指认侦探大叔是凶手的原因，那么所有问题都将迎刃而解。

很显然，凶手一定运用了某种诡计。那么，到底是什么诡计呢？

罗小梅静下心来，她站在房间的中央，环视四周。

窗外的阳光透过玻璃照射进来，正好落到韩国栋的尸体上。是的，死者的尸体依旧放在床上，并没有被移动，只是上面盖了一层白布。罗小梅走上前去，掀开白布盖脸的部分，忽然，她发现死者的咽喉处有一处凸起。

不错，是凸出一块，但并不是喉结。

罗小梅好奇，忍不住伸手朝死者咽喉处凸出的部位摸去，顿时吓了一跳。

好像是什么凸状硬物卡在死者喉咙间。

罗小梅忽然明白了韩国栋临死前说不出话的真正原因，因为他的咽喉里被凶手塞进了这么一块硬物，正是这块硬物卡着让他发不出声音。

虽然说不出话，但这并没有妨碍死者临死前指认凶手，他再三把手指向侦探大叔这又是为什么呢？

就在罗小梅为此百思不得其解之际，她又有了另一个疑惑。

韩国栋临死前是用左手指认凶手的，那他的右手呢？

罗小梅仔细回想当时的情形，全程确实只看到韩国栋的左手在活动，并没有见他的右手。

揣着这个疑问，罗小梅壮着胆子，把盖在尸体上面的白布全部掀开。于是，她看到了韩国栋整条右手臂板板正正地伸在身体右侧。不错，韩国栋临死时，他的右手臂当时就是这种姿势，一直保持到现在。

对！问题就出在这里！韩国栋临死时，小腹和腰间的伤口还在往外淌血，不仅如此，他的咽喉还被塞进了硬物。按理说那个时候他应该非常难受和痛苦，所以当他用左手指认凶手时，难道不该用右手捂住伤口吗？就算不捂伤口，至少也该因为忍痛而攥紧拳头吧？可是，韩国栋的右手非但没有去捂伤口，也没有忍痛攥拳，而是很自然地笔直伸长放在身边。

能导致这种情况，只有一种可能，那就是……

罗小梅赶紧绕到床的另一边，蹲在死者的右手边仔细观察他的右手臂。

很快，在臂弯处，罗小梅发现了一个细小的针孔，然后她又在死者的脖颈和两条腿的大腿上，也发现了同样的针孔。

果然如此，韩国栋在临死前被凶手注射了麻醉剂。

可凶手为什么几乎麻醉了被害人全身，却单单留下一条左臂没有麻醉呢？

没错，留下左臂不麻醉，就是为了让韩国栋临死前指认凶手。也就是说，真凶有把握让被害人临死前指认凶手时，指不到自己身上——非但指不到自己身上，还能指向别人。

想到这里，罗小梅便趴到床边，把脸侧偏，让自己的视线和韩国栋曾经手指的方向平齐。于是，她看到了一样东西。

那样东西，每间客房都有，再平常不过。但韩国栋遇害的客房里的却被人移动过了。

因为在别的客房，它都是贴墙摆放，靠在储物柜旁边，而在这间客房，它却被偏斜了45度角。

但是，仅仅因为那样东西偏斜了45度角，就断定韩国栋错指凶手似乎也说不过去。因为韩国栋临死时，神智明显是清醒的。一个神志清醒的人怎么可能识不破真凶的诡计呢？

既然如此，一定还有其他玄机没有被发现。

罗小梅闭上眼睛，不仅静静地仔细回忆着韩国栋临死前的一举一动，甚至还去回想丁凝的行为举止。

当从死者身上发现针孔，当认定死者临死前被麻醉过时，罗小梅就已经认定，丁凝是杀害韩国栋的真凶了。用狼人杀的思维逻辑来说，她就是名副其实的被种狼感染的狼女巫！

那么，当韩国栋临死前指认凶手时，身为真凶的丁凝到底在做什么呢？

罗小梅紧皱眉头、冥思苦想，那一刻的画面在她脑海中渐渐清晰起来——

丁凝站得很远，她站在人群外围，靠过道的位置。她一直在那里站着，抱着双臂，一动不动。其间，她还扶过两次眼镜。

扶眼镜？

是的，扶眼镜。

因车祸的撞击，她眼镜的镜腿发生了偏折，戴着的时候很容易往下滑。

就因为这样，在确定完薛警官的伤势后，女医生便摘掉了眼镜。

难道眼镜也有问题？

丁凝之前摘掉了眼镜，但韩国栋一遇害，她就又戴上了眼镜。

看来问题就出在眼镜上！

想到这里，罗小梅终于识破了凶手的所有诡计，自然也就掌握了凶手的杀人证据!

既然如此,那还等什么呢?是时候展示真正的推理,洗清侦探大叔的杀人嫌疑了!

罗小梅这样想着,头也不回地直往一楼大堂跑去。

罗小梅跑到一楼大堂,看到所有人都聚集在那里。当然,他们聚集在那里并不是在等罗小梅的推理,而是在吃早餐。沙发前的茶几上摆着豆浆、咖啡还有一些面包,罗小梅跑到时,姜鑫正拿起一杯豆浆准备喝。

"哎呀,小梅,你刚才跑哪儿去了?到处都找不到你,快下来吃早餐。"

"吃早餐?"罗小梅好奇地看着姜鑫,又把目光扫向大堂里的每一个人,除了被铐着手铐的田丰大无精打采外,每一个人的脸上都洋溢着兴奋的神情。昨天连续的杀人事件所造成的不快和恐慌似乎都已经消散殆尽。

"是啊,快过来吃啊!吃完,好回屋收拾行李。"姜鑫对罗小梅招手呼唤。

"吃完,收拾行李?"罗小梅迟疑道。

这时,郝美走过来热情地把罗小梅拉到茶几旁,拿起一杯豆浆递给她,道:"嗯,咱们终于要离开这个鬼地方了。"

"山路疏通了?"罗小梅瞪大眼睛看看郝美,又看向薛警官。

薛警官点点头,如释重负地长吁了口气:"刚才接到电话,山路马上就要疏通完毕,用不了多久救援队就会赶过来。"

"可是,可是案子还没破啊!"

"喂,小妹妹,你不要乱说话,什么叫案子还没破啊?这不,嫌疑人都铐着呢。"薛警官说着,瞥了一眼旁边的田丰大,又道,"就算案子还有疑点,那也是回警局慢慢侦查。"

"可是……"

"可是,什么可是?!"薛警官赶紧打断道,"你不要再跟我提手铐钥匙的事儿了好吧!那钥匙谁知道去哪儿了?被扔山里了,被马桶冲走了,都有可能。总之,小妹妹,请你不要就一个根本没法找到的东西在这跟我纠缠不休,好吗?"

"可是,我知道手铐钥匙是谁偷的了。"

薛警官愣了一下,忍不住问道:"谁?"

罗小梅瞅了丁凝一眼,就看那个女医生倚靠在沙发扶手上端着一杯咖啡正慢慢饮着。她收回目光,对薛警官道:"是丁医生!"

薛警官愣了一下,而丁凝却只是不屑地哼笑。

薛警官问道:"小妹妹,你找到手铐钥匙了?"

"没有。"

薛警官又问:"那你有证据证明手铐钥匙是丁医生偷的?"

"也没有。"

听到这里,丁凝忍不住笑出声来:"问什么都说'没有',那你凭什么指控我?"

罗小梅扬起倔强的脸,对丁凝道:"我虽然没有证据证明你偷了手铐钥匙,但我却有证据证明你杀死了韩国栋!"

此言一出,在场所有人都怔住了,只有田丰大在短暂的惊愕之后脸上现出了凤凰随时涅槃的神采,激动不已地大叫:"小妹妹,你是不是在我的启发下,要开始……"

可惜,田丰大话还没说完,后脑勺就被薛警官狠狠地拍了一巴掌。"就你能吵吵,就你能吵吵,可不可以消停点儿?可不可以消停点儿?"说着,薛警官把目光转向丁凝。

只见丁凝先是一愣,随即讪笑道:"说我杀了韩国栋?开什么玩笑,所有人都知道凶手是田丰大!"

薛警官接话道:"是啊,韩国栋临死前明确指认田丰大是凶手,这个是不会错的。"

"错了!错了!韩国栋其实想指认的是丁凝,结果被大家错当成指认侦探大叔了。"

"小梅,你说什么呢?田大叔是中年男屌丝,丁医生是知性女青年,两个人在性别、体型、年龄上有很大的不同,怎么能指错呢?"姜鑫在旁边低声道。

郝美也跳出来澄清事实："再说，他俩站的方位也不同啊。田丰大是站在靠镜子的位置，而丁医生呢，一直站在过道口，韩国栋手指的方向明明就是田丰大，怎么指也指不到丁医生那里啊！"

不光如此，就连田丰大自己也看不下去了，脸上本来浮现出的神采刹那间又黯淡下来，他焦急道："小妹妹，这就是你的推理吗？能不能多少靠谱点儿啊！"

看到所有人都不相信，连侦探大叔也是如此，罗小梅心急如焚地不知道该从哪里说起。

郝美将刚才想端给罗小梅的豆浆又递了过去，道："喝口豆浆，平复一下心情，慢慢说。"

丁凝则在旁边冷笑道："哼哼，是啊，小妹妹，不着急，等你组织好语言再告诉大家我是怎么变成凶手的。"

罗小梅"嗯"了一声，将杯子里的豆浆一口气喝完，她停顿了一下，继续道："这样吧，你们都跟我来，到死者遇害的房间，只有重现当时的情形，你们才能明白韩国栋为什么会把丁医生错指成侦探大叔。"

终于，所有人都聚集到了韩国栋遇害的 202 客房。由于疑点集中在田丰大和丁凝两个人身上，所以只需要他俩站在当时相应的位置即可，其他人则像是台下观众一般倾听着罗小梅的推理分析。

一如当时的情形，田丰大站在床头靠床边的位置，丁凝站在远离床位的过道入口处。

他俩刚一站定，郝美就率先质疑："你们看，田丰大和丁凝明显在两个方向，韩国栋临死前指凶手，指的就是田丰大，怎么指也指不到丁凝身上啊！"

罗小梅摇摇头，说："导游姐姐，你有没有想过，韩国栋临死前指的也许不是侦探大叔，而是侦探大叔的身后呢？"

"指的是田丰大的身后？"

听到这句话，几乎所有人的目光都朝田丰大的身后看去，田丰大本人也不例外。于是，他们看到了一面镜子。

是的，是一面镜子，一面穿衣镜。它本该贴墙摆放在储物柜的旁边，但却被偏移了45度角。

"这镜子，被移动过！"作为各个客房的常客，郝美最先发现了问题。

田丰大若有所思道："怪不得我一进这个屋子，就被镜子里的自己吓了一跳，而在自己的房间却不会，原来是镜子的摆放位置有了偏移。"

接着，姜鑫一语道破："小梅，你的意思是说韩国栋临死前手指的并不是田丰大，而是田丰大身后镜子里的丁医生？"

当姜鑫说这句话时，薛警官已然走到床的另一侧，蹲下身子，顺着韩国栋曾经手指的方向看去，果然能看到镜子里的丁凝。

这时，身为疑凶的丁凝开口说话了。

"笑话，我明明就站在屋里，虽然站位距离韩国栋有点儿远，但我并没有被任何人挡住。韩国栋临死前指认凶手，直接指我就行了，何必要多此一举去指镜子里的我？小妹妹，你说的这些话，乍听很有逻辑，其实都是无稽之谈。"

听丁凝这么一辩解，吃瓜群众们立刻展现出了"墙头草，随风倒"的特质，纷纷认同道："是啊！丁医生说得很有道理啊！"

罗小梅微微一笑，摆出一副胸有成竹的样子，缓缓道："很简单，因为韩国栋看不到你站在哪里，根本没法直接指你。"

"笑话，韩国栋又不瞎，我一个大活人就站在这里，怎么会看不到？"

"韩国栋确实不瞎，但他的脖子被打了麻醉针，动不了。他不只是脖子被打了麻醉针，就连右臂和两腿都被打了麻醉针。凶手这么做的目的，就是想让被害人躺在床上动都动不了，而你又站在他视线以外的地方，所以他要指你，只能指镜子里的你！"

听完罗小梅的推理分析，薛警官果然从死者身上找到了相应的针孔，他幡然醒悟道："凶手单独留着韩国栋的左臂不麻痹，就是为了通过镜子来误导大家，对不对？还有，让死者临死前说不出话来，也是凶手为了实现这个诡计故意而为之！"

罗小梅点点头，幽幽道："韩国栋的咽喉里被人塞进了硬物，太残忍了。"

其实，当薛警官在韩国栋身上发现针孔时，所有人都已经开始认定丁凝就是杀人凶手了。然而，身为真凶的她却还在负隅顽抗。

"小妹妹，你的推理在逻辑上还是有漏洞。韩国栋临死前，大家都在场，当时韩国栋的神智是清醒的。如果真像你说得那样，他想指认的凶手不是田丰大而是镜子里的我，他完全可以非常明确地把手指指向田丰大身后的镜子，而没必要指田丰大啊！要知道，以当时田丰大的站位，他并没有把身后的镜子全挡住。"

丁凝说这句话的时候，薛警官也注意到了这个问题。诚然，田丰大只挡住了身后镜子的一半。而当时，韩国栋神智异常清醒，他如果想要表达凶手是镜子里的丁凝，完全可以避开田丰大直接去指那面镜子的。

当薛警官把心中的疑问提出来时，罗小梅只是笑了笑，显然她早已经破解了这个诡计。

"理由很简单，韩国栋虽然神智清醒，但是他的视力却很模糊。"

"视力模糊？没有吧，我从来没见韩国栋戴过眼镜，他视力应该很好啊！"身为名侦探的田丰大曾跟踪监视韩国栋数日，在这方面他显然最有发言权。

"他的视力确实很好，但在临死前，却被凶手戴上了隐形眼镜，这样一来他的视线就会很模糊，指认凶手也就不那么准确了。"

"什么？给被害人戴隐形眼镜，这你都能想到？我真是服了你了！"丁凝听到这里，身为凶手的她不由赞叹起来。

罗小梅"呵"了一声，说道："本来我是想不到的，但我记起来，不光韩国栋不戴眼镜，丁医生你好像也不戴眼镜。可是在韩国栋临死时，你却忽然戴上了眼镜。这就说明你原本近视，只是一直在戴隐形眼镜而已。"

田丰大赶紧接话道："对，对，这个逻辑没有错。韩国栋快要死了，丁凝却戴上了眼镜，说明什么？说明她把隐形眼镜给了韩国栋戴，以此模糊他的视线，让他错指我是凶手！"

"哇！小梅，你太厉害了！逻辑推理这么强！"姜鑫惊叫道，又往自己脸上贴金，"当然，你也得益于我教你的狼人杀思维模式。"

罗小梅点点头，伸手指向丁凝，义正辞严道："所以，丁医生，你就是狼人杀里那个被种狼感染的狼女巫！你身上的解药给了薛警官，但是你的毒药却毒死了韩国栋。"

"哈哈哈哈，好了，好了，什么狼人杀，什么毒女巫，唉，想不到我自以为万无一失的妙计，就这么容易被一个女生给识破了。"丁凝说完后忍不住笑了起来，接着她又对薛警官解释道，"喂，薛警官，不用翻死者眼皮了，那隐形眼镜我早就趁你们不在的时候，取出来扔马桶里冲走了。"

薛警官抬起头来，用充满正义的目光直视着丁凝，道："这么说来，你是承认自己的罪行了？"

"不承认有用吗？死者身上的针孔就已经出卖我自己了。"

言已至此，薛警官突然想到了什么，急忙道："你随身带着麻醉针，你不是出来旅游的，你是……"

"不错，我刚刚做完手术出来。"

"你就是要和于大虎交易人体器官的人？"

"是的，于大虎也是我放的，他知道自己回不去了，于是委托我把那颗肾脏带到他儿子所在的医院！"

"那肾脏呢？"

丁凝瞅了眼韩国栋的尸体，叹了口气道："可惜，被这个人弄坏了。"

"你，你就是因为这个原因才动手杀死韩国栋的？"薛警官惊愕地问道。

"不只是这样，我沦落到今天这个地步，多少也是被这个男人害的，所以，我杀他一点儿都不后悔。"说到这里，丁凝把目光投向田丰大，她冲着名侦探微微一笑，柔声道，"田先生，其实我自始至终都没有真的想诬陷你为凶手。"

"哇！少来这套，都诬陷成这样了，你还说没有。幸亏小妹妹受了我的启发，偷偷调查，成功破案，否则我真要被你当成替罪羊给弄死了。"

"哈哈哈,田先生,你真会开玩笑。身为侦探的你,怎么可能不知道?只要法医一介入进来,立刻便会发现韩国栋临死前被人打过麻醉剂。而且,我装肾脏的保温盒就藏在储物柜里,只要进行彻底搜查,很容易就能找出来,那上面有我和韩国栋的指纹。所以啊,你被诬陷,只是暂时的。"

田丰大仔细一想,好像确实是这么个道理。他赶紧哈哈大笑,掩饰自己的无知:"我当然知道啊,我只是故意这么说,想谴责你一下而已。"

听到这里,罗小梅好奇起来,忍不住问道:"丁医生,你既然知道自己的诡计根本瞒不住,那为什么还要嫁祸陷害别人呢?"

"我只是想拖延一下时间。"

罗小梅愣了一下,不解地问:"拖延一下时间有用吗?山路早晚会被疏通,到时你还是要和我们一起被带到警局接受调查。你自己也说,只要法医一介入,一切都会真相大白。"

薛警官也附和道:"是啊,丁医生,虽然被你拖延了几个小时,我错把田丰大误会成凶手,但现在山路已经疏通了,救援人员正在赶来的路上,你除了和我回警局,也没别的地方可去。"

等薛警官说完这句话,丁凝突然"嘿嘿"冷笑起来。

"谁说我拖延这几个小时没有用?我拖延这几个小时,就是为了等山路疏通,并为自己逃跑做准备。"

"逃跑?想什么呢?身为人民警察?我怎么可能让犯罪嫌疑人从眼皮子底下逃跑?"薛警官一边义正辞严地说,一边一脸正义地步步紧逼朝丁凝走近。

自古正邪不两立,薛警官显然是要对丁凝实施抓捕了。

就在此时,丁凝又开口说话了:"你们不想知道,在你们把田先生错当成凶手的这几个小时里,我做了什么事吗?"

薛警官一愣,忍不住问道:"你做了什么?"

丁凝笑道:"在郝美给大家准备早餐的时候,我趁她不注意偷偷在你们喝的豆浆和咖啡里下了药!"

"下了药？什么药？"薛警官惊讶不已。药似乎也听到了他的质问，当即施展开自己的技能。前一秒还生龙活虎的薛警官立刻觉得头晕目眩起来。

"倒，倒，倒。"丁凝笑吟吟地说。薛警官腿一软，顿时坐倒在地。

身为名侦探的田丰大，自然知道这时应该和薛警官同仇敌忾，对抗罪恶势力，所以一看薛警官倒下，他就不顾自己手腕上的手铐，作势向丁凝扑去。

结果，他刚要起身，就瘫软下来，手脚都失去了力气。

丁凝得意洋洋，就像隔空点穴一般，每指一个人，嘴里就说一个"倒"字。她一圈指下来，郝美、罗小梅、姜鑫、邵斌纷纷应声倒地。

看着大家倒了一地，丁凝的脸上露出胜利的笑容，她说道："我是当医生的，最会下药了，所以啊，你们还是别挣扎了。"

身为警察的薛警官身陷此境仍不死心，还试图做思想工作劝说丁凝回头是岸："丁医生，你还是赶紧自首吧，你把我们药倒了，又能怎么样？到时候，大街小巷贴满你的通缉令，你早晚还是会被我们警察抓住的。"

丁凝"呵呵"一笑："薛警官，你想什么呢？从知道你把我手机号码发给你同事调查我身份的那一刻起，我就没打算再留在国内，我人不在国内，你们警察怎么抓我？"

"你是想跟于大虎学？你要潜逃国外，不回来了？"薛警官惊讶道。

"是的，但我可不会像于大虎这么笨，轻易回国被你们抓住。我只要一过边境，无论如何都不会再回来了。"丁凝说这句话时，脸上表情很平淡，不带丝毫的波澜。

"你不要妄想了！我跟你说，就算你从这家宾馆离开，你也到不了边境。我外面的同事早就知道宾馆里发生了命案，他们已经封住了路口，不会允许一个人通过，就算山路畅通也没用，何况还有边境关卡。哼哼，所以你就别做潜逃国外的美梦了。"

面对薛警官的咄咄逼人，丁凝亦是针锋相对。

"薛警官，你当我傻啊？以为我会老老实实地从盘山公路离开？不瞒你说，放走于大虎的时候，那个通缉犯曾告诉我一条小路，可以绕过路口和边境关卡直接抵达境外,我当然要从那里走啊!"

"啊"的一声惊呼,薛警官显然已经无计可施了。就在这个时候,丁凝扶了扶鼻梁上的眼镜,优雅地说一句"撒由那拉",然后转身朝屋外走去。

难道,就眼睁睁地看着杀人凶手从自己面前逃走吗?

身为警察的薛警官忍不住看向名侦探田丰大,而身为名侦探的田丰大这个时候也在看薛警官。

两个人彼此对视,几乎同时发出一声叹息。很明显,他俩都无法阻挡住凶手离开的脚步。于是,名侦探和薛警官又一起把目光投向罗小梅,在他们眼中,这个脸大且喋喋不休的女生总是会在关键时刻创造奇迹。

不幸的是,当名侦探和薛警官把希望都寄托在罗小梅身上时,他俩得到的却是小姑娘无奈的摇头和叹息。

就看罗小梅一边摇头,一边叹息:"唉!可惜啊!要是小欧在这儿就好了,它一定会将犯罪分子扑倒在地的!"

小欧是谁?小欧是罗小梅养的一只拉布拉多犬。

那么小欧在吗?

小欧当然不在!

虽然小欧不在,但被小欧咬过的男生却在这里。

所以,当罗小梅感叹"要是小欧在这里就好了"的时候,邵斌忽然从地上爬了起来。

邵斌这一爬起来,在场所有人都愣住了。

尤其是丁凝,她转过身来怔了半晌,似乎不敢相信眼前发生的这一幕,于是伸手指着邵斌,口中念叨:"倒!倒!倒!"念叨了半天,见邵斌不倒,这才肯接受现实,惊异道:"我看你也喝了豆浆,怎么会没事儿?难道又是药的问题?"

邵斌道:"我是喝了,但又吐出来了。"

丁凝瞪大眼睛问道:"吐了?为什么吐?难道你发现我在豆浆里下药了?"

"不是。"说到这里,邵斌突然把脸偏向罗小梅,"班长,你说小欧打疫苗了,不是我不相信你,而是万一我真得了狂犬症,怎么办?所以那豆浆我喝进嘴里不放心,又吐出来了。因为得狂犬病的人不能喝豆浆。"

田丰大忍不住插言道:"你既然没喝豆浆,那干吗刚才要装作被药倒啊?"

"我看你们都倒了,不知道在玩什么套路,所以就也跟着倒呗!"

"好了!邵斌,不要说这些没用的了,赶紧拦住丁医生,千万不要放跑这个杀人凶手!"

"我明白,班长!"邵斌背负着班长的嘱托,眼眸里燃烧起狂热的火焰。也许是被小欧咬过的缘故,此时此刻邵斌全身血液里似乎流淌着小欧的勇敢无畏的精神。

"拯救笨……名侦探者,礼贤高中一年级新生邵斌!"

伴随着这声自我介绍,邵斌像一支离弦的箭,飞一般地向丁凝撞去。

撞人,本算不上什么武术招式。可是邵斌这一撞,却制服了许多犯罪分子。

通缉犯于大虎,是被邵斌撞倒的;杀手李小佳,也败在了邵斌的冲撞上。

如今,邵斌健步如飞,猛地向丁凝撞去,那么身为女医生的丁凝能躲避开这正义的一撞吗?

答案当然是:不能!

就听丁凝"啊"的一声惨呼,这个曾妄图把大家都药倒再潜逃国外的杀人凶手,终于被邵斌撞翻在地,再也没爬起来。

半个小时之后,救援人员赶到宾馆,接着又来了大批警察将整个宾馆封锁。

由于药效还没过,除邵斌外,不论生者还是死者,大家都被救援人员用担架一起抬出宾馆。

从宾馆里抬出来时,外面已经是阳光明媚,之前的万里乌云早已被一扫而光。

对郝美来说,能从这里活着出来,已是万幸了。她看了下时间,从杨师傅被害开始算起,到现在大家被救出来,正好是二十四个小时。真是恐怖的二十四小时啊,一想到那些不堪回首的画面,她就心有余悸。

就在郝美还沉浸在恐怖之中时,姜鑫、罗小梅、邵斌那三个学生则显得异常兴奋。

"小梅,怎么样,我教你用狼人杀的思维逻辑进行破案,是不是很管用?"姜鑫躺在担架上沾沾自喜地说个不停,"我跟你说,等回去后,你也下个狼人杀APP,绝对好玩,就你这水平,肯定是最强狼王。"

罗小梅若有所思道:"是啊,真的呀,每一个犯罪分子都能对应上狼人杀里的职业角色。"

罗小梅说这句话时,薛警官正好被抬着从旁边经过,姜鑫瞅了薛警官一眼,忽然道:"小梅,你说,薛警官在案件里对应的狼人杀角色是什么?"

"他是警察,有枪,当然是猎人呗!"

"错!猎人只有死后才能开枪,虽然薛警官对李小佳开过枪,但他又没死,怎么能是猎人?"

"那是什么角色?"

"骑士啊!"

"对对对,是骑士!"罗小梅说到这里,偏过头,正巧看到丁凝被众警员押进警车。看到这一幕,这个倔强的女生又开始钻牛角尖了,若有所思道:"姜鑫,你的狼人杀思维还是有问题啊!如果说丁凝是被种狼感染的女巫,那么种狼是谁呢?"

"种狼,当然是于大虎啊!"

"可于大虎不是白狼王吗?"

"哎呀,反正就是那么个意思,你何必太较真呢?"姜鑫无视前后不一的角色分配,随口敷衍道。

罗小梅还想再纠结下去,却被邵斌打断。

"副班,副班,那咱们几个在狼人杀里属于什么职业角色啊?"

"咱们几个?白板村民呗!"

"那，那个侦探大叔呢？"

"他啊？暴民？愚民？白痴？反正是没有任何贡献，还一个劲儿扰乱好人视角的无用角色！"很显然，姜鑫对于田丰大的印象，并不是太正面。

罗小梅则表现出极大的宽容性："姜鑫，话可不能这么说，能活下来的都是很厉害的角色，对吧？"

这时候，姜鑫特意侧头看了眼斜后方的郝美，感慨道："在狼人杀里，小女孩往往最先死，郝美姐姐能活到最后，才是真的厉害哦！"

听到姜鑫的玩笑，郝美不知道该怎么回复，她也想说两句俏皮话，放松一下，显示劫后余生的兴奋和欢快，可是却开不了口。

对别人来说，所有的一切也许已经结束，但对家境贫寒的郝美来说，一切可能才刚刚开始。

因为她的手里，攥着一枚芯片。

第11章：打手，下手要知轻重

身为名侦探，最害怕什么？

重新回答，答案会变为：最害怕联系不上委托人。

是的，田丰大接受了一个叫曹宇的女人的委托，调查她丈夫韩国栋婚外情一事。可是，自从宾馆回来后，那个委托人就像人间蒸发了一般，怎么联系都联系不上了。

虽然直到韩国栋死了，田丰大也没有查出那个情妇是谁，但身为侦探，无论如何都该把自己调查的结果告诉委托人吧！

一开始打电话没人接，过了两天再打，号码却成了空号。

想想也是，老公都死了，谁还在意情妇是谁啊。也许委托人不想让田丰大就这件事再骚扰她，所以故意不接电话，甚至注销了号码。

幸好，调查到最后没有结果，不然，催款会是个大麻烦。

然而，让田丰大想不到的是，又过了两天，他突然接到了薛警官的电话。

薛警官来电话的时候，田丰大刚买完早餐，拎着油条和甜沫的他正站在自家门口准备敲门。

"早不来电话，晚不来电话，偏这个时候来，真讨厌！"

虽然嘴上抱怨着，但田丰大还是接通了薛警官的来电。

"嘿,我的大侦探,你可惹上麻烦了!"

"又怎么了?"

"那个叫李小佳的女画家,原来是个杀手,她是受人雇佣追杀韩国栋的。"

"哦?还有这回事儿?"田丰大愣了一下,隐隐觉得有些不对劲儿。

果然,就听薛警官继续说道:"我们警方利用李小佳的手机通讯记录,找到了那个雇凶者的手机号码。"

"怎么样?查出雇凶者的身份了吗?"

"嘿,对方狡猾得很,办的是临时电话卡,根本查不出机主身份。"说到这里,薛警官顿了一下,又道,"不仅如此,那个雇凶者还在第一时间将手机号码注销了,他应该是怕我们查他的通讯记录吧。真是个老手!"

当田丰大听到手机号码被注销时,脑海中忽然浮现出曹宇的样子。

"什么情况?难道曹宇和韩国栋不是夫妻关系?难道雇佣杀手杀韩国栋的人,是曹宇?"

想到这里,田丰大突然感到一股恶寒从后背蹿起,瞬间将自己包围起来。

也就在这时,楼梯口传来了沉重的脚步声——不是一个人,而是四五个人在沿着楼梯爬上来。

田丰大好奇,把头探向楼梯口往下望,只见四五个身穿警服的人正朝自己这边上来。

"这些警察不是来找我的吧?"田丰大正寻思时,听筒里又传出了薛警官的声音。

"但是我们警方还是通过技术手段恢复了那个号码的通话记录,你猜我们查到了什么?"

"查到了什么?"田丰大心里其实早已经猜到了答案,但他还是这么问了一句。

"查到了你的手机号。我的大侦探,想不到啊,你居然和雇佣杀手杀死韩国栋的雇主通过电话。"

田丰大咽了口唾沫,道:"薛警官,你听我解释。"

"放心，我会好好听你解释的，我的同事一会儿会过去找你的。"

当薛警官在电话里说这句话时，那几名警察已经来到了田丰大的面前。

田丰大笑了笑，对着话筒说道："薛警官，他们已经到了。"

可是，就在田丰大做好被警察带走的心理准备时，他突然听到薛警官惊愕的声音。

"已经到了？不可能啊！他们还没出发呢！"

"还没出发？那面前的警察是……"

田丰大一愣，赶紧抬头，几乎同一时刻，一根木棍不偏不倚地砸了下来。侦探眼前一黑，整个人顿时失去了知觉。

不知过了多久，田丰大从昏迷中醒了过来。他睁开眼睛，眼前一片漆黑，还有些发闷，显然是被套了头罩。他坐在车上，整个人随着车子的颠簸而晃来晃去。

"喂！你们是谁？是曹宇派你们来的吗？"田丰大大喊道！

"这么快就醒了，还没到地方呢！我就说那一棒子砸轻了吧，你还跟我犟。"一个男人的声音从右边传出。

"叨叨什么？下手轻了就下手轻了呗，大不了再补一下。"回复者的声音从左边传来。

显然，自己是被人左右夹着，押在了后座。可惜，田丰大刚想明白这一点，立刻又因后脑勺的剧痛而晕厥过去。

就在昏过去的一刹那，田丰大似乎听到了前面坐在副驾驶座的人正在打手机。

他隐约听到了电话内容。

"山哥，你放心，人已经在车上了，我们很快就到，芯片的事儿，这小子准知道！"

"山哥？山哥是谁？芯片又是什么？"

揣着这些疑问，田丰大再次失去了知觉。

就在田丰大失去知觉的时候，那个被称作"山哥"的男人正在电话里叮嘱他的小弟，做事一定要谨慎小心，千万别出纰漏。

"放心吧，山哥，打晕的时候没有被人看到，我们马上就到。"

挂断手机后，山哥倚靠在座椅上，点燃了一根烟，慢慢吸着。

这时，门外传来了山哥新婚妻子的声音。

"山哥，我们回来了，哎呦，我跟你说，这医院排队的人真多！"

说话间，一个年近四十，却依旧打扮妖娆的女人，扭着腰推门而入。

山哥立刻掐灭手中的烟，起身笑脸相迎。

"婧婧，孩子复查得怎么样，没事儿了吧？"

"没事儿是没事儿。但是，我给你说，他班那个女同学太可恶了，她家狗根本就没打疫苗，还非说打了疫苗！"说话间，那个叫婧婧的女人把躲在自己身后的男生强拉到前面来。

"快，叫爸！"

"算了，算了，孩子刚开始适应不过来，别强逼着叫。"

"那怎么能行呢？要赶紧改口，过两天还要改姓呢！"说着，女人狠狠地打了男生屁股两下，呵斥道，"快叫爸！"

结果那男生一扭头，转身跑了，一边跑，还一边大叫道："我不改姓！我叫邵斌，不叫江斌！"

后记

那年夏天,那些故事最初的开始

这个故事最早构思于二〇一五年的夏天。当时我在武汉,刚创作完"笨侦探"系列的第一部:《把自己推理成凶手的名侦探》。

看过我之前作品的人都知道,我最早写的是"季警官"系列。在写该系列时,我只在意小说的故事性,却忽略了对角色的塑造,以致于主角季警官的形象很模糊,智商和性格都飘忽不定。因此,我后续又创作了"笨侦探"系列,并在武汉完成了该系列的第一部。在创作时,我把更多的精力放在角色塑造和人物关系上,摒弃了之前"季警官"系列那种花哨的故事结构设计。

当我写完《把自己推理成凶手的名侦探》,并顺利卖出影视版权后,我开始产生了一个新的想法——关于创作的想法。我想把《季警官的无厘头推理事件簿》和《把自己推理成凶手的名侦探》两者的优势结合到一起,既有精巧的故事结构又有丰满的角色设定,甚至有养成式的人物关系,而这种人物关系又能反作用到故事走向上。

揣着这个念头,本书的故事雏形,渐渐在我脑海中形成。首先,我要写一个多线叙事的故事,每条故事线都有自己的主角。然后,这些主角会通过故事线接龙的方式，将一个又一个复杂的犯罪事件全方位地展现出来。

对，这就是我创作这个故事时最初的概念。现在看来，那已经是遥远的二〇一五年了。

把话头再扯回到二〇一五年的那个夏天。

我在武汉写完前一本书后，和当时身为图书编辑的好友华斯比谈起了要写的这本新书的故事概念。但是，我并没有直接落笔写书，因为我突然有了一个更好地表达这个故事的机遇，那就是直接做剧本，直接影视化。

机缘巧合之下，我进入到一家在当时很厉害的影视公司从事编剧工作。我以主编的身份，开始打造这个故事，公司也给予了很大的支持。但是很多事情，是我最初预料不到的，以致于这个项目，或者说这个故事耗费了近两年时间，最后还是不幸夭折了。

现在回看，项目推行不下去，有很多原因：既有我个人对故事把握的不透彻，将文字故事转化成影视剧集操控的不成熟，也有制片人为求流量要强加大量爱情戏导致故事难顺畅，再加上研发周期过长，投入产出不成正比，而影视市场又日益艰难。

最后，终于由我叫停了项目。其中最直接的原因是：如果项目再继续下去，会改得面目全非，不是我最初那个故事了。

当初，我叫停这个项目，心里唯一愧对的就是我当时的执笔编剧张程。张程是项目组里唯一一个陪我从开始陪到结束的人。至今，我都记得她来找我时的情形。

她说："亮亮，我觉得你这个故事很厉害，我特别喜欢，想和你一起做！"

然后，我俩一做就是将近两年。在这两年里，我俩一起搭建故事逻辑，一起设定细节桥段，一起打磨大纲剧本，甚至一起拒绝外界对故事的不合理要求。

故事概念、故事轮廓走向是我想的，但是深入到故事里的每一个人物，人物的每一个行为，却是我俩一起一点一滴创作出来的。

我的三十岁到三十二岁，应该是我事业鼎盛、强势爆发的年龄；她的二十三岁到二十五岁，也应该是她编剧事业最该腾飞的年龄。结果两年后，我却把项目叫停了。我觉得我耽误了我的执笔编剧，她如果不是跟我在这个项目里，而是跟别人的项目，肯定早就有作品产出了。

在离开那家影视公司后，我有过半年多的颓废、迷茫，不知所措。直到二〇一八年二月，张程突然给我发微信，问我看没看雷佳音主演的悬疑剧《和平饭店》，让我赶紧看。

然后，她又跟我说："亮亮，《和平饭店》和咱们的故事概念很像，但是没有咱们的极致，你可千万别放弃啊！"

看完张程的微信，我想了很久，一直问自己：我是作者还是编剧？我创作的初衷到底是什么？如果让我再重拾那个项目，我该如何下笔？

于是，我想起了二〇一五年的那个夏天。那时，还在武汉的我对华斯比兴高采烈地说：我有一个新的故事概念，多线叙事，接龙表达。

于是，我想到了我的初衷。我可以做不出剧本，但我一定要先把它写成小说。我要表达我最初设想的故事，我不允许有外在因素干扰这个故事，所以我去了扬州，去找华斯比，跟他重提三年前的那个故事概念，然后我开始动笔。

这本书，十八万字，我只写了四十天就完成了。毕竟，故事里的每一个细节，都已经在我脑海里打磨了三年，是我和张程一起伏案打磨的。我将"狼人杀"的游戏元素融入这个悬疑推理故事，因为在颓废的半年里，无所事事的我一直在玩狼人杀。同样，我把那些和我朝夕相处的狼人杀伙伴们也都写进了小说。

写完这本书后，我一如既往地把初稿直接丢给了华斯比，自己则毫不负责地背着包满江南旅游。而华斯比，则利用业余时间一个字一个字地帮我审稿，审了两遍，足足用了三个月。找BUG，改病句，甚至还主动去画小说中提及的各种示意图，全忙完后又帮我联系出版社。

直到今天，当这本书被你们捧在手中阅读的时候，我在这篇后记里想告诉大家的是，我虽然是作者，但这本书能走到今天，前期离不开张程（她非要让我在后记里着重修饰她美丽的容颜）……好吧，重新说，前期离不开才貌双全色艺冠绝的程大编剧，后期离不开美轮美奂闷骚无比的华斯比编辑。

当然，这一定要感谢牧神文化的诸位编辑老师，他们为了本书能够出版，忙前忙后付出了很多！

谢谢各位！

最后，再说说这本书。

平心而论，这本书成稿后没有达到我理想的高度。我为了实现多线叙事的接龙式表达，为了实现全民主角的人物塑造，丧失了很多自己在写作上的优势。如果没有这些概念的限制，我可能会写得更有趣一些，你们看得也会觉得更搞笑一些。

但是，我必须要去尝试啊！不尝试，我会一直耿耿于怀的。我不想自己的创作永远在重复自己，如行尸走肉般照搬之前的套路。

书已至此，好坏你定！

我把后记落笔到这里，而此时此刻百感交集的我，脑海里闪回的却是二〇一五年的那个夏天，我向华斯比兴高采烈地描述着一个全新的故事概念以及之后无数个日日夜夜我和张程伏案创作的情景。

谢谢华斯比，谢谢张程，也谢谢阅读这本书的你们！

亮亮
二〇一九年七月二十九日于北京

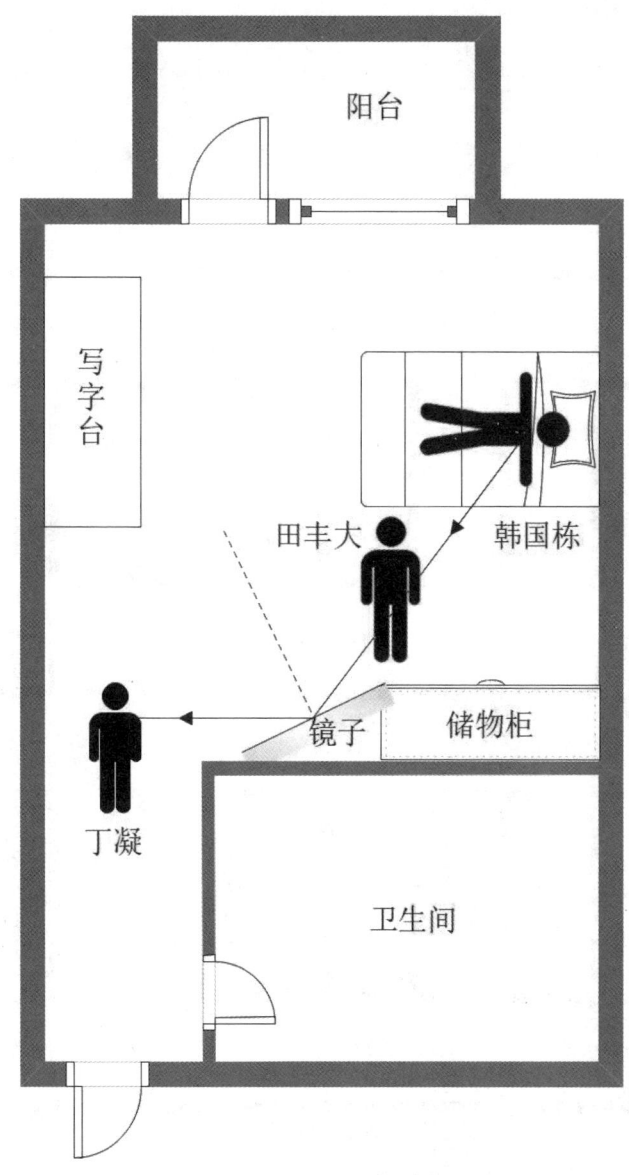

韩国栋死亡现场示意图

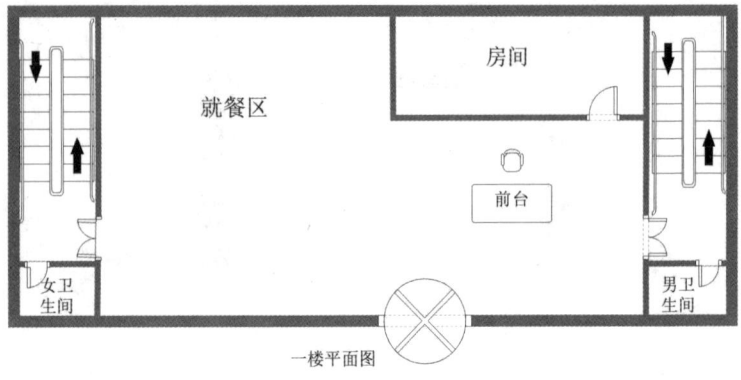

一楼平面图

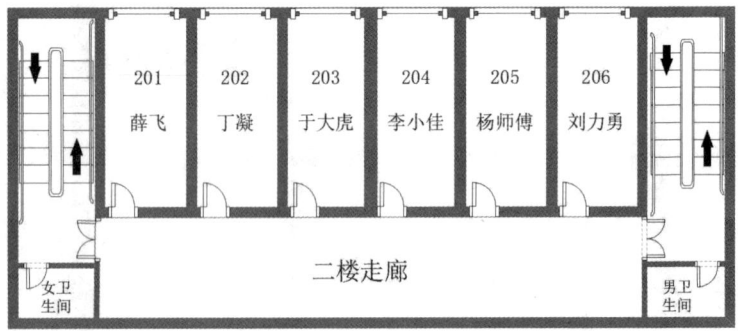

二楼平面图

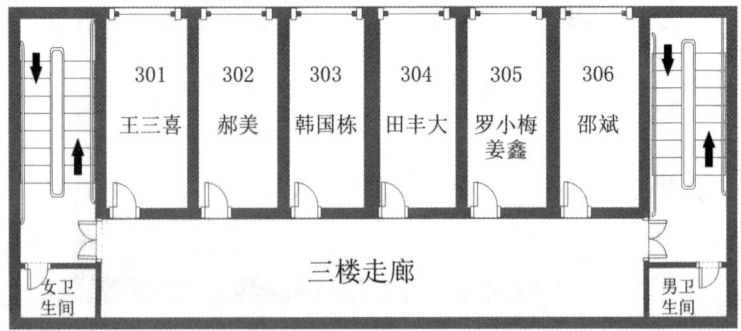

三楼平面图

宾馆平面图以及众人房间分布示意图